CONCOURS & EXAMENS 2023

ACTUALITÉ 2022-2023

Tous les événements incontournables !

RÉSUMÉS • ANALYSES • MISES EN PERSPECTIVE

Sous la coordination de Jérôme Calauzènes

Pablo Ahumada
Diplômé de Sciences Po Paris,
secrétaire des Affaires étrangères

Adrien Beaulieu
Diplômé de Sciences Po Paris,
professeur des écoles à Paris

Jérôme Calauzènes
Agrégé d'histoire,
professeur d'histoire et de géopolitique
en classes préparatoires, enseignant à l'IEP
de Saint-Germain-en-Laye

Glen Grainger
Agrégé de lettres modernes,
professeur de français et de culture générale
en lycée et en BTS

Marion Le Calvez
Diplômée de Sciences Po Paris,
agrégée d'histoire,
professeure d'histoire géographie

Valérie Morin
Agrégée d'histoire,
docteure en histoire et professeure d'histoire
et géographie en lycée à Paris

Paul Muthelet
Étudiant en master « Diplomatie et
négociations stratégiques » à Paris

Fabrice Senechal
Étudiant à Sciences Po en master sécurité
internationale à Cergy

Benoît Quennedey
Diplômé de Sciences Po Paris et de l'ENA,
administrateur au Sénat,
enseignant dans la prépa ISP

Alice Volkwein
Agrégée d'allemand,
normalienne et titulaire d'une thèse en histoire
allemande, professeure d'allemand
en classes préparatoires à Paris

Vuibert

Maquette : Séverine Tanguy

Couverture : Séverine Tanguy, adaptation Primo&Primo

Réalisation : Grafatom

Illustrations : Valérie Goncalves et Christel Bassi/Parolini

Crédit photographique de couverture : JOHN MACDOUGALL/AFP

ISBN : 978-2-311-21460-4

SOMMAIRE

GÉOPOLITIQUE

PARTIE 1

POLITIQUE FRANÇAISE ET EUROPÉENNE

PARTIE 2

PARTIE 7

CLASSEMENTS INCONTOURNABLES EN 2022

PARTIE 1

GÉOPOLITIQUE

La guerre en Ukraine : la fin de l'ordre mondial existant depuis 1945 ?

par Pablo Ahumada

L'invasion de l'Ukraine par la Russie, le 24 février 2022, marque un tournant dans les relations internationales, avec la violation de l'intégrité territoriale d'un État par une puissance nucléaire. Ce conflit marque-t-il la fin de l'ordre international existant depuis la fin de la Seconde Guerre mondiale et laisse-t-il augurer de futures invasions, notamment celle de Taïwan par la Chine ?

- **21 février 2022** La Russie reconnaît l'indépendance des régions de Donetsk et de Louhansk.
- **24 février 2022** Invasion de l'Ukraine par la Russie.
- **25 mars 2022** Changement de stratégie de la Russie qui se replie dans le Donbass.
- **23 juin 2022** L'Ukraine obtient le statut de candidat à l'Union européenne.
- **6 septembre 2022** Début de la contre-offensive ukrainienne près de Kharkiv.
- **23 septembre 2022** Référendums d'autodétermination dans les régions occupées par la Russie.

Après plusieurs années de tensions, la Russie a fini par envahir l'Ukraine

L'invasion du territoire ukrainien par l'armée russe s'inscrit dans la continuité de l'annexion de la Crimée par la Russie en mars 2014 et de la reconnaissance par la Russie des Républiques autoproclamées de Donetsk et Louhansk, régions russophones de l'est de l'Ukraine. La Russie, qui ne semble pas avoir accepté la fin de l'URSS, entend conserver la mainmise sur son étranger proche, pour des raisons identitaires, vis-à-vis des minorités russophones de ses pays voisins, et politiques, afin de limiter toute influence de l'Union européenne (UE) et surtout de l'OTAN.

C'est notamment pour répondre à la volonté ukrainienne d'adhérer à l'OTAN que la Russie a déployé à partir d'avril 2021 environ 100 000 soldats aux frontières de l'Ukraine. En décembre 2021, elle a exigé que l'OTAN renonce à tout élargissement, en particulier à l'Ukraine et à la Géorgie, et au déploiement de soldats dans les pays anciennement membres de l'URSS.

Malgré des tentatives de dialogue, menées notamment par la France et l'Allemagne au début de l'année 2022, le président russe, Vladimir Poutine, a décidé le 21 février de signer l'acte de reconnaissance de deux territoires dans la région du Donbass, à l'est de l'Ukraine, les Républiques populaires de Donetsk et Louhansk. Dans la foulée, des troupes militaires se déploient dans ces régions, prétextant une opération de maintien de la paix. Le 24 février, le président Poutine annonce une opération militaire sur le territoire ukrainien, officiellement pour défendre les séparatistes du Donbass. L'armée russe intervient toutefois dans tout le territoire ukrainien, y compris à Kiev, la capitale. En réaction, le président ukrainien Volodymyr Zelensky instaure la loi martiale.

▸ Un conflit qui semble s'enliser tout en faisant peser un risque nucléaire

Face à la résistance ukrainienne, la Russie est contrainte de revoir ses plans initiaux de conquête rapide de la totalité du territoire ukrainien et se redéploie, le 25 mars 2022, vers la région du Donbass, non sans avoir pris pour cible des civils, comme le 16 mars en bombardant le théâtre de Marioupol ou entre février et mars dans la ville de Boutcha. Début septembre 2022, alors que la guerre semblait s'enliser, tout comme les négociations diplomatiques entre les deux pays, la Russie a été contrainte à un nouveau repli du fait d'une contre-offensive ukrainienne dans la région de Kharkiv. Cette dernière a permis de reprendre plusieurs localités et de repousser l'armée russe à la frontière.

La situation en Ukraine au 12 septembre 2022

Sources : ISW, @War_Mapper.

Plusieurs causes sont avancées pour expliquer l'enlisement russe : un manque de préparation et d'organisation, des méthodes anciennes de combat, la nature de l'intervention (une opération spéciale et non une mobilisation générale), la démotivation des troupes qui ne percevraient pas clairement l'objectif de l'intervention, *a contrario* d'une mobilisation entière de la population ukrainienne, soutenue par les États occidentaux (matériel militaire, formation, renseignement).

En réponse, la Russie a appelé le 21 septembre 2022 à une mobilisation partielle de sa population, et des référendums d'autodétermination ont été organisés le 23 septembre 2022 dans les quatre régions occupées par la Russie (Donetsk, Louhansk, Kherson et Zaporijia).

L'invasion de l'Ukraine par la Russie a en outre fait ressurgir le risque de catastrophe nucléaire. Le 27 février 2022, V. Poutine a annoncé mettre les « *forces de dissuasion nucléaire de l'armée russe en régime spécial d'alerte au combat* ». La Russie est l'État qui possède l'arsenal nucléaire le plus important parmi les États dotés de l'arme nucléaire.

Le risque de catastrophe nucléaire concerne aussi les centrales nucléaires ukrainiennes, occupées par les forces militaires russes depuis le début du conflit. L'Ukraine compte 15 réacteurs nucléaires sur son territoire. Le 4 mars 2022, des bombardements russes ont provoqué un incendie sur le site de la centrale nucléaire de Zaporijia, la plus grande d'Europe. Depuis, la Russie occupe le site et les affrontements se poursuivent à proximité, faisant craindre un accident nucléaire.

Il n'existe pas de bilan humain précis du conflit, mais les estimations font état d'environ 15 000 victimes civiles en Ukraine, en plus de la mort probable d'au moins 9 000 soldats ukrainiens et 15 000 soldats russes, et plus de 6,5 millions d'Ukrainiens auraient fui le pays, sur une population de 44 millions d'habitants.

▸ Vers le retour d'une logique de blocs ?

Aussitôt après l'invasion de l'Ukraine par la Russie, de nombreux États ont réagi pour la condamner. L'UE, en plus de fournir une aide militaire à l'Ukraine (2,5 milliards d'euros), a adopté plusieurs paquets de sanctions économiques contre la Russie (huit entre février et octobre 2022). Elle a également accordé, le 23 juin 2022, le statut de candidat à l'adhésion à l'Ukraine. Les États-Unis ont aussi adopté des sanctions et auraient fourni 14,5 milliards de dollars d'aide militaire entre février et septembre 2022, soit 70 % de l'aide militaire mondiale accordée à l'Ukraine depuis le début du conflit. Le Royaume-Uni, le Japon, le Canada, l'Australie et Singapour ont aussi adopté des sanctions contre la Russie.

La Russie n'est pas pour autant complètement isolée. Le 2 mars 2022, 35 États se sont abstenus de voter la résolution onusienne qui exigeait l'arrêt immédiat de l'agression contre l'Ukraine, comme la Chine, l'Inde, le Pakistan et l'Iran. Seuls 4 États (Corée du Nord, Syrie, Érythrée et Biélorussie) ont voté avec la Russie, dont la Chine reste le soutien majeur. Le 4 février 2022, peu de temps avant l'invasion de l'Ukraine, les deux États avaient publié une déclaration commune sur « *l'entrée des relations internationales dans une nou-*

velle ère », dans laquelle ils plaident pour un autre modèle de gouvernance international. Pour sa part, l'Inde, partenaire historique de Moscou, a adopté une position plus neutre et en profite pour saisir les opportunités économiques induites par le conflit. La Russie est devenue un des principaux fournisseurs indien de pétrole entre avril et octobre 2022, alors qu'elle se situait au 9e rang (2% du total) en 2021.

Les sanctions européennes prises contre la Russie entre février et septembre 2022

Sanctions individuelles

Gel des avoirs et interdiction de voyager contre :
- V. Poutine, Sergey Lavrov, R. Abramovitch, V. et O. Yanukovych ;
- membres de la Douma d'État russe et Conseil national de sécurité ;
- personnel militaire et hauts fonctionnaires ;
- hommes d'affaires et oligarques.

Mesures financières
- interdiction de SWIFT pour 10 banques russes ;
- restriction de l'accès de la Russie aux marchés financiers et aux marchés des capitaux de l'UE ;
- interdiction des transactions avec la Banque centrale russe ;
- etc.

Transport et énergie
- fermeture de l'espace aérien et des ports de l'UE ;
- interdiction des transporteurs routiers russes ;
- interdiction d'importer du charbon et du pétrole de Russie
- etc.

Défense
- Interdiction d'exporter vers la Russie des biens et technologies à double usage militaire.

Matières premières et autres marchandises
- interdiction d'exporter vers la Russie des produits de luxe ;
- interdiction d'importer de Russie du fer, de l'acier, du bois, etc.

Restrictions concernant les médias
- Suspension de la diffusion dans l'UE des organes de propagande appartenant à l'État : Sputnik, Russia Today, Rossiya RTR/RTR Planeta, etc.

Mesures diplomatiques
- Suspension des dispositions visant à faciliter la délivrance de visas aux diplomates russes et aux autres fonctionnaires et hommes d'affaires russes.

Source : Conseil de l'Union européenne.

Mise en perspective

La réaction à l'agression russe en Ukraine est scrutée par la Chine, qui garde pour objectif de réintégrer la « *province de Taïwan* » à son territoire. En 1949, le gouvernement de la République de Chine, dirigé par le Kuomintang, s'était réfugié sur l'île de Taïwan, tandis que le Parti communiste chinois proclamait la République populaire de Chine à Pékin. Depuis la signature du Traité de sécurité mutuelle en 1954, Taïwan est sous la protection militaire américaine. La visite à Taïwan en août 2022 de Nancy Pelosi, présidente de la Chambre des représentants des États-Unis, a été critiquée par la Chine, qui, en réaction, a procédé à des exercices militaires d'ampleur autour de Taïwan. Dans le contexte de rivalité toujours plus forte entre États-Unis et Chine, le risque d'une intervention chinoise à Taïwan dans les années à venir ne peut être écarté.

ZOOM SUR... Volodymyr Zelensky. Héros de guerre ?

par Pablo Ahumada

À l'origine connu en tant qu'humoriste et acteur, Volodymyr Zelensky a longtemps été considéré comme un exemple supplémentaire de populiste accédant au pouvoir en faisant campagne contre les élites. L'invasion de l'Ukraine par la Russie en février 2022 a complètement changé son image, faisant aujourd'hui de lui un chef de guerre et le symbole de la résistance ukrainienne.

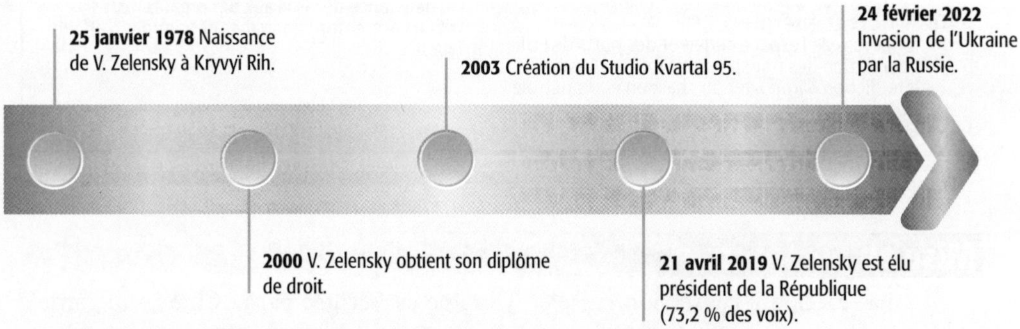

▸ Une carrière d'acteur, producteur et humoriste

Volodymyr Zelensky est né le 25 janvier 1978 à Kryvyï Rih, ville industrielle et russophone du sud-est de l'Ukraine, qui fait à l'époque partie de l'URSS. Il est donc né dans un environnement linguistique et culturel russophone et ne s'est mis que récemment à parler ukrainien. S'il a obtenu un diplôme de droit, il n'a toutefois jamais exercé dans ce domaine, préférant se consacrer à l'un de ses loisirs de jeunesse, les compétitions d'humour « KVN », diffusées à la télévision russe.

Cette expérience le conduit, en 2003, à créer la société de production audiovisuelle Studio Kvartal 95, du nom de son quartier d'enfance. Il écrit et joue des émissions et des spectacles humoristiques pour la télévision ukrainienne. À partir de 2015, il est l'acteur principal de la série *Serviteur du peuple*, dans laquelle il incarne, sur un ton humoristique, un professeur d'histoire au lycée qui devient de façon inattendue président de l'Ukraine. C'est ce rôle qui lui a donné une notoriété nationale.

▸ Une ascension politique fulgurante

Sans aucune expérience politique mais fort de sa popularité de comédien, il obtient dès décembre 2017 que le parti du Changement décisif soit renommé comme la série, « Serviteur du peuple », et annonce le 31 décembre 2018 sa candidature à l'élection présidentielle de 2019. Il mène ensuite une campagne minimaliste, axée sur la fin de la corruption des élites et le retour à la paix dans la région du Donbass. Il est élu avec 73,2 % des voix lors du second tour de l'élection, le 21 avril 2019, contre Petro Porochenko, le président sortant. Le succès de V. Zelensky s'explique par une volonté profonde de changement, après des années marquées par la perte de la Crimée, la guerre dans le Donbass, la corruption et la pauvreté. Il devient alors le président le mieux élu et le plus jeune de l'histoire de l'Ukraine (41 ans). Juste après son élection, il dissout le Parlement et son parti obtient la majorité absolue, une première dans l'histoire parlementaire ukrainienne.

Ses débuts comme président s'avèrent compliqués. Après avoir déclaré qu'il suffisait de poser les armes et de regarder dans les yeux V. Poutine, il est accusé de naïveté dans son rapport à la Russie. Il se retrouve malgré lui impliqué dans la campagne présidentielle américaine quand Donald Trump menace de suspendre une aide militaire de 400 millions de dollars à l'Ukraine si V. Zelensky ne mène pas une enquête contre le fils de Joe Biden. Sa capacité à lutter contre la corruption est également mise en doute, alors qu'il a nommé à des postes à responsabilités ses partenaires de la société de production Kvartal 95 et travaillé pendant de nombreuses années avec l'homme d'affaires Ihor Kolomoisky, également propriétaire de la chaîne de télévision ukrainienne 1+1, qui diffusait ses programmes. En octobre 2021, enfin, son nom et celui de ses associés dans Kvartal 95 apparaissent dans l'enquête dite des « Pandora Papers » sur les paradis fiscaux.

▸ La figure de héros de guerre

En difficulté dans les sondages quelques jours avant le début de la guerre, notamment pour avoir minimisé les mises en garde des États-Unis face au déploiement des troupes russes à la frontière ukrainienne, V. Zelensky a depuis réussi à inverser la tendance. En quelques jours, il est devenu le symbole de la résistance ukrainienne, du fait de ses vidéos publiées sur les réseaux sociaux, dans lesquelles il apparaît, dans les rues désertes de Kiev, vêtu d'un tee-shirt kaki qu'il ne quittera plus, et de sa formule pour décliner les propositions d'exfiltration de ses homologues étrangers : « *J'ai besoin de munitions, pas d'un taxi.* »

Depuis l'invasion de l'Ukraine par la Russie, V. Zelensky s'efforce de mettre ses qualités de communicant au service de la défense de son pays. Il répète ses demandes de soutien militaire et de sanctions fortes contre la Russie. Il s'est exprimé devant un grand nombre de Parlements, à l'ONU, mais aussi au Sommet de Davos ou au Festival de Cannes. Il est aujourd'hui comparé à Churchill, voire au général de Gaulle.

L'OTAN : entre renaissance et redéfinition

par Alice Volkwein

Organisation de défense collective entre les pays de l'Atlantique Nord, l'OTAN est née au sortir de la Seconde Guerre mondiale. En 2019, elle est toutefois, selon la formule du président français, en « *état de mort cérébrale* ». La fin de la guerre froide, la mondialisation des échanges et le désengagement des États-Unis, qui se tournent vers la zone Pacifique, ont peu à peu vidé l'OTAN de son sens. Le conflit en Ukraine l'a réveillée de son sommeil profond, mais quel peut et doit être son rôle dans un contexte international de plus en plus tendu ?

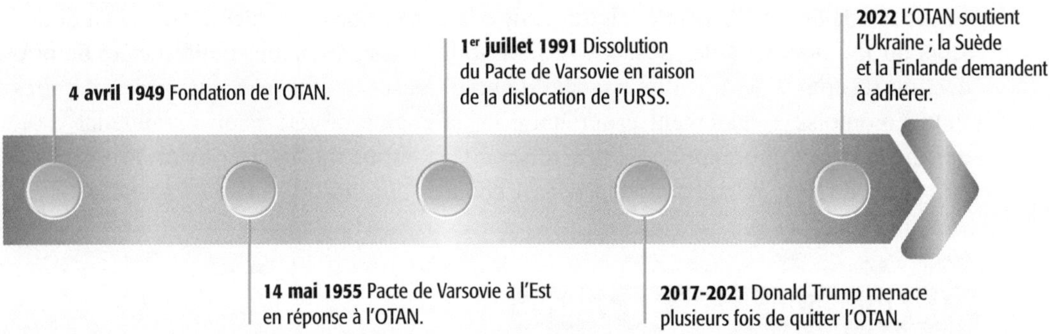

▸ L'OTAN entre résilience et fragilité depuis la fin de la guerre froide

Le Traité de l'Atlantique Nord, signé le 4 avril 1949, stipule que « *toute attaque armée contre l'une ou plusieurs* [des parties] *survenant en Europe ou en Amérique du Nord sera considérée comme une attaque dirigée contre toutes les parties* ». L'OTAN est donc une alliance de défense s'inscrivant dans une logique de guerre froide. Avec l'effondrement de l'URSS en 1991, le bloc communiste disparaît, rendant caduque la mission première de cette alliance. Pourtant, l'OTAN survit à ce bouleversement géopolitique et connaît même une phase d'expansion à l'est. La Pologne, la Tchéquie, la Hongrie la rejoignent dès 1999 par crainte d'un retour de la puissance russe ; la Roumanie, la Slovaquie, la Bulgarie, la Slovénie et les États baltes suivent en 2004.

Cette longévité est notamment due à sa singularité institutionnelle et notamment aux forces militaires intégrées mises à disposition par les pays membres. Si le commandement intégré reste piloté par les États-Unis, des mécanismes complexes de consultation politique ont permis aux Alliés de nouer des liens solides. Cela a permis à l'OTAN de développer de nouvelles missions. Elle s'est notamment engagée dans nombre de missions diverses par leur nature (entre maintien de la paix en Bosnie en 1992 et au Kosovo en 1999 et lutte contre le terrorisme aux côtés des États-Unis à partir de 2003) comme par leurs résultats. Ainsi, la défaite actée en Afghanistan en 2021 ne remet pas en cause l'aptitude de l'OTAN à agir rapidement dans des circonstances très difficiles.

Pourtant, en 2019, l'anniversaire des soixante-dix ans de l'OTAN à Londres se fait dans une ambiance électrique. Les États-Unis reprochent aux Européens de ne pas respecter leur engagement financier de consacrer 2 % de leur PIB à la défense. Pour D. Trump, l'alliance a fait son temps. La Turquie de R. T. Erdogan prend aussi ses distances en s'alliant avec la Russie et l'Iran alors qu'un conflit l'oppose à la France sur des gisements gaziers en Méditerranée. Dans le même temps, les projets d'armée européenne mis en avant par E. Macron interrogent aussi le rôle de l'OTAN en Europe.

L'OTAN et son expansion à l'est

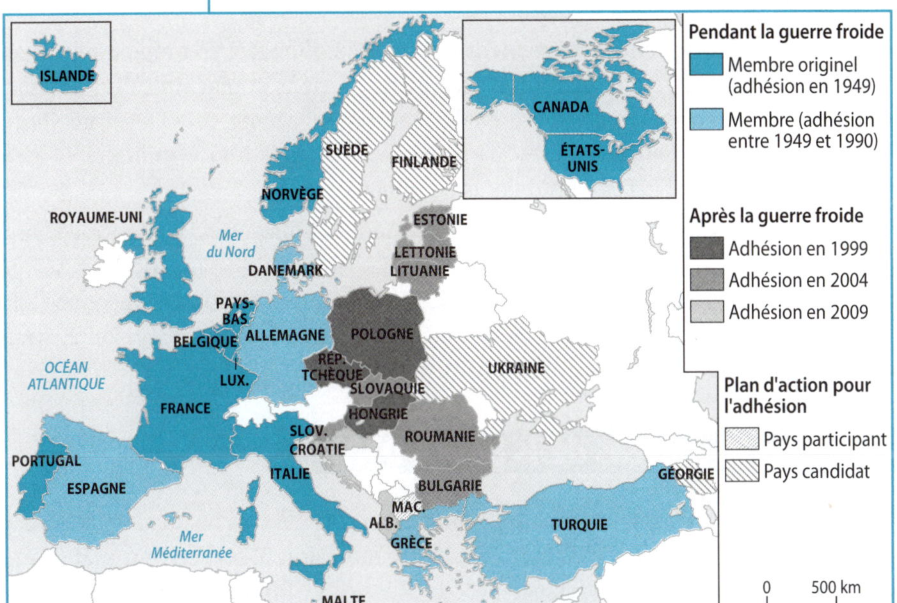

▸ Quand le retour des tensions Est-Ouest replace l'OTAN au cœur du jeu

Si l'OTAN a su se réinventer au fil des décennies, c'est bien le retour d'une certaine forme de guerre froide entre bloc occidental et Russie qui refait de l'OTAN un acteur majeur.

Centrale, l'OTAN l'est déjà dans la perception de V. Poutine, qui considère aujourd'hui comme une agression l'expansion de l'OTAN dans 10 pays d'Europe centrale, entamée par le président B. Clinton et poursuivie par le président G. W. Bush fils. En théorie, l'OTAN était même disposée à intégrer la Russie. L'ouverture des archives a montré que les dirigeants russes ont aussi appuyé cette stratégie d'élargissement de l'OTAN au milieu des années 1990. En 1994, B. Eltsine déclarait : « *Il devrait y avoir une sorte de cartel entre les États-Unis, la Russie et les Européens pour aider à assurer et à améliorer la sécurité mondiale.* » V. Poutine aussi était très « pro-occidental » au début des années 2000. Ce sont alors les États-Unis qui avaient freiné. La Russie adhère néanmoins au programme de Partenariat pour la paix avec l'OTAN en 1994, renforçant la coopération mise en place en 1991.

Tout s'arrête en 2014 avec l'annexion de la Crimée par la Russie, alors que V. Poutine inscrit dans la doctrine militaire russe que le renforcement de l'OTAN près des frontières russes constitue la principale menace militaire pour le pays. Alors que l'OTAN, attachée à la souveraineté de l'Ukraine, envoie des moyens pour soutenir cette dernière, les tensions et incidents entre la Russie et les pays de l'OTAN ont rapidement atteint le niveau de la guerre froide.

Quand le conflit reprend ouvertement début 2022, l'OTAN se range à nouveau du côté de l'Ukraine, avec l'envoi de renforts terrestres, aériens et maritimes sur le flanc est de l'Alliance jusqu'en mer Baltique et en Méditerranée. Même si l'OTAN ne veut pas entrer en guerre pour éviter toute escalade militaire, le face-à-face militaire et idéologique entre la Russie et l'OTAN est de plus en plus palpable.

Ils s'affrontent ainsi également à coups de médias interposés. V. Poutine s'appuie sur de puissants médias comme Sputnik et Russia Today (RT) pour diffuser ses positions anti-Occident visant également l'OTAN. Depuis 2015, l'Union européenne (UE) et l'OTAN collaborent pour renforcer les médias locaux en langue russe. En 2022, Sputnik et RT ont été bannis de l'UE après l'agression russe.

▸ Nouveaux et anciens défis pour l'OTAN

Face à cette menace russe croissante, deux pays restés neutres jusqu'alors, la Finlande et la Suède, ont fini par déposer une demande d'adhésion à l'OTAN en mai 2022. La Finlande ayant une frontière partagée avec la Russie, V. Poutine a longtemps menacé l'OTAN de représailles en cas d'adhésion suédo-finlandaise, mais c'est aujourd'hui la Turquie qui s'est opposée au lancement de la procédure d'adhésion, car ces deux pays refusaient d'extrader des personnes considérées par Ankara comme des membres d'organisations terroristes tel le PKK, une organisation politique armée kurde. L'unanimité des 30 membres de l'Alliance atlantique étant une condition nécessaire, R. T. Erdogan a négocié son accord permettant à l'OTAN de rendre un avis favorable dès son sommet à Madrid, fin juin 2022 en échange du renvoi, par les pays candidats, de « *terroristes* » vers la Turquie.

Cet exemple met en évidence à la fois le renforcement actuel de l'OTAN menant progressivement à une « *OTANisation* » de l'Europe, selon le terme de J. Biden, et les faiblesses structurelles de l'alliance où les divergences internes restent nombreuses.

Si l'heure est au consensus, il faut espérer que cela se maintienne face à de nouveaux défis. Ainsi, le nouveau concept stratégique de l'OTAN approuvé lors du sommet de 2022 à Madrid, douze ans après le précédent, décrit désormais la Russie comme une « *menace directe* » et évoque également la Chine, fait rare, pour critiquer des « *politiques coercitives qui défient nos intérêts, notre sécurité, nos valeurs* ».

Les dépenses militaires des pays de l'Union européenne en 2020

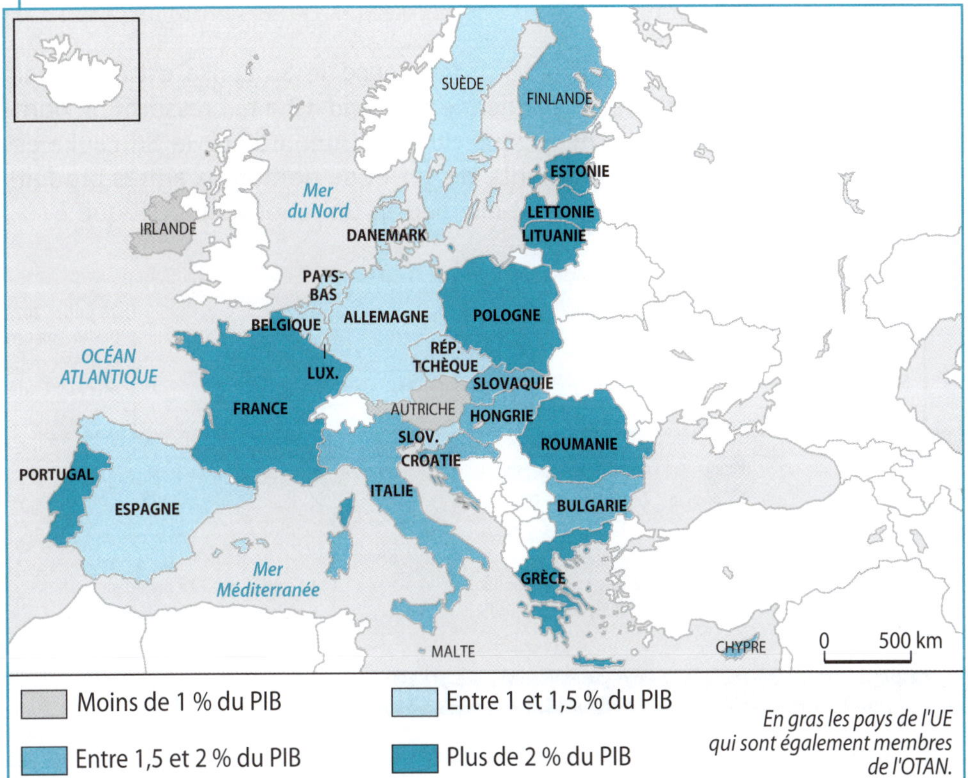

Source : Banque mondiale.

Mise en perspective

L'année 2022 aura été une année décisive pour l'OTAN mais aussi pour la stratégie européenne de défense. Premier plan d'action de l'UE pour la sécurité et la défense, la « Boussole stratégique » a été adoptée en mars 2022. L'UE y affiche clairement sa volonté de renforcer la défense européenne d'ici à 2030 et sa position de partenaire international à côté de l'OTAN.

Sri Lanka : d'un recul économique à une avancée politique ?

par Paul Muthelet

Pays insulaire à l'économie autrefois prometteuse, le Sri Lanka est désormais en situation de faillite critique. La pandémie de Covid-19 a fait ressortir de nombreux défauts dans la gestion népotique du pays. Aujourd'hui, le Sri Lanka est en pénurie de nourriture, de carburants, de gaz et de nombreux autres produits essentiels. Cette crise économique a-t-elle permis un renouveau politique ?

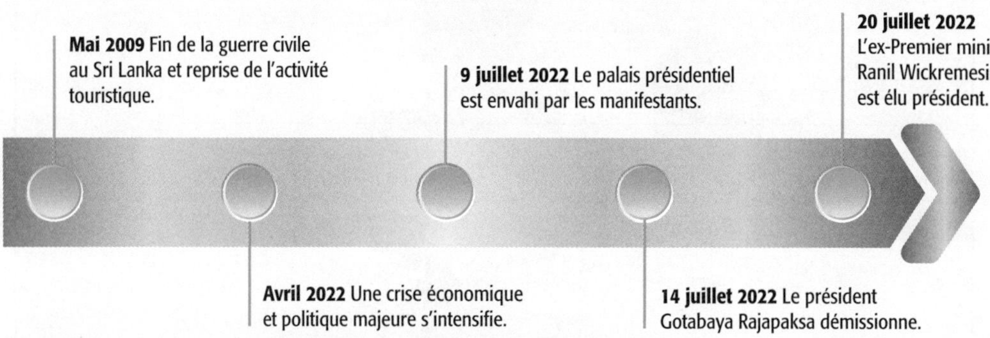

▸ Une crise économique sans précédent

En 2009, après une guerre civile de 25 ans, le Sri Lanka commençait à retrouver d'importants flux touristiques. Un attentat terroriste causant 279 morts, en 2019, puis la pandémie de Covid-19, en 2020, paralysent de nouveau cette activité. Petit à petit, d'autres secteurs sont entraînés : en deux ans, le pays, faisant face à une énorme dette et à une inflation galopante, s'enfonce dans la plus grave crise qu'il ait connue depuis son indépendance en 1948.

À cette situation viennent s'ajouter la guerre en Ukraine, fin février 2022, et les problèmes d'importations qui en découlent. Durant le premier semestre de cette année, le gaz devient trop cher et est remplacé dans les cuisines sri-lankaises par du bois de chauffage. En même temps, l'essence et le diesel, dont les prix augmentent respectivement de 137 % et de 230 % en six mois, sont strictement rationnés. Afin de réduire les déplacements, le gouvernement ordonne la fermeture des bureaux non essentiels et des écoles, qui ne rouvrent qu'au compte-gouttes à partir de juin 2022.

Le gouvernement n'a plus de devises étrangères et peine à importer de l'essence, des produits essentiels ou de la nourriture, ce qui fait bondir les prix des denrées alimentaires. Selon l'ONU, le pays est en danger de grave crise humanitaire, les 2,4 millions d'habitants qui vivaient déjà sous le seuil de pauvreté étant particulièrement menacés. Les répercussions touchent la société dans son ensemble, et la crise amoindrit la confiance du peuple envers son gouvernement.

Quelques chiffres sur la crise

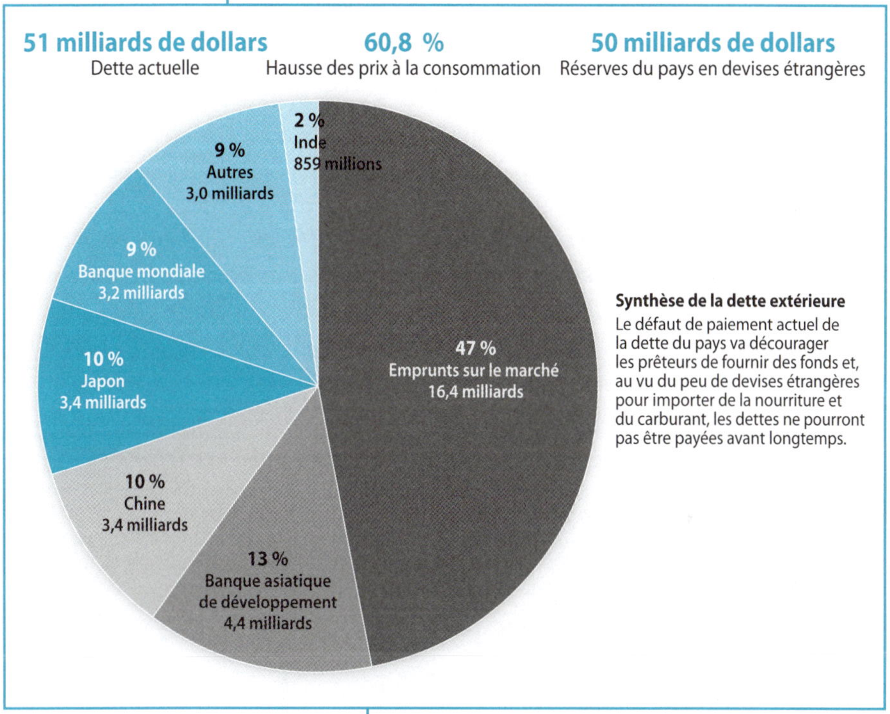

Source : ministère des Ressources extérieures du Sri Lanka.

▸ Une caste politique critiquée

Le pouvoir est en grande partie détenu par la famille de Mahinda Rajapaksa, président de 2005 à 2015, connu pour avoir vaincu la guérilla des Tigres tamouls et mis fin à la guerre civile en 2009. En 2019, un tournant sécuritaire à la suite des attentats favorise l'élection de son frère Gotabaya Rajapaksa en tant que président, et Mahinda est nommé Premier ministre. Un troisième frère, Basil Rajapaksa, accusé de corruption et de détournements de fonds publics durant la présidence de Mahinda, est nommé ministre des Finances en juillet 2021.

Au-delà des facteurs précédemment mentionnés, la crise actuelle peut aussi être imputée à une gestion économique désastreuse, notamment depuis la présidence de M. Rajapaksa qui avait considérablement endetté le pays et était soupçonné de corruption. G. Rajapaksa, dès le début de son mandat, ordonne à son tour les plus importantes réductions d'impôts de l'histoire de l'île, amputant drastiquement, par ce « *cadeau aux amis du pouvoir* », les recettes de l'État. Fin avril 2021, il annonce que le Sri Lanka sera le premier pays du monde à devenir à 100 % producteur d'aliments biologiques, et interdit pour cela l'utilisation de tout engrais ou produit chimique. Selon certains, plusieurs de ses relations, engagées dans le bio, bénéficient largement de cette interdiction des engrais. Elle a cependant pour effet de faire s'effondrer la production nationale de riz, et impose à ce pays auparavant autosuffisant dans le domaine d'avoir recours aux importations. Le secteur du thé, qui représentait le plus gros revenu à l'exportation du pays, est aussi dévasté. Le gouvernement est obligé de revenir sur cette politique dans une annonce en novembre 2021.

L'initiale bonne réputation de la famille régnante est sévèrement entachée par ces mauvaises décisions, et des manifestations éclatent dans tout le pays. Basil Rajapaksa démissionne successivement de son poste de ministre des Finances et de son siège au Parlement en avril et juin 2022. En mai, à la suite d'affrontements violents ayant causé plusieurs morts, Mahinda Rajapaksa abandonne également son poste de Premier ministre. Le 9 juillet, des dizaines de milliers de manifestants pénètrent dans le palais présidentiel au centre de Colombo, forçant le chef de l'État Gotabaya Rajapaksa à s'enfuir. Le 14 juillet, il annonce lui aussi sa démission.

La fratrie Rajapaksa au cœur du pouvoir sri-lankais

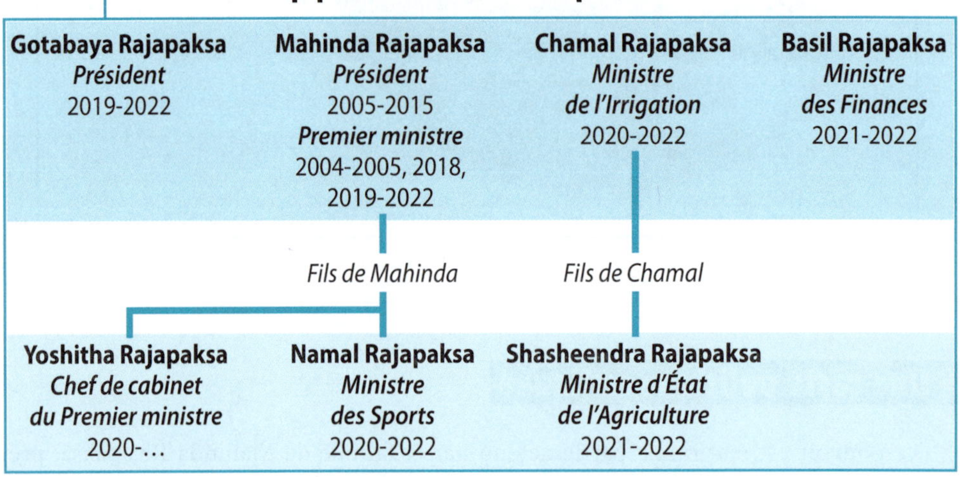

▸ Quel avenir pour le Sri Lanka ?

Le jour de la démission de G. Rajapaksa, les manifestants tentent de prendre d'assaut le Parlement, dernier symbole du pouvoir en faillite, mais ils sont repoussés par les forces de l'ordre. Ces dernières reprennent également le contrôle du palais présidentiel et du siège du gouvernement. Ranil Wickremesinghe, qui avait succédé à M. Rajapaksa en tant que Premier ministre, devient président par intérim, puis le Parlement, en vertu de la Constitution sri-lankaise, l'élit en tant que nouveau président de la République démocratique socialiste du Sri Lanka. Dans ses prises de parole, il fait preuve de fermeté face aux manifestants. Parmi les contestataires, si certains sont satisfaits de voir la famille Rajapaksa expulsée du pouvoir, d'autres voient en R. Wickremesinghe un politicien aussi corrompu que ses prédécesseurs. Comme pour appuyer cette idée, le gouvernement nouvellement désigné comporte de nombreux ministres ayant servi sous les Rajapaksa.

Pourtant, si ce nouveau président n'est pas au goût du peuple, il est, selon plusieurs politologues et économistes, le mieux placé pour résoudre la crise, du fait de son dynamisme, de son expérience politique et de son important réseau à l'international. Il a de fait très vite mis en place des mesures économiques, et notamment un plan d'urgence pour fournir des aliments et du carburant aux populations les plus touchées. En avril 2022, le Sri Lanka a entamé des négociations avec le Fonds monétaire international (FMI), en tant que pays en faillite. Le FMI a d'abord sommé les dirigeants de réduire la corruption et d'augmenter substantiellement les impôts. Si le gouvernement de R. Wickremesinghe y parvient, et fournit un plan coétabli avec les créanciers du pays sur la viabilité de sa dette, le FMI pourra se prononcer sur un accord d'aide internationale. Mais, comme l'a mentionné R. Wickremesinghe lui-même, au vu de la gravité de la situation, la crise va probablement durer de nombreux mois, voire plusieurs années, avant que l'économie ne puisse se stabiliser.

Mise en perspective

Le Liban, autre pays en crise depuis des années, est dirigé par une classe politique également entachée par des scandales de corruption, depuis la fin de la guerre civile en 1990. L'explosion survenue au port de Beyrouth le 4 août 2020 a cristallisé ces dysfonctionnements politico-économiques et les a dévoilés aux yeux du monde entier. L'enquête sur cette explosion est entravée par des ingérences du pouvoir en place, ce qui fait croître un ressentiment populaire à mesure que la crise humanitaire s'intensifie. Il s'agit, selon les Nations unies, d'une des plus grandes crises de l'histoire contemporaine. Bien qu'un accord ait été conclu avec le FMI en avril 2022, elle ne pourra être résolue qu'au prix de changements politiques encore hors de portée.

Le Kazakhstan s'est-il définitivement émancipé de la Russie ?

par Pablo Ahumada

Le Kazakhstan a connu en janvier 2022 des manifestations d'ampleur, violemment réprimées. L'intervention des troupes majoritairement russes de l'Organisation du traité de sécurité collective semblait indiquer la mise sous la tutelle russe du pays. Mais c'est le chemin inverse que semble désormais emprunter le président Kassym-Jomart Tokaïev. Le Kazakhstan parviendra-t-il à tourner la page de son passé soviétique ?

▸ Des manifestations violemment réprimées

Le 1er janvier 2022, la suppression du plafond du prix du gaz de pétrole liquéfié (GPL), carburant le plus utilisé au Kazakhstan par les automobilistes, est à l'origine de manifestations, en premier lieu à l'ouest du pays, dans les villes de Janaozen et d'Aktaou, près de la mer Caspienne. Très vite, les réseaux de transport de la région sont bloqués, et la contestation s'étend dans le reste du pays, en particulier à Almaty, l'ancienne capitale, où, le 5 janvier, des émeutes ont lieu avec notamment des attaques contre la résidence présidentielle. Les revendications dépassent rapidement la seule question du prix du carburant pour s'étendre à une contestation du régime et de la corruption.

En réaction, le 5 janvier 2022, le président de la République Kassym-Jomart Tokaïev décrète l'état d'urgence et demande l'intervention de l'Organisation du traité de sécurité collective (OTSC). Cette alliance militaire défensive a été créée en 2002, regroupant l'Arménie, la Biélorussie, le Kazakhstan, le Kirghizistan, la Russie et le Tadjikistan, pour « *mettre fin à la menace terroriste* » supposément venue de l'étranger. Le président décide également de couper tout le réseau Internet dans le pays.

Dès le lendemain, les Forces de maintien de la paix de l'OTSC (2 030 soldats dont 1 480 Russes) sont envoyées pour assurer la sécurité des points stratégiques du pays. Les forces de sécurité kazakhstanaises sont pour leur part chargées de rétablir l'ordre avec la consigne d'« *ouvrir le feu sans avertissement* ». Le calme est de retour le 12 janvier, au prix d'une répression sanglante. On dénombre plus de 225 morts, dont 19 membres des forces de sécurité intérieure, plus de 4 500 blessés et un coût financier évalué entre 2 et 3 milliards d'euros. Le 19 janvier, les troupes de l'OTSC quittent définitivement le pays.

Déroulement des événements de janvier 2022 au Kazakhstan

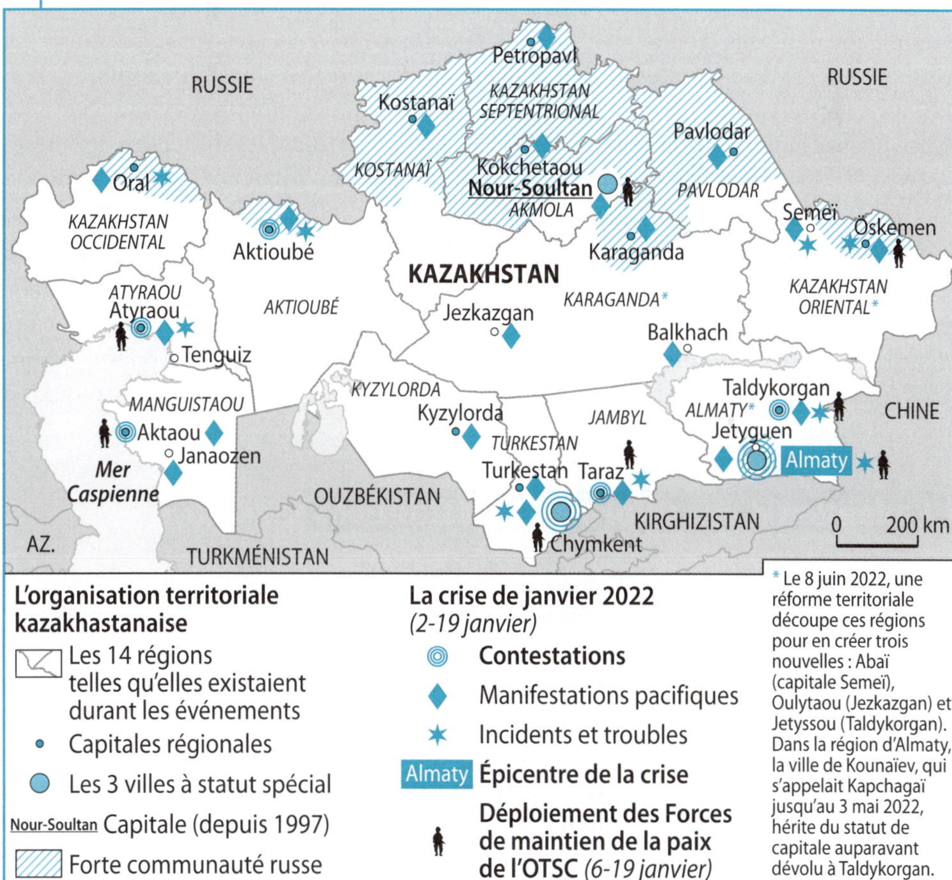

Source : IFRI.

▸ Une prise de distance inattendue vis-à-vis de la Russie

L'intervention des forces militaires de l'OTSC laisse supposer la mise du Kazakhstan sous tutelle de la Russie, tout comme la visite à Moscou de M. Tokaïev dès le 10 février 2022 pour remercier ce pays de son aide militaire et signer 11 accords de coopération, essentiellement en matière d'enseignement et de formation professionnelle (notamment d'ingénieurs spécialisés dans le nucléaire civil au Kazakhstan). La mainmise de la Russie semble d'autant plus inéluctable que ce premier déploiement de forces de l'OTSC constitue pour Moscou une victoire stratégique.

Toutefois, le Kazakhstan paraît depuis avoir pris ses distances avec la Russie. Le pays, qui partage 6 846 km de frontières avec la Russie, ne voit notamment pas d'un bon œil l'invasion de l'Ukraine. Déjà, en 2014, le Kazakhstan n'avait pas reconnu l'annexion de la Crimée. Il ne reconnaît pas non plus les républiques autoproclamées de Donetsk et de Lougansk. Le président Tokaïev se déclare même respectueux de l'intégrité territoriale ukrainienne dans une tribune d'avril 2022. Il s'oppose aussi à l'idée russe d'envoyer des troupes de l'OTSC en Ukraine et de travailler dans le cadre de l'Union économique eurasiatique à l'établissement de contre-mesures aux sanctions économiques visant la Russie. Ainsi, malgré l'intervention réussie de l'OTSC en janvier 2022, les difficultés de l'armée russe en Ukraine affaiblissent la position de la Russie et son influence dans la région.

Le Kazakhstan poursuit en outre sa politique dite « multivectorielle » d'ouverture vers d'autres partenaires comme la Turquie, la Chine, les États-Unis ou l'Union européenne, son premier partenaire commercial. En mai 2022, le président Tokaïev se rend par exemple en Turquie pour signer un traité de partenariat stratégique ainsi que des accords de coopération militaire (dont la construction d'une usine de drones d'attaque ANKA au Kazakhstan) et de développement de corridors logistiques (marchandises et hydrocarbures) contournant le territoire russe.

▸ L'adoption d'une réforme des institutions

Les événements de janvier 2022 provoquent une réelle transition à la tête du Kazakhstan. Le président Tokaïev écarte notamment Noursoultan Nazarbaïev, président depuis l'indépendance du pays, en décembre 1991, et jusqu'à sa démission en 2019. Il avait alors nommé comme successeur Kassym-Jomart Tokaïev, qui devait servir de figure transitoire avant une passation des pouvoirs à un héritier du clan Nazarbaïev. Mais en plus de renommer la capitale Astana par son prénom, Noursoultan, M. Nazarbaïev était aussi resté président à vie du Conseil de sécurité, organe doté d'un statut constitutionnel et compétent en matière de politique étrangère, de défense et de sécurité nationale ainsi que de pouvoirs de nomination. Dès le début des manifestations, le président Tokaïev procède à un renouvellement d'un grand nombre d'autorités et préside son premier Conseil national de sécurité dès le 5 janvier.

En outre, le 16 mars 2022, dans une adresse au Parlement, le président Tokaïev dévoile un plan de réformes politiques visant à réduire les prérogatives présidentielles pour rééquilibrer les institutions, promettant ainsi la création d'un « *nouveau Kazakhstan* ». Le 5 juin, un référendum constitutionnel (victoire à 77 % du « oui ») aboutit à une révision de la loi fondamentale kazakhe, avec des mesures visant à limiter le népotisme, à favoriser la participation de la société civile à la vie publique du pays (par exemple, un citoyen peut désormais saisir la Cour constitutionnelle) et à retirer tout privilège à l'ancien président Nazarbaïev. Enfin, le 17 septembre 2022, un décret signé par le Président a redonné à Kirghizstan, la capitale son ancien nom d'Astana. Il est toutefois encore trop tôt pour déterminer si ces réformes augurent un changement profond de système politique ou si elles visent uniquement à solder définitivement l'héritage du président Nazarbaïev au profit de M. Tokaïev.

Le Kazakhstan : chiffres clés

Démographie

Densité	› 7 hab./km²	Part des + de 65 ans	› 7,9 %
Population urbaine	› 57,67 % (+ 1,52 %)	Taux de natalité	› 22,76 ‰
Ville la plus peuplée	› Almaty (1 895 742 hab.)	Taux de mortalité	› 8,6 ‰
Part des – de 15 ans	› 29,14 %	Taux de mortalité infantile	› 8,9 ‰

Économie et commerce

Monnaie	› Tenge kazakh	PIB/hab.	› 9 062,96 $/hab.
Part du PIB mondial	› 0,2 %	PIB/hab. en PPA	› 26 550,96 $/hab.

Structure du PIB

Croissance annuelle moyenne 2012-2021	› 3,07 %	Dette publique	› 26,36 % du PIB
Croissance en 2021	› 4 %	Réserves officielles	› 35 638,10 millions de $
Inflation en 2021	› 8 %	Solde balance courante	› – 6 485 millions de $
Chômage (jeunes)	› 4,89 % (3,76 %)	Exportations	› 46 447 millions de $
		Importations	› 37 222 millions de $

Principaux clients et fournisseurs de marchandises (2019, %)

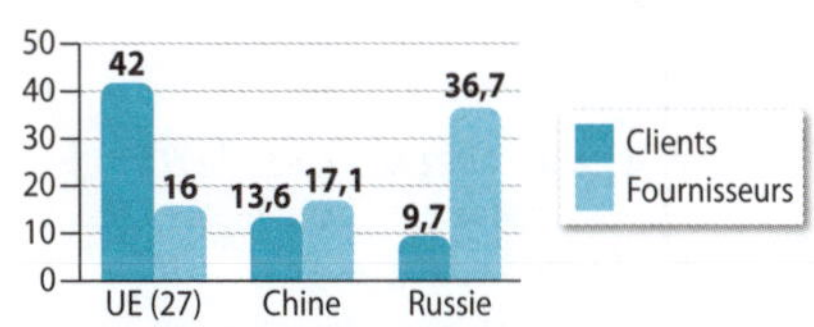

Mise en perspective

L'Asie centrale est le lieu d'une concurrence entre grandes puissances. La Russie considère la région, composée d'anciennes républiques soviétiques, comme faisant partie de son étranger proche, zone où elle entend conserver un rôle. Elle dispose de bases militaires au Kazakhstan, et du site de Baïkonour pour le lancement de ses fusées. De son côté, la Chine investit massivement dans la région, dont elle a besoin pour développer son projet de « *nouvelles routes de la soie* ». La Chine détient environ 43 % de la dette publique du Kirghizistan et 35 % de celle du Tadjikistan. Enfin, il s'agit d'une région dotée d'importantes ressources naturelles (le Kazakhstan possède notamment 40 % des réserves mondiales d'uranium, le Turkménistan les 4es réserves mondiales de gaz).

De la République islamique à l'Émirat islamique : qu'est devenu l'Afghanistan ?

par Fabrice Senechal

Le 15 août 2022 marque le premier anniversaire de la prise de Kaboul par les talibans. L'année écoulée permet de dresser un premier bilan de la nouvelle carte sociale, politique et économique de l'Afghanistan. À l'étranger, la communauté internationale reste perplexe, voire sceptique, face aux frêles promesses de changements faites par Kaboul. À quoi ressemble désormais l'Afghanistan sous le régime taliban ?

▸ Des libertés individuelles et des droits de l'homme en régression

Le 17 août 2021, lors de leur première conférence de presse, les talibans promettent un mode de gouvernance apaisé et conciliant. Destinée à donner des gages à la communauté internationale – notamment aux créanciers étrangers –, cette déclaration entend rassurer les Afghans craignant un recul frappant de leurs droits et libertés. Cette crainte se confirme toutefois car les talibans vont très vite imposer des restrictions sévères, dès septembre 2021, à la liberté d'expression et de réunion, en renforçant la négation des droits des personnes LGBT et en matant toute manifestation. Cependant, la population la plus en butte au fondamentalisme taliban reste les Afghanes.

En effet, les talibans vont chercher l'effacement des femmes de l'espace public et leur nier toute autonomie. Pour ce faire, ils les relèguent au rang de « *mineures sous tutelle* », puis leur imposent le port du voile intégral. Enfin, le régime leur nie le droit fondamental à l'éducation, décision cristallisant l'indignation des chancelleries occidentales et des ONG. Ainsi, il est désormais interdit aux jeunes filles d'avoir accès à l'école secondaire. Le 23 mars 2022, date choisie par les autorités pour le retour des filles et femmes afghanes dans l'enseignement primaire et secondaire, les talibans font finalement machine arrière et prorogent l'interdiction jusqu'à une date indéterminée.

Ces exemples témoignent de la *praxis* politique ultra-rigoriste et violente des talibans. Ainsi, un rapport de la Mission d'assistance des Nations unies en Afghanistan, datant du 20 juillet 2022, soutient que plus de 700 personnes ont été tuées et plus de 1 400 blessées depuis la mi-août 2021. En définitive, les talibans réinvestissent une interprétation stricte de la charia, au mépris de la volonté des Afghans.

L'adoption du drapeau taliban pour l'Émirat islamique d'Afghanistan

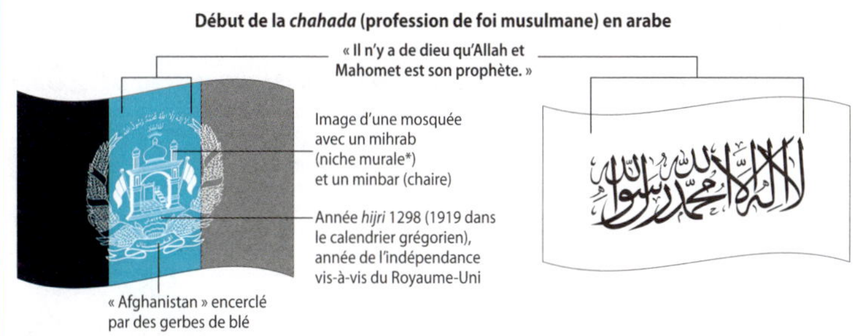

AFGHANISTAN

- Reconnu par la communauté internationale.
- Devenu brièvement **un symbole de la résistance** après la prise de pouvoir par les talibans le 15 août, et a été brandi dans les rues le jour de la fête nationale.
- Le drapeau a été changé ou modifié au moins 18 fois depuis l'indépendance du pays vis-à-vis du Royaume-Uni.

TALIBAN

- Non reconnu comme le drapeau officiel par la communauté internationale.
- Devenu **courant**, remplaçant le drapeau national au-dessus des bâtiments gouvernementaux, des postes de police et des installations militaires.
- Lors de la prise de pouvoir par les talibans en 1996, le drapeau était blanc uni, signifiant « la pureté de leur foi et de leur gouvernement ». La *chahada* a été ajoutée en 1997.

*Indique la direction de La Mecque.

Source : ministère des Affaires étrangères afghan, talibans.

▸ Un État en proie à une double crise, humanitaire et économique

Sur le plan économique, l'installation du régime fondamentaliste est corrélative d'un effondrement de l'économie afghane. Le pays sombre dans une récession qui pourrait graduellement basculer dans une dépression ou se stabiliser autour d'un équilibre précaire. En effet, depuis août 2021, le PIB afghan, selon des estimations de la Banque mondiale, s'est contracté de 20 à 30 %. Cette contraction s'explique par la dimension rentière de l'économie afghane. En effet, avant l'arrivée des talibans, les aides internationales représentaient plus de 45 % du PIB afghan. Or, les sanctions internationales mises en place ont pour effet le recul de ces aides. En outre, les sanctions ont gelé les actifs nationaux à l'étranger de l'Afghanistan – estimés à 9,5 milliards de dollars – et les actifs de la Banque centrale du pays. Cependant, ces décisions exogènes générant la crise sont complétées par un pendant endogène : l'interdiction de la culture du pavot par le décret taliban du 3 avril 2022, alors même qu'elle comptait pour 20 à 30 % du PIB afghan. Cet effondrement de l'économie entrave fortement l'accès aux liquidités, obérant les canaux de paiement traditionnels et la capacité des ONG à payer leurs personnels et leurs partenaires locaux.

De manière corrélative, la crise économique génère une alarmante crise humanitaire. En raison de l'explosion du chômage et du recul des aides internationales, la part d'Afghans ayant besoin d'une aide humanitaire pour vivre a fortement augmenté. Selon l'ONU, un tiers des familles afghanes ne disposent d'aucune ressource financière et, selon une enquête de la Banque mondiale, 70 % de la population sont désormais incapables de se nourrir et de se procurer des produits de première nécessité. Cette double crise a mis en relief le fait que l'Afghanistan est réellement une économie sous perfusion et que les talibans semblent incapables de proposer une réponse réfléchie et appropriée.

L'explosion de la pauvreté en Afghanistan (août 2021)

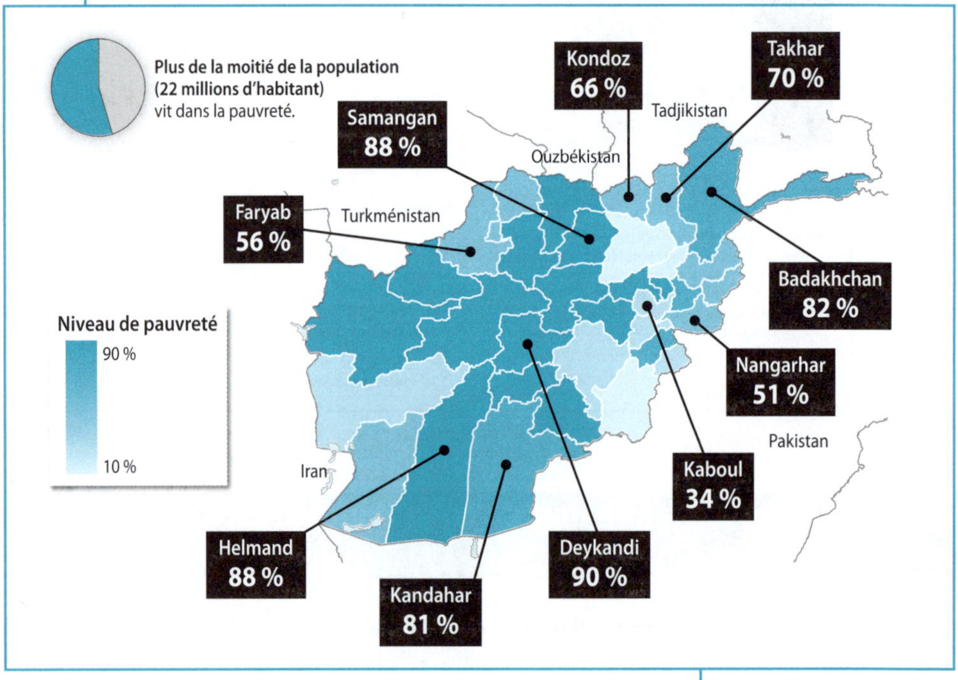

Source : Banque mondiale.

▸ Des tentatives d'ouverture vers le monde

Au-delà de la scène nationale, l'arrivée au pouvoir des talibans a ostracisé l'Afghanistan sur la scène internationale. En effet, les sanctions internationales couplées à l'absence de reconnaissance par la communauté internationale ont transformé, dans une première séquence, l'Afghanistan en État paria.

Néanmoins, une nouvelle séquence internationale s'est ouverte depuis. Celle-ci se déploie en deux volets, avec tout d'abord un rapprochement opportuniste entre Kaboul et Pékin, et concurremment une phase d'âpres négociations avec Washington. La Chine avait avancé ses pions en Afghanistan dès le 2 septembre 2021, soit deux semaines après la chute de Kaboul, en menant une diplomatie proactive auprès des autorités talibanes. Ainsi, au-delà de l'augmentation de l'aide humanitaire chinoise pour Kaboul, les ministres des Affaires étrangères chinois et taliban se sont rencontrés à Doha le 26 octobre 2021. Depuis, les consultations bilatérales se multiplient entre les deux États. Sur le plan multilatéral, la Chine a accueilli le 31 mars dernier la 3e Conférence ministérielle des pays voisins de l'Afghanistan. Pékin s'impose donc graduellement sur la scène afghane et a pour ambition de devenir l'interlocuteur étranger principal de l'Émirat islamique d'Afghanistan.

Face au volontarisme chinois, les États-Unis et les États européens restent peu enclins à échanger avec les talibans. En effet, l'Occident demande au régime de livrer des garanties de respect des droits de l'homme. Les pourparlers entre Washington et les talibans, engagés depuis février 2020, se poursuivent à Doha, avec un accord conclu le 30 juin dernier. Les deux parties se sont entendues sur le maintien du dialogue, mais la principale pierre d'achoppement demeure le sujet des sanctions économiques et du gel des actifs afghans à l'étranger. En définitive, Washington peine à tourner la page afghane et Pékin se saisit de ce *statu quo* pour asseoir son influence à Kaboul.

Mise en perspective

Quasiment un an après l'arrivée des talibans au pouvoir, l'Afghanistan est frappé par un séisme le 22 juin 2022. Avec plus d'un millier de morts et plus de 1 500 blessés, les deux secousses, d'une magnitude de 5,9 et de 4,5 sur l'échelle de Richter, ont dévasté les provinces de Paktiya et de Khost. Cet événement tragique a mis en relief les faiblesses structurelles de la gouvernance talibane, notamment son incapacité à pallier les conséquences du recul des aides internationales. Ce recul a particulièrement fragilisé le secteur tertiaire et le système de santé afghan. Avec un manque criant de moyens financiers, de personnel et d'infrastructures, les autorités talibanes ont lancé un appel d'urgence à la communauté internationale qui a été entendu par l'ONU et certains États. Des aides logistiques, de soins et de vivres ont ainsi été fournies aux populations affectées.

L'enchaînement de coups d'État en Afrique de l'Ouest vers une normalisation de l'instabilité politique ?

par Fabrice Senechal

Depuis août 2020, cinq coups d'État se sont produits en Afrique de l'Ouest. Ces putschs, orchestrés par des juntes militaires, témoignent d'une déstabilisation politique de la région. À l'aune d'événements rappelant la vague de putschs des années 1990, quelle analyse peut être dressée pour comprendre cet enchaînement de coups d'État en Afrique de l'Ouest ?

▸ Les coups d'État et l'Afrique de l'Ouest, l'éternel retour de l'histoire

L'Afrique de l'Ouest n'est pas une région historiquement étrangère aux coups d'État. Depuis 1950, 97 coups d'État se sont produits dans la région, représentant 55 % de ceux survenus en Afrique. La région couve depuis soixante-dix ans des États qui, sur le plan politique, peinent à voir émerger un véritable modèle démocratique. En effet, la *praxis* politique des dirigeants successifs se caractérise par un accaparement personnel du pouvoir aidé par l'instauration d'un phénomène de corruption généralisée. Tout cela alimente le mécontentement de populations qui se sentent graduellement déconsidérées. Ce malaise démocratique génère alors les différentes séquences de coups d'État qui touchent l'Afrique de l'Ouest.

L'Afrique de l'ouest : une région familière de l'instabilité

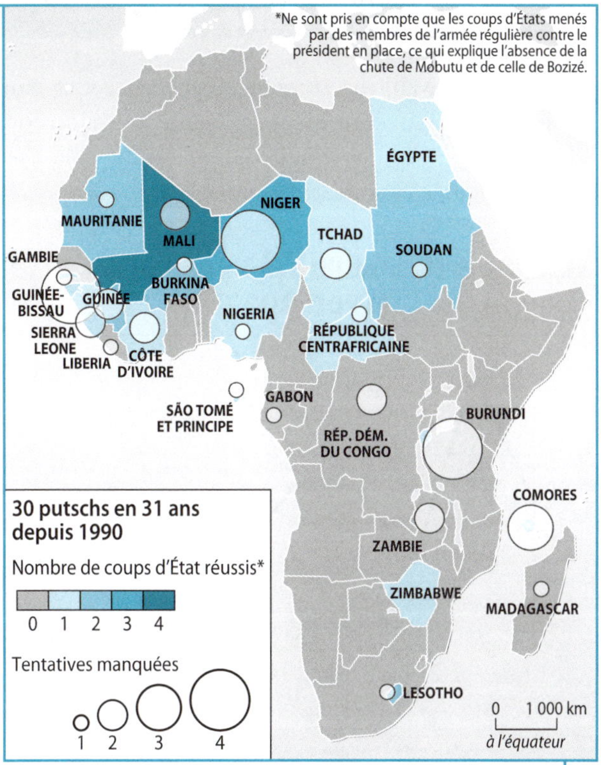

Source : *Jeune Afrique.*

La région connaît une relative phase de stabilisation politique entre les années 1990 et 2020, avant de vaciller de nouveau depuis deux ans, pour des raisons sensiblement similaires. Cependant, le principal dénominateur commun à tous ces coups d'État est leur caractère putschiste. Cela s'explique par le fait que les militaires font partie intégrante de l'appareil d'État de ces pays. Nombre de chefs d'État dans la région font en effet le choix de se doter de gardes prétoriennes, à l'image d'Alpha Condé en Guinée ou de Blaise Compaoré au Burkina Faso. Ces gardes rapprochées assurent une protection immédiate, mais permettent surtout aux militaires d'observer et de surveiller ces présidents à la légitimité fragilisée. En définitive, l'irruption du fait militaire dans le champ politique n'est donc pas une nouveauté, mais révèle à quel point l'accointance des hommes en armes avec les élites politiques constitue une donnée structurelle en Afrique de l'Ouest.

Les coups d'État sont fondés sur une incapacité à proposer un mode de gouvernance effectif et à la hauteur des enjeux économiques et sécuritaires de la région. Ces États sont structurellement fragilisés par une gouvernance accaparée par l'élite politique, ouvrant ainsi la porte aux putschistes qui se multiplient dans la région.

▸ À la genèse des putschs : des militaires opportunistes exploitant l'exaspération populaire

Le premier coup d'État au Mali du 18 août 2020 a eu l'effet d'un séisme dans la région. Ses répliques se sont traduites par un enchaînement de cinq coups d'État au Mali (août 2020 et mai 2021), en Guinée (septembre 2021), au Burkina Faso (janvier et septembre 2022) et par une tentative échouée en Guinée-Bissau (février 2022).

Mali, de la stabilité à l'instabilité politique après l'indépendance (1960-2022)

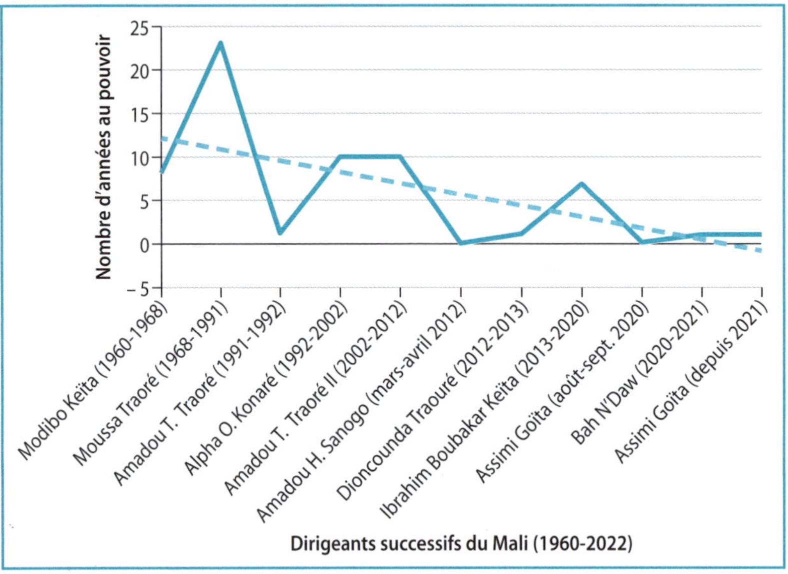

Ces coups d'État, survenus dans un laps de temps restreint, partagent des racines communes car les putschistes maliens, guinéens et burkinabés ont bénéficié d'un faisceau de facteurs. De fait, un contexte de forte contestation sociale s'était établi dans les trois États, créant un terreau fertile sur lequel un putsch pouvait se légitimer.

Lors du premier coup d'État, le renversement du président malien Ibrahim Boubacar Keïta par le colonel Assimi Goïta s'était fondé sur la promesse du combat contre la corruption. Dans une perspective sécuritaire, sa figure d'officier lui donne également du crédit pour la lutte contre les menaces rebelles et terroristes au nord et au centre du pays. Le Burkina Faso et la Guinée vont suivre des trajectoires sensiblement identiques, favorisées par la grogne sociale et la capacité de fédération des officiers putschistes. En Guinée, le président Alpha Condé est renversé par le colonel Mamadi Doumbaya et, au Burkina Faso, le président Roch Marc Christian Kaboré est renversé par le lieutenant-colonel Paul-Henri Sandaogo Damiba, lui-même renversé par le capitaine Ibrahim Traoré. Le Tchad voit arriver au pouvoir le fils du président défunt, l'officier Mahamat Idriss Déby. Il crée le Conseil militaire de transition (CMT) et en devient le président à l'issue d'un scrutin jugé truqué par ses opposants.

▸ Après les putschs : des réactions internationales à géométrie variable

Les réactions internationales aux coups d'État sont teintées d'ambiguïtés. Les réponses de l'Union africaine (UA), de la Communauté économique des États d'Afrique de l'Ouest (CEDEAO) et de la France ont été variées.

Au lendemain des coups d'État, la CEDEAO a suspendu de ses instances le Mali, la Guinée et le Burkina Faso, mais n'a imposé de sanctions économiques qu'à l'endroit du Mali. Bamako ne pouvait plus commercer avec les ports ivoiriens et sénégalais, ce qui entraînait une pénurie de liquidités affectant particulièrement les ménages maliens. Cette différence de traitement entre Conakry et Ouagadougou, d'une part, et Bamako, de l'autre, peut s'expliquer par la nature variée des liens unissant les États membres de la CEDEAO entre eux. Par exemple, le Sénégal a été durement affecté par les sanctions contre le Mali car il était son principal partenaire commercial. Les putschs guinéen et burkinabé ont donc subi un sort différent pour éviter d'accroître la pression sur les États membres. Néanmoins, ces réponses différenciées participent de la crise de légitimité de la CEDEAO qui, face à ce constat, a décidé début juillet 2022 de lever les sanctions contre Bamako.

L'UA a également condamné les coups d'État et a suspendu les trois États de ses instances. Cependant, le Tchad fait figure d'exception car la CEDEAO, l'UA et la France n'ont pas condamné la prise de pouvoir inconstitutionnelle de Mahamat Idriss Déby, validant tacitement l'instauration du CMT à N'Djamena. Cette exception tchadienne peut s'expliquer par la transition népotique du pouvoir. De plus, la France adopte une posture prudente avec le Tchad car il reste un partenaire clé dans la lutte antiterroriste et est l'un de ses relais d'influence historiques. Cependant, la France subit les atermoiements de Bamako qui dénonce une présence française désormais jugée contraire à ses intérêts. Ainsi, et ce malgré la structurante coopération sécuritaire matérialisée par les opérations Serval puis Barkhane, la rupture avec Bamako est consommée lorsque les accords de défense ont été dénoncés le 2 mai 2022.

Mise en perspective

La période d'instabilité politique que connaît l'Afrique de l'Ouest est corrélative de l'arrivée de nouveaux acteurs étrangers sur la scène régionale. La Russie opère en effet un rapprochement avec ces nouvelles juntes afin d'élargir sa sphère d'influence. Par là, Moscou défie les capitales européennes, notamment Paris, qui jouissent d'un rayonnement particulier dans la région. Une guerre informationnelle et d'influence est en effet menée contre Paris, fragilisé par la dégradation de sa relation avec Bamako. Ainsi, Moscou orchestre des campagnes de propagande antifrançaise dans la région et envoie des mercenaires du groupe Wagner au Mali dès la fin du mois de décembre 2021, défiant les soldats français qui étaient présents dans le cadre de l'opération Barkhane.

ZOOM SUR… les sociétés militaires privées

par Valérie Morin

Depuis la fin de la guerre froide, les sociétés militaires privées (SMP) ont connu un essor exponentiel dans le monde. Engagées autant par des États que des entreprises, ces sociétés sont parvenues à se tailler une part du marché de la sécurité privée, entre autres grâce à leurs activités en Afghanistan et en Irak au tournant du XXIe siècle. Allons-nous vers une privatisation de la guerre ?

- **Juillet 2005** Création d'un groupe de travail sur l'utilisation de mercenaires par la Commission des droits de l'homme de l'ONU.
- **16 septembre 2007** La SMP Blackwater est accusée d'avoir assassiné 17 civils irakiens.
- **2007** Les États-Unis adoptent le *Uniform Code of Military Justice*, qui soustrait les membres des SMP à la cour martiale.
- **2008** Rédaction du document de Montreux par le Comité international de la Croix-Rouge et le gouvernement suisse pour essayer de réguler les missions de SMP.
- **2014** Fondation du groupe Wagner en Russie par Evguéni Prigojine.
- **Mars 2022** Plusieurs centaines de civils maliens sont assassinées par le groupe Wagner à Moura.

▸ L'arrivée progressive des sociétés militaires privées

C'est à la fin de la guerre froide que se développe le recours aux premières SMP. Le contexte d'apaisement entraîne une chute importante des budgets militaires ; celui des États-Unis est quasiment divisé par deux, passant de 6 % de son PIB en 1989 à 3,3 % entre 1995 et 1999.

En parallèle, les formes de guerre évoluent. Se multiplient les conflits internes, les guerres asymétriques qui déstabilisent des régions entières et menacent les intérêts économiques des grandes puissances. Pour ces opérations extérieures en nombre toujours croissant, les SMP, employant des professionnels, sont mieux équipées, mieux adaptées aux conflits de faible intensité, d'usure, contre des ennemis invisibles. Depuis la guerre du Viêtnam, les armées de conscrits se sont révélées inadaptées et trop chères. Elles ont conduit à l'enlisement du conflit et à son impopularité. Les opinions publiques acceptent de plus en plus mal le décompte des morts. L'utilisation de SMP par les États permet une forme de guerre par procuration, avec un moindre coût financier et politique.

▸ Une utilisation croissante des SMP

Dans le monde des SMP, ce sont les sociétés anglo-saxonnes qui sont les plus importantes. Les États-Unis ont été les premiers à les utiliser massivement, d'abord durant la guerre de Yougoslavie entre 1991 et 1995, puis au Moyen-Orient à partir de 2001, en Afghanistan puis en Irak. Entre 1994 et 2004, ils ont signé plus de 3 000 contrats avec des SMP, représentant plus de 300 millions de dollars pour la gestion des bases et infrastructures, ainsi que la formation du personnel militaire. En 2007, il y a en Irak un agent civil privé pour un soldat américain.

Le marché des SMP est en hausse constante dans le monde au vu de la diversification des services proposés. Il représentait 200 milliards de dollars en 2019. La société britannique G4S créée en 1901 emploierait près de 533 000 personnes et aurait un chiffre d'affaires de 7,5 milliards de livres sterling en 2018. Ces sociétés emploient majoritairement d'anciens militaires qui cherchent une nouvelle activité ou à mieux gagner leur vie. Les salaires sont en effet très attractifs. En action, certains peuvent gagner jusqu'à 1 000 dollars par jour.

Le cas du groupe russe Wagner est encore différent. N'ayant pas d'activité légale en Russie, pays où les SMP ne sont pas reconnues officiellement, il est intervenu néanmoins dans les régions où la Russie avait des intérêts forts : au Donbass en 2014 ou en Syrie en 2015, et de plus en plus en Afrique. Cela permet au pouvoir russe de mener une guerre par procuration tout en niant toute implication directe dans le conflit.

▸ Les sociétés privées, un risque pour la paix

Plusieurs cas de dérives de ces sociétés ont soulevé la polémique au cours des dernières années. La dénonciation de ces abus a permis d'ouvrir les débats afin de combler le vide juridique entourant alors l'action de ces sociétés.

Le document de Montreux compte parmi les textes emblématiques de la démarche de régulation internationale des SMP. Présenté en 2008 par le ministère suisse des Affaires étrangères et le Comité international de la Croix-Rouge (CICR), le texte vise à clarifier les obligations juridiques de ces sociétés concernant le droit international humanitaire. Outre la définition des responsabilités réparties entre l'État engageant l'entreprise (« *l'État contractant* »), celui accueillant l'intervention (« *l'État territorial* ») et celui dans lequel la société militaire est enregistrée (« *l'État d'origine* »), le document répertorie les bonnes pratiques en matière de collaboration avec les SMP. Il est soutenu par 58 États, mais n'est pas contraignant.

En réalité, ni les États ni les SMP n'ont intérêt à une transparence totale, car les intérêts en jeu sont trop importants. Les États-Unis se sont dotés, dès 2007, d'une législation (*Uniform Code of military Justice*) qui soustrait les membres des SMP à la cour martiale en cas d'infraction.

Élection présidentielle en Colombie : à gauche toute !

par Valérie Morin

Premier président de gauche élu en Colombie, Gustavo Petro a été investi le 7 août 2022. Cette élection, qui a surpris tout le monde, est un véritable tournant politique pour un pays meurtri par le trafic de drogue et des années de guerre. Enfoncée dans un long conflit social, la Colombie connaîtra-t-elle un renouveau démocratique à la faveur de l'arrivée d'un nouveau président ?

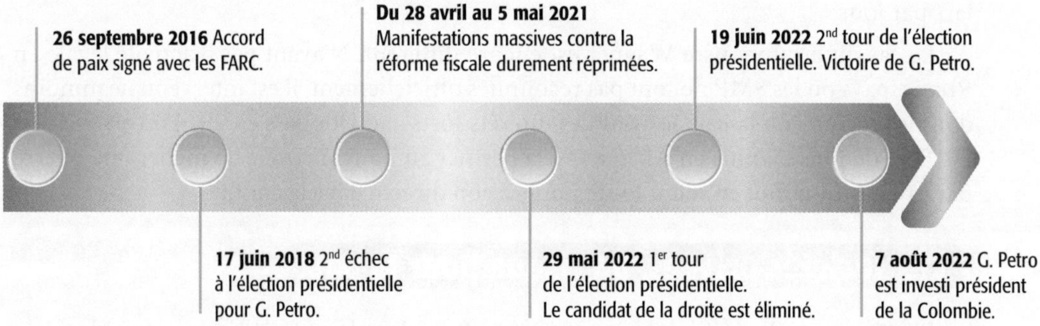

▸ La victoire du candidat de la gauche à l'élection présidentielle

Les résultats des élections présidentielles annoncés le soir du 19 juin 2022 sont un véritable séisme en Colombie. Ils consacrent la victoire de Gustavo Petro, candidat du Pacto Histórico et ancien guérillero du mouvement Mouvement du 19 avril (M-19). Il est élu avec 50,44 % des suffrages exprimés contre 47,31 % à son adversaire, le milliardaire antisystème Rodolfo Hernández.

La campagne s'était pourtant accompagnée de nombreuses menaces à l'égard du candidat de gauche, menaces prises très au sérieux dans un pays où la violence politique est une réalité : 5 candidats aux élections ont été assassinés depuis 1948.

Cette victoire est le fruit d'une forte mobilisation des électeurs de gauche, notamment des jeunes et des minorités. La participation a été de 58 %, un record depuis 1997. C'est la première fois de son histoire que la Colombie va être dirigée à gauche, par un ancien militant d'opposition aux régimes conservateurs qui ont toujours régné sur le pays.

G. Petro n'est pas un novice dans l'exercice politique. À la tête d'une coalition dite « Pacte historique », il était candidat pour la troisième fois aux élections présidentielles. Économiste de formation, il a appartenu dans sa jeunesse à la petite guérilla urbaine du M-19, qui a déposé les armes en 1990. G. Petro a été depuis député, sénateur, maire de Bogota et de nouveau sénateur.

La surprise vient plutôt de sa vice-présidente, Francia Márquez, militante des droits de l'homme et engagée dans la défense de l'environnement, féministe et surtout première vice-présidente afrodescendante de ce pays. Cette femme de 41 ans représente tous les leaders sociaux et écologistes qui luttent pour les droits de l'homme à travers le pays et qui sont régulièrement assassinés ou menacés de mort. Issue d'une famille pauvre installée dans une région montagneuse, l'ancienne femme de ménage, mère célibataire de deux enfants, n'a cessé de lutter pour défendre les droits des Afrocolombiens. Elle a dédié sa victoire « *aux anciens, aux femmes, aux jeunes, aux personnes LGBTQ+, aux indigènes, aux paysans, aux victimes, à* [s]*on peuple noir, à ceux qui ont résisté, à ceux qui ne sont plus là, à toute la Colombie* ».

▸ Les raisons d'une victoire

Les raisons qui ont écarté la gauche du pouvoir font aujourd'hui sa victoire. En Colombie, la gauche a longtemps été associée aux mouvements de guérilla qui faisaient régner la guerre civile dans le pays : exécutions, enlèvements, disparitions… Mais en 2022, c'est le refus du gouvernement d'Iván Duque de mettre en place l'accord historique signé en 2016 entre les Forces armées révolutionnaires de Colombie (FARC) – dernier mouvement armé révolutionnaire – et le gouvernement qui a entraîné un rejet des électeurs.

Le processus de paix entre les FARC et le gouvernement colombien

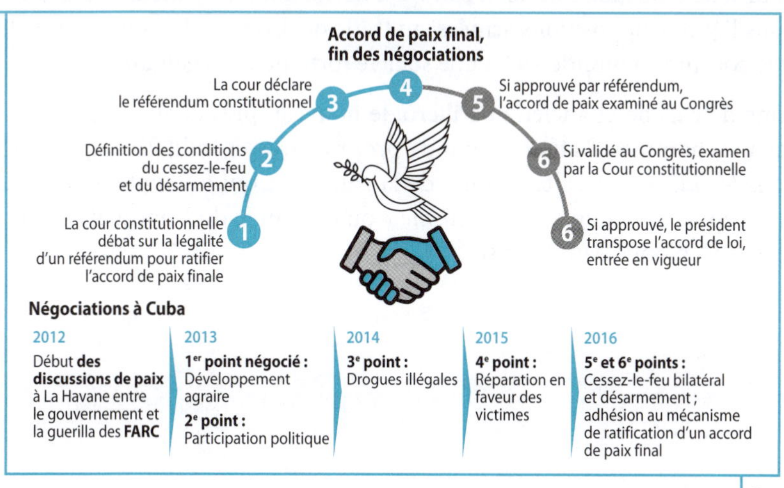

Source : AFP.

Parallèlement, la volonté de l'ancien président de continuer une politique ultralibérale, sur le modèle de son mentor, Álvaro Uribe (président de 2002 à 2010), a mis le feu aux poudres. Il envisageait de privatiser les entreprises publiques suivant le modèle du consensus de Washington (réforme fiscale, libéralisation des marchés financiers et du commerce extérieur, privatisation, déréglementation).

Dès 2019, on assiste à de grandes manifestations antigouvernementales (plus d'un million de personnes) contre la remise en cause du processus de paix et l'ampleur des inégalités sociales. Elles sont violemment réprimées. Interrompues par la pandémie de Covid-19, elles ont repris le 28 avril 2021. Syndicats de travailleurs, étudiants, indigènes, organisations de défense de l'environnement défilent dans la rue contre la flexibilisation du marché du travail, le recul de l'âge de la retraite et les inégalités fiscales qui profitent aux grandes entreprises. Ils protestent aussi contre la dégradation du contexte sécuritaire. Les forces de l'ordre, l'armée et des groupes paramilitaires protégés par le gouvernement assassinent et menacent les leaders indigènes, sociaux et les anciens guérilleros démobilisés dans le cadre des accords de paix. On estime qu'un millier d'entre eux a ainsi trouvé la mort.

La popularité du président Duque était tombée à 20 % et sa démission était régulièrement demandée. Malgré l'abandon de la réforme fiscale dès la mi-mai, le mécontentement n'avait pas cessé. Cela explique le très mauvais score du candidat de droite, Federico Gutiérrez, éliminé dès le 1er tour de l'élection présidentielle avec seulement 23,94 % des voix.

▸ Les difficultés qui attendent le nouveau président

« *Le gouvernement qui entrera en fonction le 7 août sera celui de la vie, de la paix, de la justice sociale et de la justice environnementale* », a promis G. Petro le soir de son élection. Il énumère trois objectifs clés pour son mandat : « *paix totale* », fin de la guerre contre la drogue et justice sociale. Il sait qu'il hérite d'un pays meurtri par une violence endémique, liée aux oppositions armées, au trafic de drogue – la Colombie est le 1er producteur de cocaïne au monde – et à une société fortement inégalitaire.

Homme de gauche et ancien guérillero, le nouveau président va devoir rassurer les conservateurs, hommes d'affaires, grands propriétaires et militaires, qui craignent un « *saut dans le vide* » avec cette victoire de la gauche et qui ont agité en vain, durant la campagne, l'épouvantail du « *communisme* » ou l'exemple du Venezuela voisin, « *socialiste bolivarien* » plongé dans la crise.

Un pays contrasté

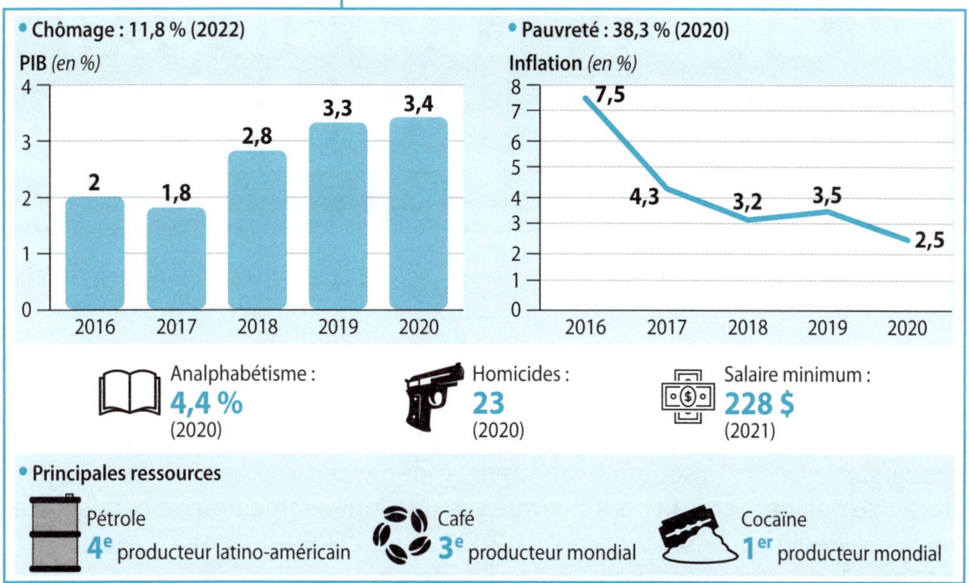

Source : Présidence de Colombie.

La confiance sera difficile à gagner avec les militaires qui devront lui jurer fidélité et accepter les négociations de paix qu'il souhaite relancer avec les rébellions toujours actives – tous les FARC n'ont pas accepté l'accord de paix –, ainsi que l'offre qu'il compte faire aux narcotrafiquants de se soumettre à la justice. De même, il devra composer avec la géopolitique américaine. Ainsi, si les présidents de l'Argentine, du Chili et de l'Équateur étaient présents à son investiture, ce n'était pas le cas de ceux du Brésil, du Mexique et des États-Unis.

Fier de son passé, G. Petro a d'ailleurs fait le choix de se faire remettre l'écharpe présidentielle par la fille de l'ancien président du M-19, Carlos Pizarro, mort assassiné en 1990, alors qu'il était candidat à l'élection présidentielle.

Mise en perspective

La victoire de la gauche en Colombie relance les divisions politiques traditionnelles de l'Amérique latine. Les États-Unis y ont longtemps imposé les choix politiques, s'opposant à l'arrivée de gouvernements de gauche considérés comme proches de l'URSS. Récemment, la volonté de déstabiliser le gouvernement vénézuélien de Nicolás Maduro montre que les États-Unis n'ont pas renoncé à s'immiscer dans la politique de leurs voisins. Ils se demandent à présent si la victoire historique de la gauche en Colombie fera des émules. S'inscrivent aussi dans cette perspective les élections au Brésil, 1re puissance continentale, qui vont voir s'affronter l'actuel président Jair Bolsonaro et l'ancien président Inácio Lula da Silva, deux candidats totalement opposés sur leur vision politique.

Les élections générales au Brésil : Lula au défi de rétablir l'unité du pays

par Pablo Ahumada

Les élections générales au Brésil du 2 octobre 2022 ont constitué un véritable test pour la démocratie brésilienne. Ancien militaire, le président de la République sortant, Jair Bolsonaro avait menacé de ne pas reconnaître les résultats en cas de défaite, dans un pays marqué par une longue tradition de coups d'État militaires. Réélu après ses victoires de 2002 et de 2006 avec une courte avance, Lula pourra-t-il gouverner dans un Brésil fortement polarisé ?

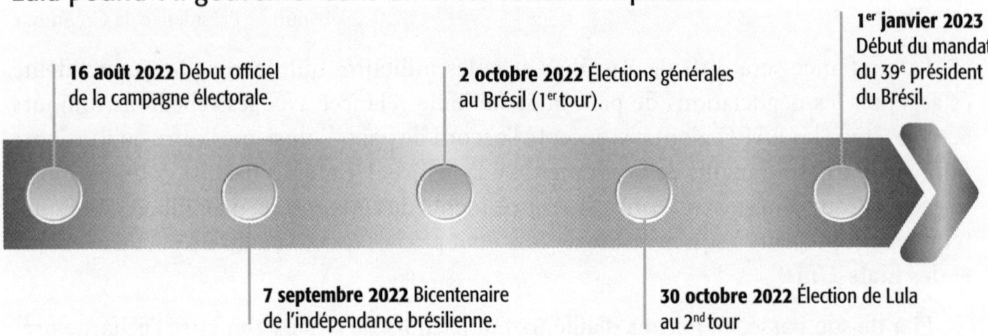

▸ Les élections générales : le moment central de la vie politique brésilienne

Les 2 et 30 octobre 2022, 156 millions d'électeurs (sur une population estimée à 215 millions d'habitants) ont été appelés aux urnes pour les élections générales brésiliennes. Ils ont élu le 39e président de la République, le vice-président, 513 députés fédéraux, 27 sénateurs, 27 gouverneurs et vice-gouverneurs et 1 059 députés des assemblées législatives des États fédérés (le Brésil étant composé de 26 États fédérés et du district fédéral de Brasilia). Luis Inácio Lula da Silva, dit « Lula », a été élu au second tour de l'élection présidentielle avec 50,9 % des voix.

Si la grande majorité des autorités politiques ont été renouvelées, c'est l'élection du président qui était la plus importante, compte tenu des caractéristiques du système politique brésilien. Le Brésil est défini par sa Constitution de 1988 comme une « *République fédérale, démocratique et présidentielle* ». Le président dispose d'importants pouvoirs, notamment ceux d'initiative, de promulgation et de sanction des lois, ainsi que d'un droit de veto sur les lois adoptées par le Congrès. Le président brésilien est élu pour un mandat de quatre ans et ne peut effectuer que deux mandats consécutifs. Le taux de participation ne constitue pas une donnée particulièrement scrutée, puisque le vote est obligatoire au Brésil pour les personnes âgées de 18 à 70 ans.

▸ Lula, le choix d'un modèle de société

La victoire de Lula, beaucoup moins ample que ne le laissaient augurer les sondages, illustre la polarisation extrême de la vie politique brésilienne. Les deux principaux candidats, Jair Bolsonaro, président sortant, et Lula, président entre 2003 et 2010, incarnaient deux visions opposées de la société.

J. Bolsonaro, président de la République élu en 2018, était candidat à sa réélection. D'extrême droite, il est populaire auprès de l'électorat évangélique, des élites militaires et économiques, en particulier dans le domaine agricole. En démantelant plusieurs agences de protection de l'environnement, permettant l'homologation de nouveaux pesticides, et en assouplissant les conditions de port d'armes à feu pour défendre la propriété privée contre les paysans sans terre, il a permis un développement sans précédent de l'agriculture, en particulier du soja, extrêmement rentable, au détriment de la préservation de la forêt amazonienne. Il rappelle régulièrement son attachement aux valeurs conservatrices chrétiennes, soulignant l'importance de la famille et condamnant l'avortement et l'homosexualité.

Mais le bilan économique (faible croissance, forte inflation, fuite des capitaux étrangers) de son premier mandat est décevant, et les élites économiques ont pris leurs distances. Le style agressif et grossier de J. Bolsonaro a nui à l'image du Brésil et fermé de nombreux marchés à l'export. La pauvreté est en augmentation : on estime que 61 millions de personnes vivaient sous le seuil de pauvreté en 2021, soit 9 millions de plus qu'en 2019, et 19 millions de Brésiliens (près de 1 habitant sur 10) se trouveraient en situation de grave insécurité alimentaire.

J. Bolsonaro est aussi fortement critiqué pour sa gestion de la pandémie de Covid-19, durant laquelle il a constamment minimisé la gravité du virus avant de s'opposer à la vaccination. La Covid-19 a fait plus de 680 000 morts au Brésil (le 2e total le plus élevé au monde derrière les États-Unis, avec 1 million de morts, et devant l'Inde, avec 500 000 morts au moins).

Lula, candidat du Parti des travailleurs, est une figure de la gauche brésilienne. Âgé de 77 ans, il se présentait pour la 7e fois à une élection présidentielle, après en avoir été empêché en 2018 du fait de sa condamnation à douze ans de prison dans le cadre de l'opération anticorruption Lava Jato. Le tribunal qui l'a condamné ayant été déclaré incompétent, il a été libéré en 2019. Il a pu compter sur le bilan positif en matière économique de ses deux mandats présidentiels entre 2002 et 2010 (40 millions de Brésiliens seraient sortis de la pauvreté au cours de cette période), mais doit faire face à un fort rejet de son parti, lié aux scandales de corruption.

La déforestation en Amérique du Sud entre 2001 et 2019

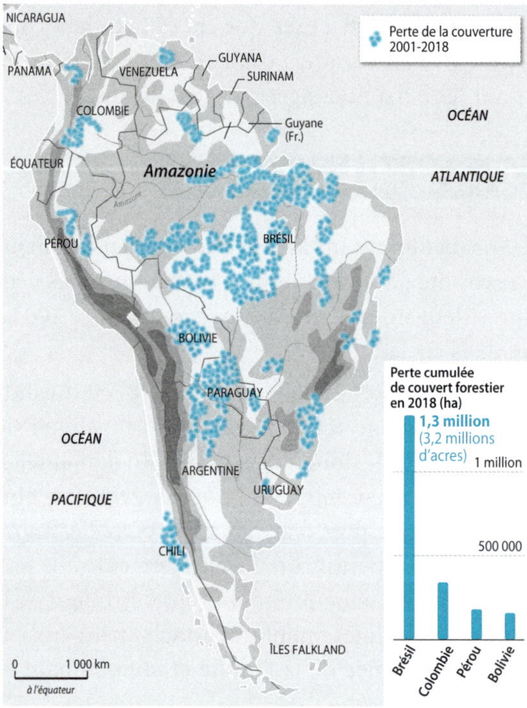

Source : *National Geographic.*

Il incarne un idéal social et promet une reprise des programmes d'assistance sociale, une revalorisation du salaire minimum et l'abrogation de la loi instituant le plafond des dépenses publiques – adoptée par le gouvernement de M. Temer (2016-2018) –, ainsi qu'une accélération et une intensification des investissements publics dans l'économie, une attention particulière à la lutte contre le changement climatique et une promotion de la coopération Sud-Sud avec l'Amérique latine et l'Afrique.

▸ Le défi de l'unité pour Lula

Élu avec une courte avance, Lula hérite d'un Brésil fortement polarisé et devra gouverner en minorité au Congrès et avec des gouverneurs d'opposition dans 14 des 27 États. Ces élections ont confirmé la polarisation de la vie politique brésilienne et la fragilité des institutions démocratiques du pays. J. Bolsonaro avait par exemple indiqué que sa défaite ne pourrait être due qu'à des fraudes. Dans un discours à Brasilia le 18 juillet, devant des ambassadeurs, il avait critiqué le système électoral brésilien et en particulier le vote électronique (577 000 urnes électroniques ont été utilisées lors de ces élections), qui serait à l'origine de fraudes et de dysfonctionnements massifs. Le système de vote au Brésil est entièrement informatisé, et était déjà pourtant en vigueur en 2018, lors de la précédente élection de J. Bolsonaro.

La proximité de J. Bolsonaro avec l'armée a également été source d'inquiétudes, dans un pays qui a connu une dictature militaire entre 1964 et 1985. Au cours de son mandat, il a nommé des militaires aux principaux postes du gouvernement. On estime que plus de 6 000 soldats occupaient un poste au sein de son administration. Il avait aussi choisi le général Walter Braga Netto, ancien ministre de la Défense, comme candidat pour le poste de vice-président.

Évolution du nombre de militaires occupant des postes de fonctionnaires fédéraux au Brésil

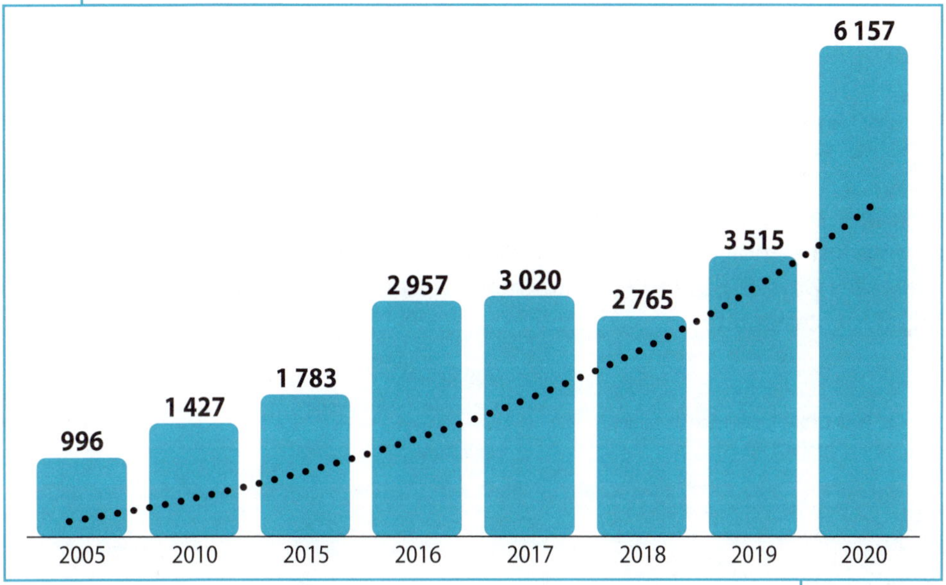

Source : SIAPE.

Mise en perspective

Les forts taux d'abstention lors des dernières élections en France (28 % au 2nd tour de l'élection présidentielle de 2022, 54 % au 2nd tour des élections législatives de 2022, 66 % au 2nd tour des élections régionales de 2021) reposent la question du vote obligatoire, en vigueur au Brésil, mais aussi en Belgique, au Danemark ou en Grèce. Les défenseurs de cette mesure expliquent qu'elle permettrait de garantir le bon fonctionnement de la démocratie, la participation électorale étant la manifestation de la souveraineté populaire. Pour les opposants, il s'agirait d'une idée contraire à la liberté individuelle de choisir d'exercer ou non son droit de voter, faisant du vote non plus un droit, mais un devoir.

Les migrations dans le monde : un phénomène qui s'amplifie ?

par Jérôme Calauzènes

En juin 2022, six migrants ont témoigné du fait qu'ils avaient été forcés par la police grecque de repousser illégalement d'autres migrants, de façon violente, en échange de quoi ils s'étaient vu promettre un permis de séjour d'un mois leur permettant de poursuivre leur route vers le nord de l'Europe. Cette information témoigne du maintien de flux migratoires importants et des difficultés des pays à y faire face. Comment les pays répondent-ils à une pression migratoire croissante ?

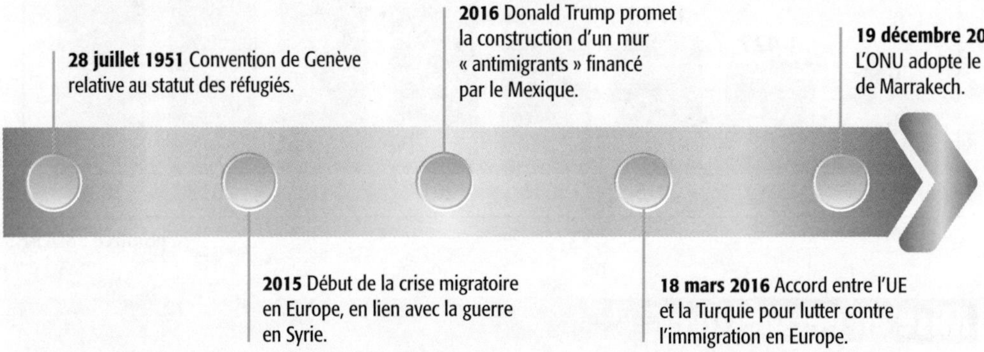

▸ Un système migratoire de plus en plus complexe

On entend par « migration » le fait de changer de domicile pour une longue durée, le fait de s'installer ailleurs que dans son lieu de vie traditionnel. On laissera ici de côté les 750 millions de migrants intérieurs (qui se déplacent au sein de leur pays). Le nombre de migrants internationaux ne cesse de croître : 153 millions en 1990, 281 millions en 2020, soit 3,6 % de la population mondiale. En Europe, on est passé de 49,6 millions de migrants en 1990 à 86,7 millions en 2020.

L'Europe et l'Asie accueillent le plus de migrants avec 61 % du total. L'Amérique du Nord en accueille 21 %, l'Afrique 9 %, l'Amérique latine et les Caraïbes 5 % et l'Océanie 3 %. C'est en Océanie, en Amérique du Nord et en Europe que la part des migrants dans la population totale est la plus élevée, avec respectivement 22 %, 16 % et 12 %. En France, on compte 6,8 millions d'immigrés, soit 10,2 % de la population nationale. Aux États-Unis, ils représentent 15 % de la population. Au Moyen-Orient, la proportion est très élevée en raison du besoin de main-d'œuvre : 88 % au Qatar et aux Émirats arabes unis.

En 2020, plus de 40 % des migrants provenaient d'Asie, principalement d'Inde (1er pays d'émigration) et de Chine, mais aussi d'autres pays d'Asie du Sud-Est (Bangladesh, Pakistan…). Le Mexique est le 2e pays d'origine des migrants et la Russie est en 3e position. Certains pays européens sont aussi des terres de départ : Ukraine, Pologne, Royaume-Uni, Allemagne. Les États-Unis sont la 1re destination depuis les années 1970. Ils sont suivis par l'Allemagne, l'Arabie saoudite et la Russie. La France est en 6e position, juste derrière le Royaume-Uni.

Les enfants (moins de 18 ans) représentent 12 % du total des migrants internationaux et les jeunes (entre 15 et 24 ans) 11 % ; 48 % des migrants sont des femmes.

Le système migratoire international

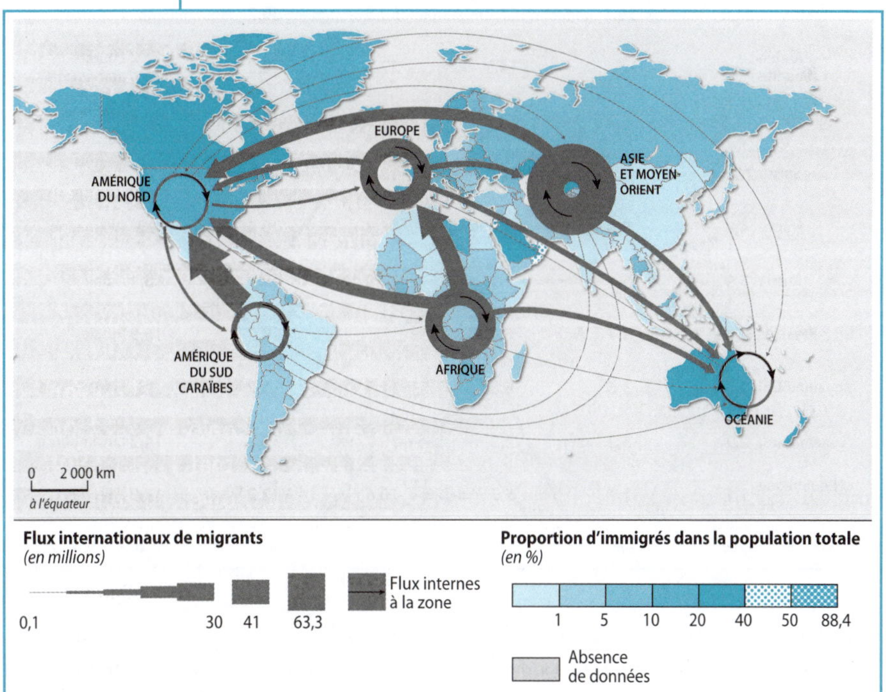

Source : ONU.

▸ Des facteurs de migration qui s'entremêlent

La migration est devenue un processus de plus en plus risqué. Depuis 2014, entre 17 000 et 24 000 migrants sont morts noyés en Méditerranée, principalement à cause de passeurs peu scrupuleux qui affrètent des embarcations trop fragiles et surchargées. Sur les routes terrestres, ils peuvent être réduits en esclavage (Libye), pillés ou violés.

Beaucoup de migrants recherchent de meilleures conditions de vie. Certains sont même envoyés travailler dans un pays riche par leur famille afin qu'ils envoient de l'argent au pays. Les remises, ou transferts d'argent, n'ont cessé d'augmenter, malgré la crise de la Covid-19. En 2021, elles ont crû de 25 % en Amérique latine et aux Caraïbes et de 14 % en Afrique. Les principaux pays bénéficiaires des envois de fonds étaient l'Inde, le Mexique et la Chine. Certains pays ont même une économie fondée sur ces transferts, puisqu'ils représentent 54 % du PIB du Liban et 44 % de celui des îles Tonga. Il s'ensuit que les pays d'émigration semblent perdre leurs forces vives, surtout dans le cadre du « *brain drain* », à savoir l'émigration de personnes qualifiées, attirées par de plus hauts salaires au Nord.

Principaux pays d'origine des remises ou transferts d'argent en 2020

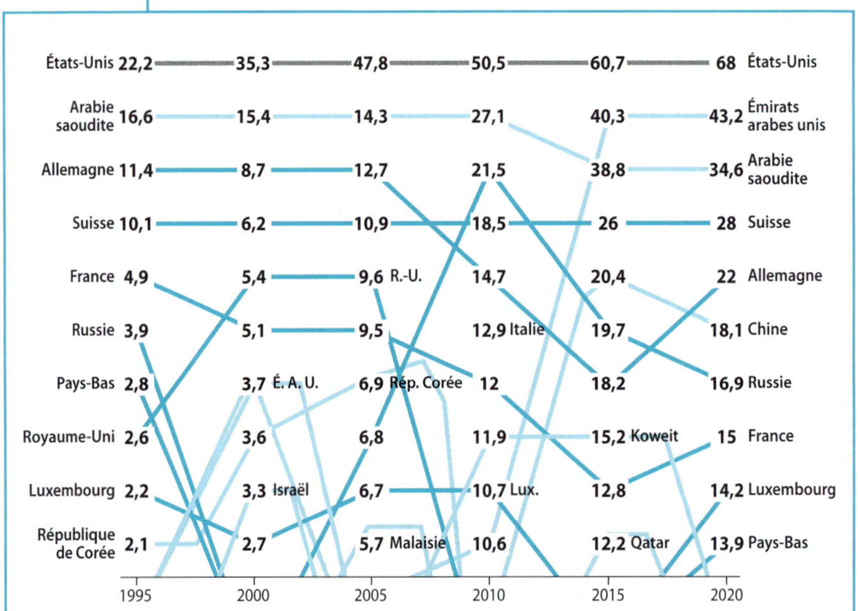

Source : Banque mondiale.

Mais les causes peuvent aussi être politiques, en lien avec les guerres ou les dictatures. La guerre en Ukraine a entraîné la fuite hors de leur pays de plus de 6,5 millions d'Ukrainiens, dont plus de 1,2 million vers la Pologne voisine. Depuis l'Érythrée, aux mains d'Issayas Afewerki à la tête d'un régime souvent qualifié de totalitaire, près de 25 000 réfugiés ont fui en 2020.

Les migrants environnementaux sont des migrants climatiques (qui fuient les dérèglements du climat sur terre) ou des personnes qui fuient les catastrophes naturelles (séismes ou éruptions volcaniques). C'est le cas au Bangladesh, où plus de la moitié du territoire est située à moins de 5 mètres au-dessus du niveau de la mer. La montée progressive des eaux menace donc un pays déjà surpeuplé (densité de 1 265 habitants/km^2), tandis que les sols se salinisent et que les épisodes climatiques violents se multiplient (cyclones, inondations dues aux marées…). D'ici à 2050, 216 millions de personnes seraient obligées de fuir leur espace de vie à cause du changement climatique.

▸ Gouvernance mondiale et pays d'accueil : des positions diverses

La gouvernance mondiale tente de s'emparer de la question. Le Haut-Commissariat des Nations unies pour les réfugiés (UNHCR), créé en 1950, a pour but de protéger les réfugiés et de trouver des solutions durables pour les aider à reconstruire leur vie ailleurs. S'il gère les camps de réfugiés, ses missions sont aussi, de plus en plus, de sélectionner les migrants (en fonction de leur parcours et des raisons de leur migration), ce qui alimente les critiques. En 2018, le Pacte mondial pour des migrations sûres, ordonnées et régulières, ou Pacte de Marrakech, a été adopté à l'ONU. Il vise à assurer une meilleure protection des migrants au niveau international, tout en préservant la souveraineté des États sur leur politique migratoire. Mais il n'est absolument pas contraignant.

Les pays d'accueil tendent plutôt à se fermer. Au sein de l'Union européenne (UE), les 27 n'ont pas réussi à se coordonner sur l'accueil des flux de migrants. L'Allemagne a décidé d'ouvrir ses portes à environ 1 million de personnes en 2015, consciente du vieillissement de sa population et de la jeunesse que représentaient ces candidats à l'asile. À l'inverse, d'autres pays ont construit des murs, à l'image de la Hongrie ou de la Pologne. L'UE a même passé un accord controversé avec la Turquie en 2016 pour qu'elle retienne les migrants en provenance du Moyen-Orient, avec une contrepartie financière. Les migrations exacerbent d'ailleurs les réactions xénophobes dans de nombreux pays.

Surtout, certains pays d'accueil n'ont pas les moyens d'accueillir ces réfugiés et se trouvent déstabilisés par ces derniers. Le Liban, qui connaît par ailleurs des difficultés politiques et économiques, a accueilli 1,5 million de Syriens, soit plus de 20 % de sa population. Cela montre que l'essentiel des migrations internationales se fait à l'intérieur même d'un continent et que les migrants vont d'abord vers les pays limitrophes. Les migrations Sud-Sud représentent par ailleurs 36 % des mouvements migratoires aujourd'hui.

Mise en perspective

Catherine Wihtol de Wenden, dans l'ouvrage *Migrations, une nouvelle donne*, paru en 2016, s'interroge sur une contradiction : d'un côté, dans le cadre de la mondialisation, le monde est plus fluide, la circulation des marchandises, des idées et des capitaux ne connaît pas de contrainte. De l'autre côté, au contraire, les restrictions à la circulation des personnes sont nombreuses, à tel point que les deux tiers de la population mondiale ne peuvent sortir de leur pays. Elle en appelle ainsi à la définition d'un droit à la mobilité, d'autant plus que la multiplication des obstacles aux frontières ne fait que renforcer les organisations criminelles au détriment de leurs victimes.

AUTRES FAITS

Dimanche 2 janvier Au Soudan, le Premier ministre Abdallah Hamdok annonce sa démission après une nouvelle journée de manifestations réprimées dans le sang par la junte au pouvoir dirigée par le général Al-Bourhane.

Dimanche 2 janvier En Afrique du Sud, le Parlement est détruit par un immense incendie.

Mercredi 9 mars En Corée du Sud, le candidat conservateur Yoon Seok-youl remporte l'élection présidentielle face au candidat de gauche.

Jeudi 10 mars Les États-Unis accusent la Corée du Nord d'avoir effectué des tirs de missiles balistiques intercontinentaux à deux reprises, le 26 février et le 4 mars.

Lundi 14 mars En République démocratique du Congo, au moins 52 civils sont tués dans des attaques menées par des rebelles ougandais des Forces démocratiques alliées.

Mardi 5 avril À La Haye (Pays-Bas), Ali Abd-al-Rahman, ancien chef de milice janjawid au Soudan, est jugé devant la Cour pénale internationale pour 31 crimes de guerre et crimes contre l'humanité commis entre 2003 et 2004 au Darfour.

Mercredi 6 avril En Israël, le gouvernement perd sa majorité après la défection d'une députée d'extrême droite.

Mercredi 6 avril Au Burkina Faso, l'ancien président Blaise Compaoré, jugé par contumace, est reconnu coupable du meurtre de Thomas Sankara et condamné à la prison à perpétuité.

Mercredi 27 avril En Birmanie, l'ex-dirigeante et prix Nobel de la paix Aung San Suu Kyi, arrêtée lors du coup d'État militaire de février 2021, se voit imposer 5 ans de prison supplémentaires en vertu d'une loi anticorruption.

Mercredi 11 mai En Cisjordanie, la journaliste américano-palestinienne d'Al-Jazeera, Shireen Abu Akleh, est tuée d'une balle dans la tête. Si l'armée israélienne se contente de reconnaître une « *forte possibilité* » d'avoir tué la journaliste, plusieurs enquêtes journalistiques et un rapport de l'ONU concluent à un tir israélien.

Dimanche 15 mai En Somalie, Hassan Cheikh Mohamoud, déjà chef d'État de 2012 à 2017, remporte l'élection présidentielle face au président sortant.

Mercredi 26 mai Au Sénégal, le président Macky Sall annonce le limogeage de son ministre de la Santé après le décès, la veille, de 11 bébés dans l'incendie survenu au service de néonatalogie de l'hôpital de Tivaouane (ouest du pays).

Lundi 20 juin Au Cap-Vert, face aux effets conjugués de la Covid, de la sécheresse et de la guerre en Ukraine, le gouvernement déclare son pays en situation d'urgence sociale et économique.

Lundi 20 juin En Belgique, le Premier ministre Alexander De Croo présente ses excuses officielles à la famille de Patrice Lumumba et à la République démocratique du Congo. Lumumba, icône africaine de l'anticolonialisme et premier dirigeant de l'ancienne colonie belge, devenue indépendante en 1960, avait été assassiné le 17 janvier 1961 avec la complicité de la Belgique.

Vendredi 1er juillet À Hong Kong, le président chinois célèbre le 25e anniversaire de la rétrocession de la ville à la Chine. C'est la première fois que Xi Jinping se rend à Hong Kong depuis le mouvement prodémocratie de 2019 et la suppression de toutes les libertés.

Samedi 2 juillet En Ouzbékistan, une dictature dirigée par Chavkat Mirziyoyev depuis 2016, des manifestations prodémocratie sont réprimées dans le sang, causant la mort de 18 personnes.

Vendredi 8 juillet Au Japon, l'ex Premier ministre Shinzo Abe est tué par balle lors d'un meeting politique.

Jeudi 21 juillet En Inde, Droupadi Murmu est élue à la présidence du pays, devenant ainsi la 2e femme, ainsi que la 1re représentante d'une communauté aborigène, à occuper ce poste.

Lundi 25 juillet En Tunisie, la nouvelle constitution voulue par le président Kaïs Saïed et installant un régime hyperprésidentiel est adoptée à l'occasion d'un référendum marqué par une très forte abstention. Depuis juillet 2021, le président Saïed s'est arrogé les pleins pouvoirs, menaçant la démocratie.

Dimanche 31 juillet En Afghanistan, l'Égyptien Ayamn Al-Zawahiri, dirigeant du groupe terroriste Al-Qaïda, est tué par une frappe aérienne américaine.

Mardi 2 août Nancy Pelosi, présidente de la Chambre des représentants des États-Unis, se rend à Taïwan et suscite la colère de Pékin qui considère cette visite officielle comme une provocation.

Dimanche 7 août Après trois jours de raid, une fragile trêve est signée entre Israël et les autorités palestiniennes. Sont décédés 45 Palestiniens, dont 15 enfants, en trois jours.

Lundi 8 août En Floride, une perquisition est menée par des agents du FBI dans la résidence secondaire de Donald Trump, ce dernier étant accusé d'avoir soustrait des documents appartenant aux Archives nationales.

Jeudi 11 août Au Sénégal, la coalition présidentielle parvient finalement à s'imposer, à une très courte majorité, pour former un gouvernement. Depuis les élections législatives du 31 juillet, aux résultats très serrés, l'opposition et la majorité présidentielle se disputaient la victoire.

Mercredi 17 août La Turquie et Israël annoncent le rétablissement de leurs relations diplomatiques, rompues depuis 2018.

Vendredi 26 août En Angola, le président sortant Joao Lourenço, à la tête du Mouvement populaire de libération de l'Angola, au pouvoir depuis 47 ans, remporte les élections présidentielles face à l'opposant Adalberto Costa Junior.

Dimanche 4 septembre Au Chili, les citoyens rejettent massivement le projet de nouvelle constitution qui devait remplacer la Constitution datant de la dictature d'Augusto Pinochet.

QCM

Pour chaque question, une seule réponse est correcte.

1 En quelle année la Crimée a-t-elle annexée par la Russie ?

❍ a. En 1991. ❍ b. En 2014. ❍ c. En 2022.

2 Quelle est la principale raison invoquée par la Russie pour justifier son invasion de l'Ukraine ?

❍ a. La défense des séparatistes du Donbass.
❍ b. Des bombardements ukrainiens.
❍ c. L'instauration de la loi martiale en Ukraine.

3 Quel est le principal pays fournissant une aide militaire à l'Ukraine ?

❍ a. L'Allemagne.
❍ b. La France.
❍ c. Les États-Unis.

4 Combien d'Ukrainiens auraient fui l'Ukraine six mois après le début du conflit ?

❍ a. Plus de 6,5 millions.
❍ b. Environ 20 millions.
❍ c. Environ 50 millions.

5 Quelle est langue maternelle de V. Zelensky ?

❍ a. Le russe. ❍ b. L'ukrainien. ❍ c. L'anglais.

6 Dans quel domaine V. Zelensky a-t-il entamé sa carrière professionnelle ?

❍ a. La diplomatie.
❍ b. L'humour.
❍ c. Le droit.

7 Quel est le nom du parti de V. Zelensky ?

❍ a. Parti de la démocratie.
❍ b. Résistance.
❍ c. Serviteur du peuple.

8 En quelle année V. Zelensky est-il devenu président de la République ?

❍ a. En 2015. ❍ b. En 2019. ❍ c. En 2021.

9 En quelle année a été fondée l'OTAN ?

❍ a. En 2022. ❍ b. En 1991. ❍ c. En 1949.

10 Qu'a impliqué la fin de la guerre froide pour l'OTAN ?

❍ a. Elle a perdu son sens initial de défense contre le bloc communiste.
❍ b. Elle s'est étendue dans le monde entier.
❍ c. Elle a disparu.

11 Entre 1991 et 2014, comment l'OTAN a-t-elle évolué ?

❍ a. Elle a fait une pause.
❍ b. Elle a développé de nouvelles missions.
❍ c. Elle a continué à s'opposer militairement à la Russie.

12 En quoi 2022 peut être considérée comme une année décisive pour l'OTAN ?

❍ a. L'année marque le retour de la France dans le commandement intégré de l'OTAN.
❍ b. Elle marque le retour de l'OTAN au premier plan alors que l'Union européenne faiblit.
❍ c. Elle marque un retour en force de l'OTAN en Europe et le début d'une politique européenne de sécurité et de défense plus concertée.

13 Combien de Sri-lankais, vivant déjà sous le seuil de pauvreté, sont aujourd'hui particulièrement menacés par la crise économique ?

❍ a. 300 000. ❍ b. 2,4 millions. ❍ c. 34,6 millions.

14 Quand Mahinda Rajapaksa a-t-il mis fin à la guérilla des Tigres et à la guerre civile qui fragilisaient le Sri Lanka ?

❍ a. En 2009. ❍ b. En 2016. ❍ c. En 2019.

15 Pour quelle raison les productions de riz et de thé sri-lankaises ont-elles drastiquement chuté en 2021 ?

❍ a. Les agriculteurs se sont mis en grève pour la première fois.
❍ b. Le président Gotabaya Rajapaksa a imposé l'interdiction des produits chimiques.
❍ c. Le gouvernement a décidé de restructurer son économie autour du tourisme.

16 Qui est le nouveau président du Sri Lanka après la démission de Gotabaya Rajapaksa ?

❍ a. Mahinda Rajapaksa.
❍ b. Basil Rajapaksa.
❍ c. Ranil Wickremesinghe.

17 En quelle année le Kazakhstan a-t-il accédé à l'indépendance ?

❍ a. En 1919. ❍ b. En 1947. ❍ c. En 1991.

18 **Lequel de ces pays ne fait pas partie de l'OTSC ?**

❍ **a.** L'Ukraine.
❍ **b.** L'Arménie.
❍ **c.** La Russie.

19 **Combien d'interventions l'OTSC a-t-elle réalisées au cours de son histoire ?**

❍ **a.** 1. ❍ **b.** 3. ❍ **c.** 12.

20 **Quelle est l'attitude du Kazakhstan vis-à-vis de la guerre en Ukraine ?**

❍ **a.** Il soutient la Russie.
❍ **b.** Il s'est déclaré neutre.
❍ **c.** Il ne voit pas d'un bon œil l'invasion de l'Ukraine par la Russie.

21 **À combien estime-t-on la contraction du PIB afghan depuis août 2021 ?**

❍ **a.** De 10 à 15 %.
❍ **b.** De 20 à 30 %.
❍ **c.** De 40 à 50 %.

22 **Quel pays étend fortement son influence sur la scène afghane ?**

❍ **a.** La Chine.
❍ **b.** Les États-Unis.
❍ **c.** La Russie.

23 **Quel est le montant estimé des actifs afghans à l'étranger ?**

❍ **a.** 2,0 milliards de dollars.
❍ **b.** 5,6 milliards de dollars.
❍ **c.** 9,5 milliards de dollars.

24 **Où ont lieu les négociations entre Washington et les autorités talibanes ?**

❍ **a.** À Doha.
❍ **b.** À Kaboul.
❍ **c.** À Khost.

25 **Qui est Assimi Goïta ?**

❍ **a.** Le leader de la junte malienne et *de facto* le chef de l'État du Mali.
❍ **b.** Le président de la CEDEAO.
❍ **c.** L'ambassadeur du Mali auprès de l'Union africaine.

26 **Combien de putschs l'Afrique de l'Ouest a-t-elle connus entre août 2020 et octobre 2022 ?**

❍ **a.** 3. ❍ **b.** 5. ❍ **c.** 6.

27 **Dans quel pays un Conseil militaire de transition a-t-il été instauré le 20 avril 2021 ?**

❍ **a.** Au Mali. ❍ **b.** En Guinée. ❍ **c.** Au Tchad.

28 Combien de coups d'État se sont produits en Afrique de l'Ouest depuis 1950 ?

❍ a. 97. ❍ b. 55. ❍ c. 18.

29 Lors de quel conflit les États-Unis ont-ils utilisé les SMP pour la première fois ?

❍ a. La guerre du Vietnam.
❍ b. La guerre de Yougoslavie.
❍ c. La guerre d'Irak.

30 Quel est le statut international du mercenariat ?

❍ a. Il est interdit par l'ONU.
❍ b. Il est reconnu par les conventions de Genève.
❍ c. Il est interdit par les conventions de Genève.

31 Qu'est-ce que le document de Montreux ?

❍ a. Un texte officiel contraignant qui définit les règles entre États contractants et SMP.
❍ b. Un texte officiel non contraignant qui définit les règles entre États contractants et SMP.
❍ c. Un texte confidentiel qui définit les règles entre États contractants et SMP.

32 Pour quelle raison les SMP ont-elles été massivement utilisées par les États ?

❍ a. Les budgets de défense ont été baissés après la fin de la guerre froide.
❍ b. Les États ne voulaient plus faire de guerre.
❍ c. Les armées nationales manquent de compétence.

33 À quel président de Colombie Gustavo Petro succède-t-il ?

❍ a. Álvaro Uribe.
❍ b. Iván Duque.
❍ c. Carlos Pizarro.

34 De quel mouvement Gustavo Petro est-il un ancien membre ?

❍ a. Le M-19. ❍ b. Les FARC. ❍ c. Les 5 étoiles.

35 Quelle est la particularité de la vice-présidente élue en Colombie ?

❍ a. Elle est homosexuelle.
❍ b. Elle est issue d'une grande famille de droite.
❍ c. Elle est afrodescendante.

36 De quelle grande ville de Colombie Gustavo Petro a-t-il été maire ?

❍ a. Bogota.
❍ b. Cali.
❍ c. Carthagène.

37 En quelle année le Brésil est-il devenu indépendant ?

❍ a. En 1822. ❍ b. En 1912. ❍ c. En 1945.

38 **Combien de millions d'habitants le Brésil compte-t-il ?**

- ❍ a. 156.
- ❍ b. 215.
- ❍ c. 330.

39 **Quel est le système politique brésilien ?**

- ❍ a. Parlementaire.
- ❍ b. Semi-parlementaire.
- ❍ c. Présidentiel.

40 **Combien de Brésiliens sont décédés de la Covid-19 ?**

- ❍ a. 500 000.
- ❍ b. 680 000.
- ❍ c. 1 000 000.

41 **Comment a-t-on appelé le Pacte mondial pour des migrations sûres, ordonnées et régulières ?**

- ❍ a. « Le pacte de Marrakech ».
- ❍ b. « Le pacte d'Alger ».
- ❍ c. « Le pacte de Tunis ».

42 **En quelle année le HCR est-il né ?**

- ❍ a. En 1946.
- ❍ b. En 1950.
- ❍ c. En 1956.

43 **En 2022, quelle est la proportion d'immigrés au sein de la population française ?**

- ❍ a. 13 %.
- ❍ b. 15 %.
- ❍ c. 17 %.

44 **D'ici à 2050, combien de migrants climatiques pourrait-il y avoir dans le monde ?**

- ❍ a. 116 millions.
- ❍ b. 216 millions.
- ❍ c. 316 millions.

Corrigé

1b, 2a, 3c, 4a, 5a, 6b, 7c, 8b, 9c, 10a, 11b, 12c, 13b, 14a, 15b, 16c, 17c, 18a, 19z, 20c, 21b, 22a, 23c, 24a, 25a, 26b, 27c, 28a, 29a, 30b, 31b, 32a, 33b, 34a, 35c, 36a, 37a, 38b, 39c, 40b, 41a, 42b, 43a, 44b.

PARTIE 2

POLITIQUE FRANÇAISE ET EUROPÉENNE

Élections 2022 : la démocratie française en quête d'un nouveau souffle

par Alice Volkwein

Après un premier quinquennat d'Emmanuel Macron marqué par de nombreuses crises (Gilets jaunes depuis 2018, Covid depuis 2020) et dans le contexte de la guerre en Ukraine, les élections présidentielles et législatives du printemps 2022 ont confirmé non seulement le bouleversement du système politique amorcé en 2017, mais aussi l'essoufflement du jeu démocratique en France. Quelles sont les perspectives pour ce deuxième quinquennat et que laisse présager le vote des jeunes en majorité abstentionnistes ?

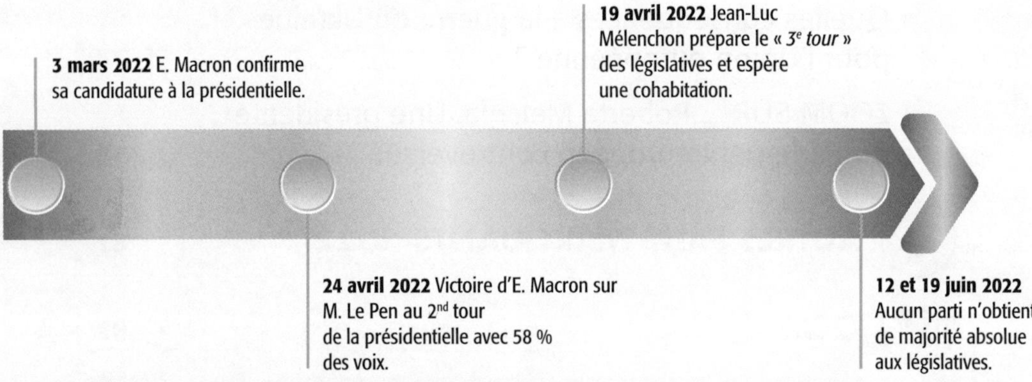

▸ Macron 2022 : les paradoxes d'une victoire historique mais fragile

En remportant la présidentielle de 2022 sans avoir connu de cohabitation, E. Macron réitère la prouesse de De Gaulle en 1965 et fait mieux que ses prédécesseurs. Mais cette victoire historique n'en est pas moins fragile. De fait, la fête est feutrée le 24 avril, alors que plusieurs manifestations sont organisées le soir même. La victoire n'est pas serrée avec 58 % des voix, mais modeste par rapport aux précédentes élections ayant opposé un candidat républicain à l'extrême droite (66 % en 2017, 82 % en 2002). Le front républicain n'a marché qu'*in extremis*.

Les abstentionnistes forment, de fait, le premier parti de France avec 26 % dès le 1er tour et même 28 % au 2nd, le plus haut taux depuis 1969 au 2nd tour d'une élection présidentielle. Cette hausse inhabituelle s'explique par un rejet du vote barrage alors que le Rassemblement national (RN) est largement dédiabolisé et le sentiment « anti-Macron » fort dans les milieux populaires. L'abstention est très élevée dans les outremers, en Corse, dans le Nord ainsi que dans certains bastions de La France insoumise (LFI), comme la Seine-Saint-Denis. Socialement, elle est marquée chez les ouvriers (33 %) et les jeunes (42 % des 18-24 ans et 46 % des 25-34 ans), deux catégories ayant massivement soutenu J.-L. Mélenchon au 1er tour. Ce dernier n'a pourtant pas su mobiliser aux législatives, où l'abstention a atteint le record de 52,49 % au 1er tour.

L'absence de réelle campagne électorale, déplorée par un Français sur deux pour les législatives, a renforcé le désintérêt du corps électoral, mais l'abstention s'explique aussi par l'effondrement des partis traditionnels (Parti socialiste, Les Républicains et Verts), tous trois passés sous la barre des 5 % à la présidentielle. LR et le PS, affaiblis depuis 2017, paient en 2022 le prix de dissensions internes sur la ligne, le programme, les candidats. Les Verts, eux, n'ont su profiter ni de la chute du PS, ni du contexte environnemental inquiétant, ni des 13,5 % obtenus aux européennes de 2019. Les électeurs écologistes se sont en effet tournés vers LFI, qui affichait un programme ambitieux sur le plan environnemental et qui a su fédérer plus largement l'électorat de gauche misant sur LFI pour éliminer le RN au 2nd tour.

L'évolution de l'abstention sous la Ve République

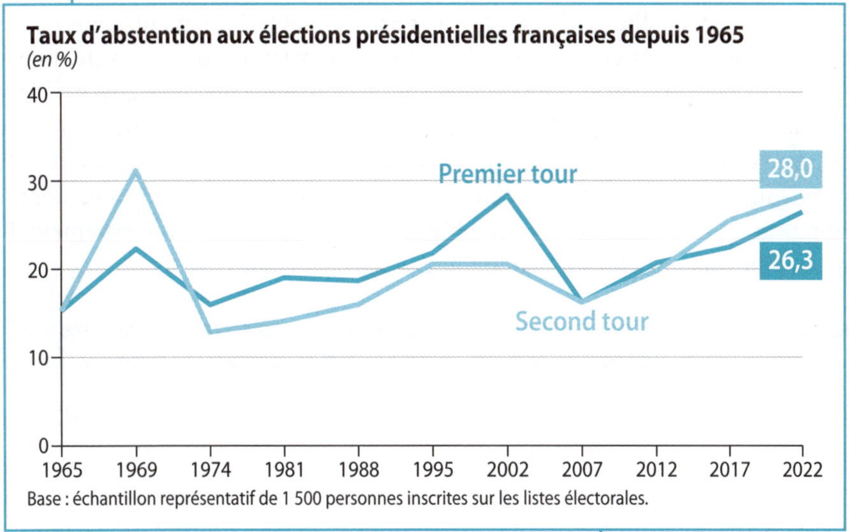

Source : ministère de l'Intérieur.

▸ Législatives 2022 ou la remise en cause d'un système présidentiel en panne

Cette désaffection est aussi un désaveu du système présidentiel critiqué pour son manque de représentativité. Avec un vainqueur unique aux présidentielles pouvant traditionnellement compter sur une majorité absolue au Parlement, depuis le passage au quinquennat en 2000 et l'inversion du calendrier électoral plaçant les législatives après les présidentielles, un grand nombre de Français ne se sentent plus représentés. Promesse de E. Macron en 2017 et plébiscitée par près de trois quarts de la population (sondage Ifop de 2021) comme par le RN, LFI mais aussi le Modem, la proportionnelle aux législatives n'a pas été mise en place.

Au lendemain des présidentielles, une majorité (58 % selon un sondage YouGov pour HuffPost) espère une cohabitation sans pour autant que se dégage une majorité en faveur d'un leader pouvant incarner ce contre-pouvoir. J.-L. Mélenchon a réussi à réunir les forces de gauche (PS, PC, Verts et LFI) sous la bannière NUPES et à imposer ses thèmes mais n'a la confiance que de 33 % des Français (sondage YouGov).

Alors que E. Macron revendiquait pendant son 1er quinquennat une pratique « *jupitérienne* » du pouvoir dans l'esprit originel de la Ve République, les Français ne veulent plus, en 2022, lui confier les pleins pouvoirs. Après la présidentielle, E. Macron dit être prêt à privilégier un exercice moins vertical du pouvoir sans réussir à convaincre aux législatives. Celles-ci n'amènent ni majorité absolue pour LREM, ni cohabitation, ni coalition, aucun parti n'ayant accepté de rallier le camp du président.

La situation est inédite et d'autant plus délicate que le Parlement compte, pour la première fois, 89 députés et 2 vice-présidents RN. Le parti d'extrême droite, longtemps invisible au niveau national et sous-estimé dans la campagne des législatives, réussit une percée à la hauteur de son poids politique réel. La majorité présidentielle se retrouve ainsi prise en étau entre deux fortes oppositions. Dans un tel contexte, le poids politique du Parlement, où la majorité se négocie à chaque loi, et surtout celui des 62 députés LR sont importants. C'est sur eux que semble vouloir s'appuyer le gouvernement Borne, comme lors du vote de la loi sur le pouvoir d'achat à l'été 2022.

▸ Jeunes entre abstention et espoir de changement radical

La jeune génération est au cœur des mouvements de contestation du président et des institutions de la Ve République, que ce soit dans les urnes ou en dehors.

Les 18-24 ans, ayant grandi avec la crise climatique et sanitaire, ont pour 68 % le sentiment que les politiques se désintéressent de la jeunesse (sondage BVA), raison pour laquelle eux-mêmes se désintéressent des élections, faute de candidat répondant à leurs attentes. Le fossé générationnel n'est pas neuf, mais il s'est renforcé depuis quelques années lors des débats autour de la crise climatique ayant vu la jeune génération s'opposer, de façon parfois virulente, à celle des baby-boomers, critiqués pour leur mode de consommation jugé irresponsable à l'heure du réchauffement climatique.

Les jeunes et la présidentielle, un intérêt modéré faute de candidats convaincants

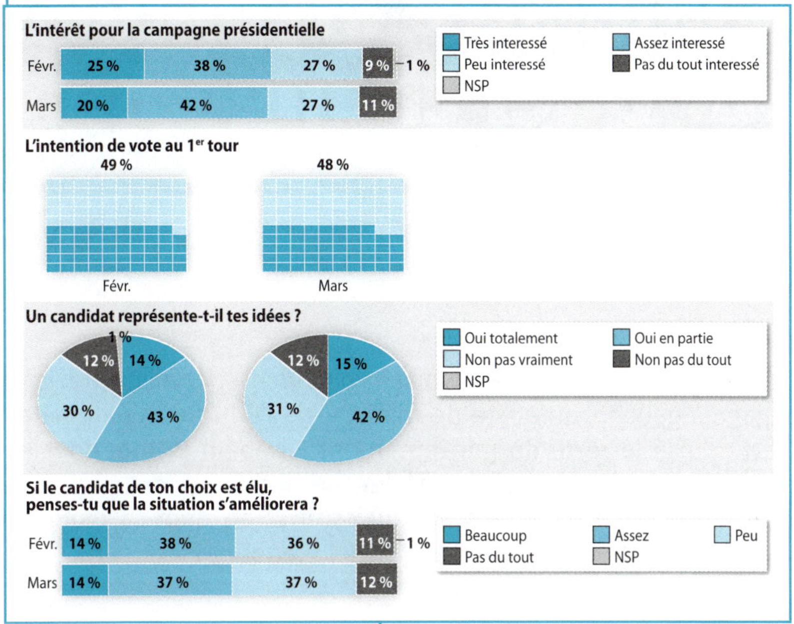

Sources : OpinionWay, Statista, Ipsos et Spora Steria.

La demande émanant de la jeunesse semble claire : une majorité est abstentionniste (69 % des 18-24 ans n'ont pas voté au 1er tour des législatives), puis viennent les électeurs de J.-L. Mélenchon, qui obtient entre 31 et 34% des votes exprimés aux présidentielles parmi les 18-34 ans (sondage Ipsos-Sopra Steria), loin devant E. Macron (21,5 %) et M. Le Pen qui convainc 25,5 %. Les partis les plus radicaux récoltent donc 56 % des voix chez les moins de 34 ans, signe d'une forte volonté de changement.

Preuve en est, les discussions politiques occupent une place importante dans les discussions de jeunes de 16 à 25 ans, selon une étude Harris Interactive réalisée en janvier 2022. Ils ont une idée claire des thèmes à prioriser, plaçant notamment la santé, l'emploi et l'égalité hommes-femmes en haut de leur préoccupation. Mais ils sont nombreux (4 sur 10) à ne se sentir proches d'aucune formation politique (contre 31 % dans l'ensemble de la population), même si les jeunes actifs se montrent plus intéressés.

Mise en perspective

L'enjeu de la jeunesse est vital pour la démocratie. Pour faire revenir les jeunes aux urnes, les idées ne manquent pas. Certains proposent de payer les primo-votants quand d'autres tablent sur le vote obligatoire, comme en Belgique. D'autres pays, comme le Brésil ou l'Autriche, ont choisi d'abaisser la majorité électorale à 16 ans. Il s'agit de responsabiliser les jeunes plus tôt, mais aussi d'inciter les candidats à rajeunir leur programme. Cela n'a toutefois de sens qu'accompagné de mesures d'éducation politique.

ZOOM SUR… Pap Ndiaye. Un ministre atypique, mais pour quel changement ?

par Alice Volkwein

La nomination surprise de Pap Ndiaye, historien spécialiste de la question noire, engagé à gauche, au poste de ministre de l'Éducation nationale et de la Jeunesse a éclipsé le reste du gouvernement Élisabeth Borne, dont l'annonce était pourtant très attendue. Elle a déclenché autant de critiques à l'extrême droite que d'attentes à gauche. Mais qui est-il et en quoi sa feuille de route diffère-t-elle vraiment de celle de Jean-Michel Blanquer ?

1965 Naissance à Antony (mère enseignante et père ingénieur sénégalais).

1986-1996 Études puis doctorat d'histoire à l'ENS, Paris 1, à l'EHESS et aux États-Unis.

1995-2021 Carrière comme historien aux États-Unis, à l'EHESS et à Sciences Po Paris.

2021 Directeur général de l'Établissement public du palais de la Porte Dorée.

20 mai 2022 Nommé ministre de l'Éducation nationale et de la Jeunesse du gouvernement Borne.

▸ Un « *pur produit de la méritocratie républicaine* » engagé à gauche

Dès son arrivée, Pap Ndiaye s'est défini comme « *un pur produit de la méritocratie républicaine dont l'école est le pilier* ». Ce fils d'enseignante, normalien et agrégé, a mené une carrière d'universitaire prestigieuse (EHESS, Sciences Po). Parmi ses valeurs, on retrouve une certaine vision de l'école comme lieu devant permettre à tous de réussir au sein d'une République partagée.

Pourtant, ses années de formation et d'enseignement aux États-Unis le font réfléchir aux limites de l'universalisme républicain. C'est là-bas qu'il prend conscience de son identité noire et du silence qui règne en France sur la question des discriminations raciales. Cet objet, la « condition noire » en France, devient son champ d'étude principal en tant qu'universitaire, mais aussi en tant que citoyen engagé à gauche. Il participe ainsi à la création d'une association pour la promotion et la diversité en France (Capdiv), participe à la fondation du conseil scientifique du Conseil représentatif des associations noires et codirige un rapport sur la diversité à l'Opéra de Paris avant de prendre la direction du palais de la Porte Dorée. P. Ndiaye n'hésite pas à dénoncer l'existence en France d'un racisme structurel (donc au niveau sociétal et non individuel), même s'il refuse l'expression de « racisme d'État ». Il soutient l'emploi raisonné des statistiques ethniques et d'autres mesures de discrimination positive pour lutter contre le racisme.

▸ Une nomination ministérielle symbolique et suscitant des polémiques

À première vue, son parcours et ses engagements placent P. Ndiaye à l'opposé de ceux de son prédécesseur, J.-M. Blanquer. De fait, l'universitaire P. Ndiaye rejette le concept d'« *islamo-gauchisme* » dénoncé comme un danger gangrénant l'université par J.-M. Blanquer. Les deux hommes s'opposent aussi dans leur vision du « *wokisme* », à combattre pour J.-M. Blanquer, là où l'historien des luttes afro-américaines dit se reconnaître dans plusieurs combats dits « *woke* », sans néanmoins en partager la dimension moralisatrice. La nomination de P. Ndiaye est donc d'emblée saluée dans la presse comme un « *virage à 180 degrés* » et un « *symbole* » adressé à la gauche de la majorité, mais aussi aux enseignants.

Pour ces mêmes raisons, cette nomination déclenche des réactions hostiles à droite. L'extrême droite qualifie le ministre de « *militant immigrationniste* » voulant « *déconstruire* » le pays. Cette violence, P. Ndiaye l'a accueillie avec calme, considérant être victime d'un racisme persistant au sein d'une partie de la classe politique française. Face à l'extrême droite, il prône par ailleurs une lutte sans concessions contre le programme et les idées du Rassemblement national.

▸ Une feuille de route entre rupture claire et continuité

Dépourvu d'expérience politique au sens strict, P. Ndiaye est d'abord resté très discret. La rupture attendue se lit surtout dans le ton du discours, en quête d'apaisement. Le ministre s'est engagé non seulement sur une revalorisation salariale (dégel du point d'indice et hausses de salaire faisant l'objet d'une concertation ouverte début octobre 2022 et dont les conclusions seront rendues en mars 2023), mais aussi sur une revalorisation symbolique du métier. Pour cela, des débats sont prévus dans les établissements scolaires, invités à redéfinir leur projet pédagogique et à alimenter la réflexion sur l'évolution de l'école et d'une profession à qui le ministre promet un « *choc d'attractivité* ».

Néanmoins, P. Ndiaye, dont le cabinet a accueilli plusieurs proches de J.-M. Blanquer et E. Macron, s'inscrit dans la continuité de son prédécesseur, qui avait engagé le chantier de la revalorisation salariale. Il n'est pas question pour le nouveau ministre de remettre en question les grandes réformes Blanquer, mais de les affiner. P. Ndiaye souhaite aussi renforcer l'apprentissage des savoirs fondamentaux, notamment en augmentant l'horaire de mathématiques en première. Enfin, reprenant les annonces du Président, il est aussi favorable à l'introduction de nouvelles missions pour les enseignants, à définir.

Élections législatives en Allemagne : rupture ou continuité après Angela Merkel ?

par Alice Volkwein

Historiques en raison du départ d'Angela Merkel après seize ans passés à la Chancellerie, les élections législatives de septembre 2021, dont dépend en Allemagne la constitution du gouvernement, ont relégué le parti conservateur d'A. Merkel dans l'opposition. Quel changement incarne le nouveau chancelier Olaf Scholz alors que la guerre en Ukraine a, quelques mois après l'élection, radicalement modifié la feuille de route de la nouvelle coalition dite du « feu tricolore » ?

▸ Olaf Scholz, héritier pragmatique d'Angela Merkel ou revanche de la social-démocratie ?

Attendue par certains, crainte par d'autres depuis qu'Angela Merkel a annoncé, en 2018, qu'elle ne se présenterait plus à la Chancellerie, la campagne électorale de 2021 s'est révélée pourtant décevante. Elle a manqué d'élan, d'une part en raison de différents faux pas du candidat conservateur Armin Laschet, choisi par A. Merkel pour lui succéder, mais aussi par manque de contenu politique réel. Pourtant, la volonté de changement est redevenue plus forte en Allemagne, avec près de 40 % d'Allemands désirant même un changement radical (sondage Infratest le jour du vote), un niveau étonnant dans un pays où la stabilité politique est une valeur forte depuis 1945.

Résultats des élections législatives du 26 septembre 2021

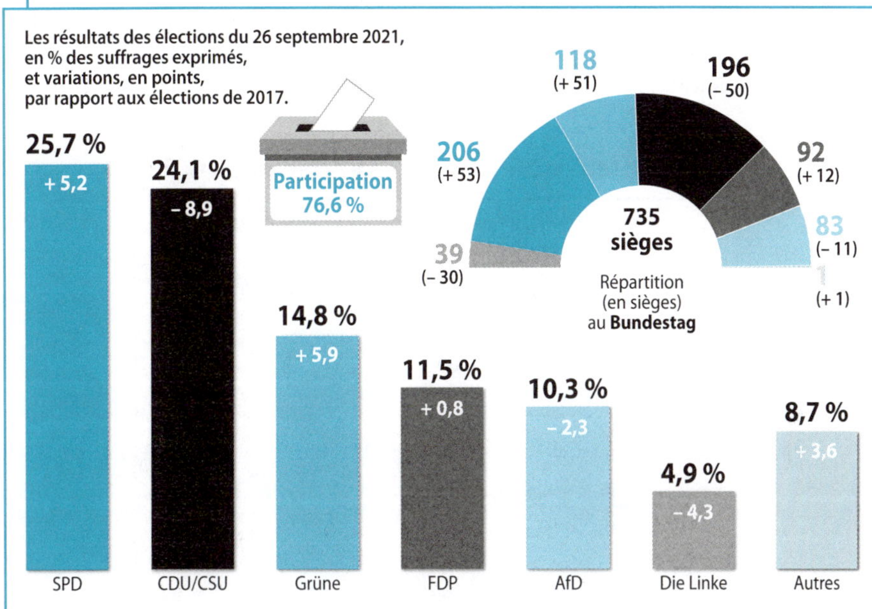

Source : Visactu.

Dans ce contexte, c'est le candidat social-démocrate, Olaf Scholz, qui s'est imposé : il a su se profiler à la fois comme un gage de renouveau, puisque la social-démocratie n'avait plus gagné la Chancellerie depuis 2002, et comme garant d'une certaine continuité, puisqu'il pouvait faire valoir son expérience de vice-chancelier depuis 2018. Ainsi, O. Scholz a réussi, au fil de la campagne, à mettre en scène une sorte de filiation avec A. Merkel, avec laquelle il partage un caractère pragmatique et discret. Longtemps sous-estimé dans les sondages, il a fini la campagne en affirmant : « *J'ai les capacités d'être chancelière.* »

Dans le même temps, c'est bien sur un programme clairement marqué du sceau de la social-démocratie qu'O. Scholz a réussi à gagner la confiance des électeurs en promettant de revaloriser le salaire minimum à 12,00 € de l'heure (contre 9,60 € en 2021) et de s'attaquer à la crise du logement qui frappe de nombreuses villes allemandes. La victoire de la SPD signe donc le *come-back* politique le plus improbable de l'histoire allemande, alors même que le parti peinait encore à dépasser les 15 % d'intention de vote deux mois avant le scrutin. L'unité précoce du parti autour de son candidat, alors que les débats étaient houleux au sein du parti conservateur, a renversé le rapport de force entre les deux principaux partis, SPD et CDU.

▸ La coalition en « feu tricolore », nouvelle donne partisane et promesse de renouveau politique

Mais le bouleversement va au-delà de l'alternance entre SPD et CDU et de la chute historique du parti conservateur (-9 %). Pour la première fois au niveau fédéral, le SPD, vainqueur, choisit, après négociations, de gouverner au sein d'une coalition à trois partis (dite du « feu tricolore ») entre SPD, libéraux de la FDP et Verts.

Les différentes coalitions au pouvoir depuis 1990

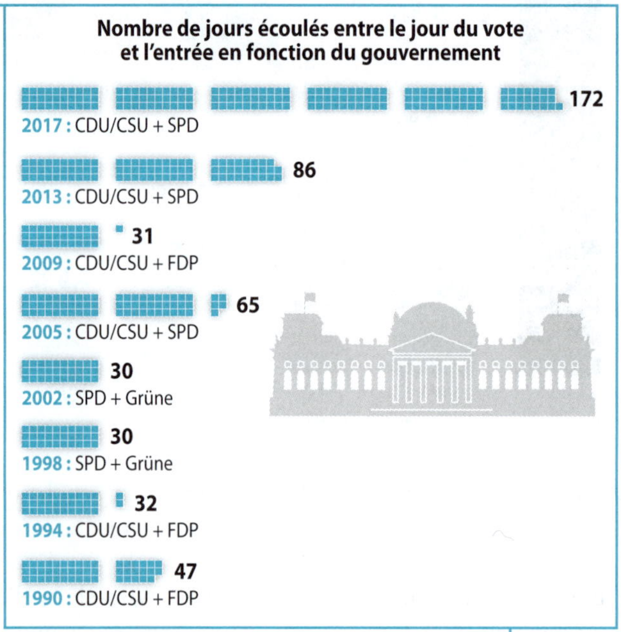

Source : Parlement allemand.

Cette montée en puissance conjointe des écologistes et des libéraux, tous deux plébiscités par la jeune génération, met fin au règne longtemps incontesté de la CDU et de la SPD, qui se partageaient le pouvoir depuis la fondation de la République fédérale d'Allemagne en 1949. Autre évolution marquante : les pertes subies par les partis radicaux de gauche comme de droite font de l'Allemagne une exception à l'échelle européenne, où les extrêmes semblent partout profiter des crises à répétition. La relative bonne santé de l'économie allemande et le bilan honorable de l'Allemagne face à la Covid semblent avoir calmé le vote radical, en forte ascension ces dernières années, notamment à l'extrême droite. L'AfD, jeune parti fondé en 2013 se situant à l'extrême droite, est toutefois durablement installé dans le système politique allemand où il devance désormais le « front de gauche » allemand (*Die Linke*).

Pour répondre à cette envie de renouveau, la coalition, installée sans trop tarder fin 2021, publie un programme dont le titre ambitieux, « Oser plus de progrès », est en lui-même une promesse de changement. Il fait en effet écho au célèbre « *Oser plus de démocratie* » du premier chancelier sociodémocrate Willy Brandt, qui rompit en 1969 avec l'Allemagne d'Adenauer. Les objectifs climatiques sont particulièrement ambitieux : produire 80 % de l'électricité par le renouvelable d'ici huit ans, sortir du nucléaire fin 2022, comme prévu, et du charbon dès 2030 (au lieu de 2038). Être « *pionniers de la transition énergétique* » et infléchir le modèle rhénan pour que l'Allemagne devienne une « *économie socio-écologique de marché* », tel est l'objectif du nouveau gouvernement.

▸ Quand la guerre en Ukraine rebat entièrement les cartes

Plus d'un an après les élections, ces espoirs ont fait leur temps alors que le chancelier a choisi en octobre 2022 de prolonger l'activité de trois centrales nucléaires, revenant sur une décision prise par A. Merkel au lendemain de la catastrophe nucléaire de Fukushima en 2011. En janvier 2022, l'Allemagne et la France s'opposaient pourtant encore sur le statut du nucléaire, majoritairement considéré comme une énergie verte en France, alors qu'il est condamné par une majorité d'Allemands misant sur le renouvelable.

Depuis, Robert Habeck, le ministre vert à la tête du super-ministère pour la Protection du climat et l'Économie, s'est aussi rendu au Qatar pour négocier l'achat de pétrole. Dans le même temps, c'est l'autre ancienne chef du parti des Verts, traditionnellement pacifiste, Annalena Baerbock, désormais ministre des Affaires étrangères, qui a plaidé devant l'ONU et dans le monde entier pour un soutien armé fort à l'Ukraine.

Ces revirements radicaux sont la conséquence directe de l'invasion de l'Ukraine par la Russie le 24 février 2022. Encore critiqué en janvier pour son attentisme face à V. Poutine alors qu'E. Macron semblait prendre la relève d'A. Merkel au niveau européen, O. Scholz a tenu le 27 février 2022 un discours historique annonçant un « *changement d'époque* » nécessitant de repenser intégralement la position de l'Allemagne dans le monde et l'OTAN, tout comme ses dépenses militaires (renflouées d'un coup de 100 milliards d'euros et passant durablement à 2 % du PIB contre 1,34 % en 2021). De telles dépenses, tout comme la crise énergétique touchant fortement l'Allemagne, très dépendante du gaz russe, semblent nécessairement remettre en cause les investissements sociaux et écologiques prévus par la nouvelle coalition.

Mise en perspective

La guerre en Ukraine n'a pas fini de bouleverser la société et la politique allemande. Si O. Scholz a gagné, dans le conflit, une stature d'homme d'État, c'est l'image d'A. Merkel qui en ressort ternie. Critiquée pour ne pas s'être opposée plus tôt à V. Poutine, l'ancienne chancelière est même sortie du silence qu'elle s'était imposé depuis son départ, non pour s'excuser, mais pour réaffirmer son soutien complet à Kiev tout en invitant à ne pas réécrire l'histoire à l'aune du présent. Reste désormais à construire l'avenir.

Boris Johnson : un bilan en demi-teinte

par Jérôme Calauzènes

Arrivé au pouvoir en 2019 avec une large marge de manœuvre puisque sa formation, le parti conservateur, jouissait d'une majorité absolue très confortable à la Chambre des communes, Boris Johnson quitte pourtant le 10, Downing Street le 6 septembre 2022 sous une nuée de critiques. Comment expliquer ce passage rapide et un bilan en demi-teinte alors que « *Mr Brexit* » disposait d'une assez forte popularité ?

▸ Des réussites indéniables mais un Brexit inachevé

La gestion de la Covid-19 a plutôt été positive malgré quelques difficultés au départ. Boris Johnson a d'abord largement sous-estimé la gravité de la crise sanitaire. Ainsi, le premier confinement a été déclaré tardivement. Le bilan humain est l'un des plus lourds d'Europe avec plus de 200 000 décès. Pourtant, le Royaume-Uni a été le premier pays d'Europe à vacciner ses citoyens, dès décembre 2020, à un rythme rapide. Cela est dû à un vaccin produit par une firme suédo-britannique, AstraZeneca et au fait que B. Johnson a habilement sécurisé l'approvisionnement de son pays. Ainsi, les restrictions sanitaires ont pu être levées relativement tôt. C'est aussi ce qui l'a poussé à mettre en place une réforme de la santé, contre l'avis de son propre camp en 2021.

À l'actif de son bilan, on peut aussi mettre l'aide précoce apportée à l'Ukraine. Dès janvier 2022, le Royaume-Uni a été le premier pays européen à lui fournir des armes de défense (au total 6,65 milliards d'euros) et B. Johnson le premier dirigeant occidental à rencontrer Volodymyr Zelensky.

B. Jonhson avait défini la notion de « *global Britain* », visant un rayonnement international du Royaume-Uni tournant le dos à l'Europe. Il avait été élu sur sa volonté d'en terminer avec le Brexit. Son slogan « *Get Brexit done* » avait fait mouche en 2019 dans un pays divisé et épuisé par les débats sur cette question. Si l'accord de sortie a finalement été ratifié le 29 janvier 2020 et si le Royaume-Uni est officiellement sorti de l'UE le 31 décembre 2020, des points d'achoppement demeurent puisque Londres conteste le protocole nord-irlandais. B. Johnson a même proposé un projet de loi pour ôter tout contrôle douanier entre l'Irlande du Nord et le reste du Royaume-Uni, en violation des engagements qu'il avait pris pour son pays. S'il a donc toujours voulu en finir avec le Brexit, son incapacité à trouver un compromis rend les choses plus difficiles.

Composition de la Chambre des communes en 2022

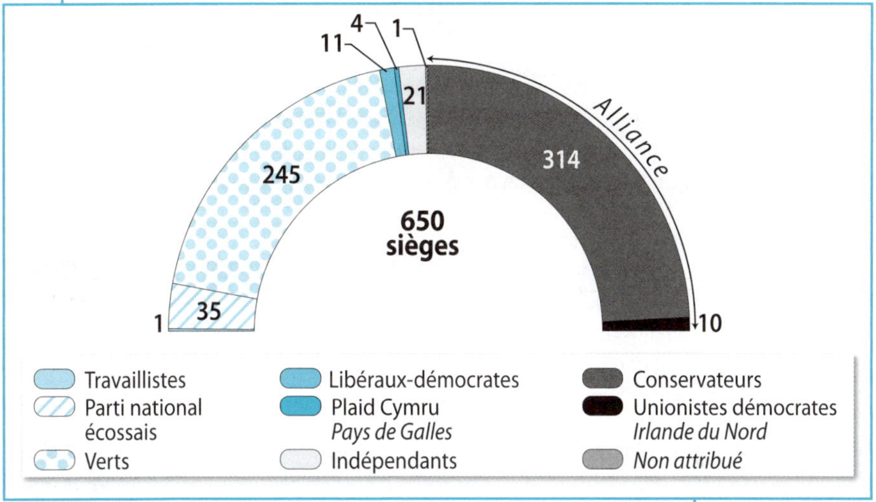

Source : parliament.uk.

▸ Des échecs nombreux

Sur le plan économique, le Royaume-Uni reste dans une situation contrastée. Le choix d'un Brexit dur, avec l'instauration de barrières douanières entre Bruxelles et Londres, tend à rendre le pays moins compétitif et plus inflationniste. Alimentant la crise économique, des pénuries alimentaires et de main-d'œuvre, et une augmentation de la pauvreté sont aussi à relever. La promesse de rendre plus riches les territoires les plus affectés par la crise n'a ainsi pas été tenue.

Au niveau politique, les critiques sont nombreuses et beaucoup affirment que la démocratie parlementaire britannique a décliné. B. Johnson a dirigé un gouvernement qui n'affichait aucune vision claire au-delà de slogans à l'emporte-pièce comme « *jobs, jobs, jobs* » (« des emplois, des emplois, des emplois »). Il a enchaîné les polémiques pour diviser les oppositions et désigner des boucs émissaires : attaques contre la BBC, volonté de privatiser la chaîne de télévision Channel 4, lois répressives contre les manifestants pro-climat… Il a même suspendu le Parlement britannique en septembre 2019 afin d'imposer un accord sur le Brexit sans vote des députés, ce qui a été annulé par la Cour suprême britannique. En 2022, il a en outre signé un accord pour renvoyer des demandeurs d'asile au Rwanda, dans le but de décourager les migrants, ce qui a été fortement critiqué par toute la hiérarchie ecclésiastique anglicane et par le Haut-Commissariat des Nations unies pour les réfugiés.

B. Johnson laisse enfin un pays déchiré. Les dissensions entre le Royaume-Uni et l'Écosse se sont développées depuis 2019. Il a refusé de considérer la possibilité d'organiser un référendum d'indépendance. Cela a eu pour conséquence de rendre le camp des indépendantistes plus fort et Nicola Sturgeon, Première ministre d'Écosse, s'apprête à organiser un référendum, pour l'instant non autorisé, en 2023.

Une économie britannique au plus mal en octobre 2022

Un PIB en baisse de 0,1 % au troisième trimestre 2022

C'est la seconde baisse trimestrielle consécutive, marquant officiellement l'entrée de l'économie britannique dans une phase de récession. Au 1er trimestre, la baisse avait également atteint 0,1 %.

Une inflation à 10 %

La Grande Bretagne fait partie des pays du G7 où l'inflation est la plus forte. Cette poussée inflationniste doit beaucoup à la progression du coût de l'énergie. Mais elle frappe aussi bien d'autres produits du quotidien des Britanniques.

Coût du plan de relance : entre 100 et 200 milliards de livres

Pour tenter de contenir la flambée des prix de l'énergie, le gouvernement de Liz Truss a décidé de renforcer son « bouclier tarifaire ». La mesure devrait coûter près de 60 milliards de livres (environ 67 milliards d'euros) en seulement six mois. Si l'on ajoute les baisses d'impôts, cela devrait coûter entre 100 et 200 milliards de livres.

Un déficit public de 8 %

Les mesures gouvernementales annoncées pour faire face au ralentissement économique et à l'accélération de l'inflation vont peser lourdement sur les finances publiques britanniques. Le déficit devrait ainsi atteindre 8 % du PIB fin 2022 et dépasser 6,5 % en 2023. Le FMI a par ailleurs critiqué certaines mesures prises.

La livre à 1,035 dollar

Elle s'est à peine redressée par la suite à 1,15 dollar mi-octobre 2022.

Source : lacroix.com.

▸ Multiplication des scandales et mandat écourté

Les scandales se sont enchaînés à partir de 2021, révélant une personnalité atypique et peu respectueuse des règles et des conventions. B. Johnson, auparavant journaliste, avait d'ailleurs été licencié de son premier poste au *Times* pour avoir inventé une citation.

Parmi les polémiques, on peut citer le financement des papiers peints hors de prix du 11, Downing Street, lieu des appartements privés du Premier ministre. La somme avait été avancée par un donateur du parti *tory*, Lord Brownlow, au mépris des règles du financement des partis politiques. Si la somme a finalement été remboursée par B. Johnson lui-même, il a continué à nier avoir été au courant de la donation. De même, il a tenté, en vain, de forcer la main du groupe conservateur au Parlement pour sauver un ami député, Owen Paterson, qui avait vendu des prestations de lobbying alors qu'il était en fonction. Il a également été révélé que l'ancien Premier ministre a organisé des fêtes à Downing Street en violation des règles du confinement qu'il avait établies. Cela a constitué le scandale du « Partygate ».

« Bojo » a aussi suscité une colère grandissante à son encontre au sein du parti conservateur, notamment en contraignant ce dernier à le défendre dans les médias. De nombreux ministres ont démissionné, refusant de soutenir des comportements et des décisions contestables, à l'image de George Freeman, sous-secrétaire d'État à l'Énergie, le 7 juillet 2022. Près de 50 membres de son équipe l'ont ainsi délaissé, précipitant sa démission.

Liz Truss, ministre des Affaires étrangères, a succédé à B. Johnson et a constitué un gouvernement de fidèles, encore plus à droite que le précédent. Troisième femme britannique cheffe de gouvernement, elle a à plusieurs reprises affirmé ne pas vouloir répéter les erreurs de B. Johnson. Face aux difficultés, elle annule la quasi-totalité de son programme économique et reconnaît « *des erreurs* ». Puis elle démissionne le 20 octobre. Le 25, c'est Bishi Sunak, ancien ministre des Finances de B. Johnson, qui lui succède à la tête du gouvernement britannique.

Quoi qu'il en soit, le parti conservateur est en mauvaise posture. Keir Stramer, chef du parti travailliste, prépare ainsi les prochaines élections générales.

Mise en perspective

Le Royaume-Uni sombre à la fin de l'année 2022 dans une crise politique et financière. Le cours de la livre sterling s'est effondré à 1,035 dollar en septembre, même s'il a un peu remonté après. Liz Truss a, pour beaucoup, accéléré cette crise en prenant des mesures très libérales, comme la levée du plafonnement des bonus des banquiers… La panique financière a entraîné une hausse des taux d'intérêt qui a limité l'accès au crédit, notamment immobilier.

Parallèlement, le Royaume-Uni a peu de chances de revenir rapidement dans l'UE. Cela n'est pas au programme du parti travailliste qui pourrait bien revenir au pouvoir d'ici à 2024. Les travaillistes, veulent seulement normaliser les relations avec l'UE et renégocier un accord qui limite les frictions et pénalise moins les entreprises.

Vers un retour des tensions en Irlande du Nord ?

par Pablo Ahumada

Le Royaume-Uni remet en cause les modalités du protocole nord-irlandais décidé lors du Brexit tandis que le Sinn Fein, parti en faveur de la réunification irlandaise, a accédé pour la première fois au pouvoir en Irlande du Nord lors des élections de mai 2022. Le Brexit aura-t-il pour conséquence indirecte une reprise des affrontements en Irlande sur la question de l'appartenance ou non de l'Irlande du Nord au Royaume-Uni ?

1er janvier 2021 Entrée en vigueur du protocole nord-irlandais.

5 mai 2022 Victoire du Sinn Fein aux élections en Irlande du Nord.

13 juin 2022 Projet de loi britannique remettant en cause le protocole nord-irlandais.

22 juillet 2022 La Commission européenne lance quatre nouvelles procédures d'infraction.

20 octobre 2022 Démission de Liz Truss du poste de Première ministre du Royaume-Uni.

28 octobre 2022 Date butoir pour la formation d'un gouvernement en Irlande du Nord.

▸ Le Brexit et l'adoption de mesures spécifiques pour éviter le retour de tensions en Irlande du Nord

La sortie du Royaume-Uni de l'Union européenne (UE) a fait peser le risque d'un retour d'une frontière physique entre la République d'Irlande, membre de l'UE, et l'Irlande du Nord, appartenant au Royaume-Uni (et donc plus à l'UE).

Or cette absence de frontière physique est au cœur de l'accord du Vendredi saint, du 10 avril 1998, qui a mis un terme au conflit de trente ans opposant le Sud catholique et partisan d'une Irlande unie et le Nord protestant et défenseur de son appartenance au Royaume-Uni.

Dans le même temps, la protection de l'intégrité du marché intérieur européen nécessitait la mise en place de contrôles douaniers sur les marchandises importées ou exportées entre le Royaume-Uni (et donc l'Irlande du Nord) et l'UE (à laquelle l'Irlande appartient toujours).

Afin de concilier ces deux impératifs, l'accord sur le retrait du Royaume-Uni de l'UE comprend un « protocole sur l'Irlande du Nord ». Il a été signé le 24 janvier 2020 et est appliqué depuis le 1er janvier 2021. Il prévoit que l'Irlande du Nord, pourtant désormais hors de l'UE, respecte toujours les règles du marché unique et de l'union douanière européenne. Les marchandises produites en Irlande du Nord peuvent toujours être exportées vers l'UE avec un minimum de contrôles. Inversement, les produits à destination de l'Irlande du Nord sont contrôlés dans les ports et les aéroports, plutôt qu'à la frontière entre Irlande du Nord et République d'Irlande. Ces règles doivent s'appliquer jusqu'en 2025. L'Assemblée d'Irlande du Nord devra alors décider de poursuivre ou d'abandonner l'application de ces règles.

Malgré ces mesures spécifiques, le risque d'un retour des tensions persiste. En mars et avril 2021, des émeutes d'une dizaine de jours avaient eu lieu pour protester contre la création de cette frontière douanière entre l'Irlande du Nord et le Royaume-Uni.

▸ Un contexte politique inédit en Irlande du Nord

Le 5 mai 2022, le Sinn Fein, parti nationaliste irlandais dont l'objectif principal est l'indépendance de la totalité de l'île vis-à-vis du Royaume-Uni, a obtenu la majorité à l'Assemblée locale d'Irlande du Nord. Il s'agit d'une situation inédite depuis le partage de l'Irlande en 1921. Le parti Democratic Unionist Party (DUP), en faveur du Brexit et du maintien de l'Irlande du Nord dans le Royaume-Uni, avait jusqu'à présent toujours gouverné.

Résultats des élections législatives nord-irlandaises de mai 2022

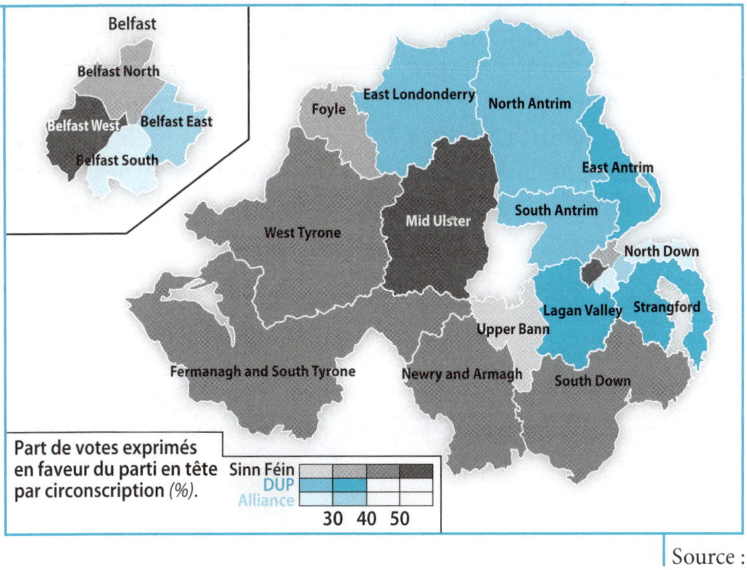

Source : Wikipédia.

Cet événement est la conséquence indirecte du Brexit, que 56 % des électeurs nord-irlandais avaient rejeté. Depuis, on observe un mouvement d'éloignement entre l'île et la Grande-Bretagne. Les échanges entre les deux parties de l'île se sont renforcés au détriment de ceux avec la Grande-Bretagne.

Ce succès est également dû à la mue du Sinn Fein, qui a longtemps été la façade politique légale de l'Armée république irlandaise (IRA), impliquée dans les violences de la guerre civile. Désormais, le Sinn Fein se veut un parti de gauche mobilisé sur les questions sociales, et qui entend profiter du Brexit pour parvenir à la réunification de l'île (le parti a longtemps été anti-européen). Le Sinn Fein a annoncé l'organisation d'un référendum sur la réunification de l'Irlande qui pourrait intervenir dans les cinq à dix ans à venir.

De son côté, le DUP menaçait de ne pas participer à l'exécutif nord-irlandais tant que le protocole nord-irlandais n'était pas suspendu. Il considère que ce dernier remet en cause l'identité britannique de l'Irlande du Nord en instaurant des contrôles douaniers, autrement dit une frontière, entre l'Irlande du Nord et le reste du Royaume-Uni.

▸ La remise en cause du protocole nord-irlandais

Depuis son entrée en vigueur, le protocole nord-irlandais n'a jamais été pleinement appliqué par le Royaume-Uni. Dès mars 2021, ce dernier a décidé de prolonger unilatéralement la période de grâce durant laquelle les contrôles douaniers ne s'appliquaient pas aux points d'entrée en Irlande du Nord, le temps que les milieux économiques s'adaptent. L'UE a, à l'époque, préféré miser sur la négociation, et même proposé des allègements en octobre 2021 et en avril 2022. Le gouvernement britannique a toutefois franchi une nouvelle étape le 13 juin 2022 en déposant un projet de loi, porté par Liz Truss, alors ministre des Affaires étrangères, le Northern Ireland Protocol Bill, qui va à l'encontre des modalités du protocole agréé entre l'UE et le Royaume-Uni. C'est notamment pour convaincre le DUP d'accepter de former un gouvernement avec le Sinn Fein en Irlande du Nord que le gouvernement britannique a pris cette décision. En octobre 2022, l'Irlande du Nord était toujours en attente de la formation de son gouvernement. La démission de Liz Truss du poste de Première ministre, le 20 octobre, a plongé le Royaume-Uni dans une crise politique, rendant improbable la formation d'un gouvernement en Irlande du Nord avant le 28 octobre, date butoir à laquelle de nouvelles élections législatives devront être convoquées.

Le projet de loi prévoit d'alléger les contrôles douaniers en supprimant ceux pour les produits venus de Grande-Bretagne destinés au marché nord-irlandais (seuls les produits susceptibles d'être vendus en République d'Irlande seraient encore contrôlés), d'éliminer le rôle de supervision du protocole par la Cour de justice de l'UE, et de donner aux ministres britanniques le droit de modifier le reste du protocole.

Que souhaite modifier le Royaume-Uni ?

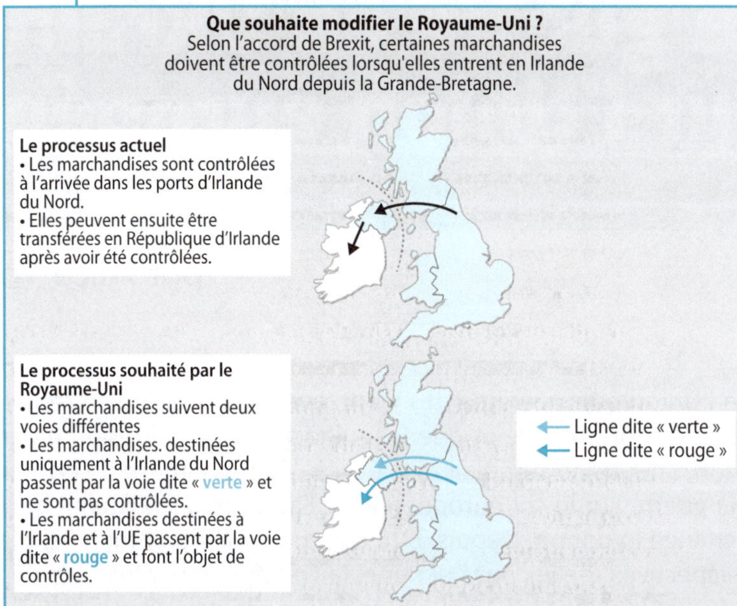

Source : BBC.

Le vendredi 22 juillet 2022, la Commission européenne a annoncé avoir lancé contre le Royaume-Uni quatre nouvelles procédures d'infraction (soit sept en tout) pour non-respect des dispositions prévues dans le protocole post-Brexit sur l'Irlande du Nord.

Le projet de loi du gouvernement britannique est toujours en cours d'examen au Parlement. Faute d'accord, c'est la Cour de justice de l'UE qui pourrait être amenée à se prononcer et à adopter des amendes à l'encontre du Royaume-Uni. Les États européens ont également menacé de ne pas mettre en œuvre l'accord de libre-échange conclu en décembre 2020, ce qui aurait pour conséquence de fermer le marché européen aux entreprises britanniques.

Mise en perspective

Alors que les défenseurs de la sortie du Royaume-Uni de l'UE imaginaient renforcer l'unité nationale britannique, le risque est aujourd'hui plutôt de voir la nation britannique se disloquer. L'Écosse envisage toujours de soumettre à référendum la question de son indépendance, avec la perspective de réintégrer l'UE à terme. En Irlande du Nord, la victoire du Sinn Fein aux élections de mai relance la perspective d'une réunification. Mais cette dernière supposerait que le gouvernement britannique accepte l'organisation d'un référendum et que le oui l'emporte au nord et au sud de l'île. Les enquêtes d'opinion estiment que seuls 30 % des Irlandais sont favorables à la réunification, notamment du fait du coût que représenterait l'intégration de l'Irlande du Nord à la République d'Irlande.

Quelles conséquences à la guerre en Ukraine pour l'Union européenne ?

par Alice Volkwein

Alors que l'Union européenne (UE) vient, avec le Brexit, de se rétrécir pour la première fois de son histoire et que les négociations d'adhésion en cours sont au point mort, l'heure ne semblait plus être à l'élargissement de l'Union. Mais le retour de la guerre sur le sol européen avec l'attaque de l'Ukraine par la Russie fin février change la donne. Depuis, l'UE a reçu plusieurs demandes d'adhésion. Quelles perspectives réelles ont l'Ukraine, la Géorgie et la Moldavie de rejoindre l'UE et comment la guerre en Ukraine modifie-t-elle par ailleurs l'UE ?

▸ Pourquoi l'Europe à 30 n'est pas encore pour demain

« *Les Européens sont témoins de la façon dont nos soldats se battent non seulement pour notre pays, mais pour toute l'Europe, pour la paix, pour la paix pour tous, pour tous les pays de l'Union européenne.* » C'est par ces mots que le président ukrainien Volodymyr Zelensky s'est adressé à l'Europe dès le lendemain de l'attaque russe pour demander une « *adhésion immédiate* » de son pays à l'UE.

D'autres anciennes républiques soviétiques, la Moldavie et la Géorgie, participant déjà au Partenariat oriental et craignant pour leur sécurité, ont fait la même démarche. Jusqu'ici, ces États n'avaient jamais eu, contrairement aux pays des Balkans occidentaux, de perspective claire d'adhésion à l'UE. Au lendemain de l'agression russe, l'UE se montre beaucoup plus ouverte. Les pays d'Europe de l'Est appuient d'emblée la demande ukrainienne. « *Ils sont des nôtres, et nous les voulons avec nous* », déclare aussi Ursula von der Leyen. L'Ukraine et la Moldavie obtiennent en effet le statut officiel de candidat dès le 23 juin 2022, soit après un délai extraordinairement court.

Les étapes de l'adhésion à l'Union européenne

PLUSIEURS ÉTAPES POUR ADHÉRER À L'UE

1. Conclure un accord d'association avec l'UE

Cet accord permet au pays de commencer à intégrer dans son droit « l'acquis communautaire » (législation de l'UE et jurisprudence de la Cour de justice de l'UE).

Cet accord crée une **zone de libre-échange avec l'UE**.

2. Obtenir le statut de pays candidat

Le pays d'adhésion adresse sa demande au **Conseil de l'UE**.

Le Conseil peut ou non accorder ce statut, après consultation de la **Commission européenne** et approbation du **Parlement européen**.

3. Mettre en œuvre une stratégie de pré-adhésion

L'UE apporte des aides pour **mener les réformes institutionnelles et économiques** nécessaires dans le pays candidat.

4. Ouvrir des négociations d'adhésion

Le pays candidat doit reprendre dans sa législation l'acquis communautaire.

Il doit se conformer à des **critères politiques** (exemple : respect des minorités) et économiques (exemple : économie de marché viable).

L'UE doit s'assurer de sa capacité à **assimiler de nouveaux membres** et approfondir l'intégration.

5. Signer un traité d'adhésion

Ce traité est signé entre les États membres et l'État candidat qui devient État adhérent.

Il doit être ratifié par l'État adhérent et l'ensemble des États membres.

À la date d'entrée en vigueur du traité, le pays candidat devient un État membre à part entière.

L'ENSEMBLE DE CES ÉTAPES S'ÉTALE SUR PLUSIEURS ANNÉES

Source : vie-publique.fr.

Pourtant, une « *adhésion immédiate* » semble impossible selon plusieurs experts. Certes, un accord d'association avec l'Ukraine avait déjà été conclu en 2014 au lendemain de la révolution d'Euromaïdan ayant mené à la destitution du président pro-russe V. Ianoukovytch, et les liens avec l'UE ont été renforcés après l'élection du président pro-européen V. Zelensky, mais cette première étape ne permet que la création d'une zone de libre-échange avec l'UE. Après 2004, la politique européenne de voisinage a aussi été mise en place comme une alternative à un nouvel élargissement. Afin d'aboutir à un traité, le pays candidat doit satisfaire aux critères de Copenhague imposant des conditions politiques (État de droit, stabilité démocratique, respect des minorités), économiques (économie de marché viable pour faire face à la concurrence au sein de l'UE) et souscrire aux acquis communautaires. L'Ukraine en est loin.

En outre, l'unanimité des 27 sera difficile à obtenir. L'UE peine à parler d'une seule voix. L'Allemagne notamment n'est pas favorable à raccourcir la procédure. O. Scholz a évoqué un « *impératif d'équité* » à l'égard des 6 pays des Balkans occidentaux ayant déposé une candidature il y a bien plus longtemps et engagés dans des réformes profondes.

Carte des pays membres de l'Union européenne et des demandes d'adhésion en cours

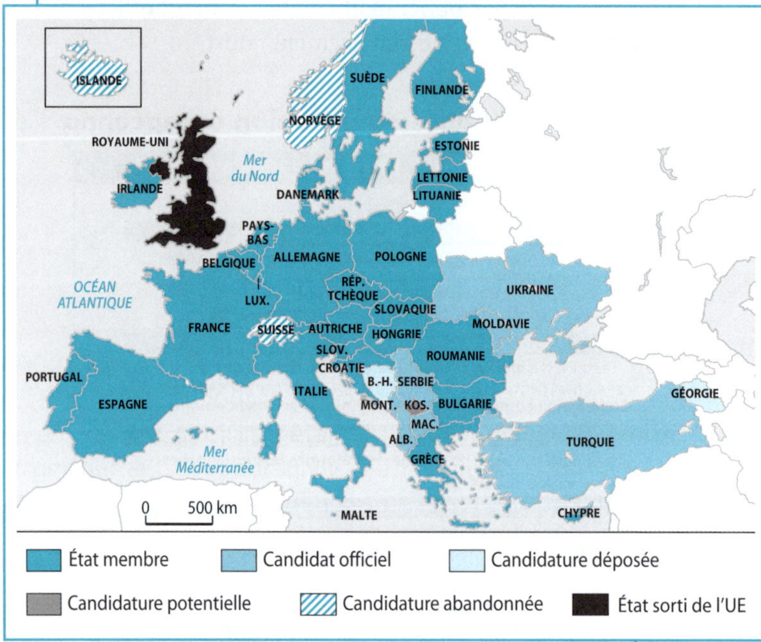

Source : Toute l'Europe.

▸ Quelles perspectives pour les pays des Balkans et les anciennes républiques soviétiques ?

Si la procédure reste complexe, l'heure est à nouveau à l'élargissement. L'UE a plus que jamais tout intérêt à sécuriser les Balkans comme les anciennes républiques soviétiques où la Russie exerce déjà une forte influence. À la suite de l'accélération du processus pour l'Ukraine, l'UE a également réussi, en juillet 2022, à débloquer les négociations avec la Macédoine du Nord, candidate depuis dix-sept ans déjà. Des différends avec ses voisins bulgares et grecs sur des questions d'histoires nationales et de reconnaissance des minorités avaient bloqué l'avancée de la procédure, mais le contexte a finalement permis de trouver enfin un compromis.

L'enjeu est aujourd'hui de respecter la procédure, longue, tout en soutenant les forces pro-occidentales dans les pays candidats à l'est. Dans cet esprit, la France a proposé en mai 2022, en qualité de présidente du Conseil de l'UE, une solution intermédiaire qui a séduit le chancelier allemand O. Scholz. E. Macron a proposé une révision des traités pour créer une Communauté politique européenne dont la première réunion s'est tenue début octobre à Prague. Il s'agit d'une institution parallèle à l'UE offrant « *un espace de coopération politique, de sécurité, de coopération en matière énergétique, d'investissements et d'infrastructures, de circulation des personnes et en particulier de nos jeu-*

nesses ». L'adhésion serait moins stricte, resterait ouverte à ceux qui quittent l'UE, mais ne présumerait pas d'une adhésion future à l'UE. Charles Michel, président du Conseil européen, est également favorable à cette solution ouvrant la porte à une UE à plusieurs vitesses.

Pour l'instant, l'Ukraine reste critique face à cette « *main tendue* » perçue comme un traitement de seconde classe. Le président V. Zelensky tente encore de faire pression sur Bruxelles pour obtenir rapidement une adhésion pleine et entière à l'UE.

L'Union européenne à l'épreuve de la guerre

Dans l'intervalle, l'UE reste mobilisée pour apporter une aide forte à l'Ukraine et sanctionner la Russie. Depuis début mars 2022, le « *mécanisme de protection temporaire* » est activé afin de permettre une répartition plus équilibrée des plus de 6,5 millions réfugiés ukrainiens. Dans le cadre de l'accord d'association, le visa n'est pas nécessaire mais la protection temporaire donne droit au séjour, à l'accès au marché du travail, aux soins, à la scolarisation dans tout pays de l'UE pour un an, renouvelable jusqu'à trois ans. L'UE a également rapidement débloqué 500 millions d'euros d'aide humanitaire. L'aide financière européenne est aussi importante dans le domaine de la cybersécurité et de l'aide médicale d'urgence.

L'UE joue en outre un rôle important dans la recherche d'une solution diplomatique tout en envoyant également des armes, pour la première fois de son histoire. Seuls trois pays, la Hongrie, l'Autriche et Chypre, ont refusé de fournir toute aide militaire. En revanche, l'Allemagne, traditionnellement en retrait des opérations militaires, s'y est engagée pleinement. Enfin, l'UE multiplie les sanctions à l'encontre des oligarques, de l'économie, comme des médias de propagande russes. Le succès est limité mais l'UE semble prête à aller le plus loin possible. Ce « réveil de l'Europe » entraîne actuellement un renforcement rapide de son unité. L'Europe doit, pour conserver sa place sur la scène internationale, se doter des moyens de la puissance, à savoir une véritable stratégie et défense européenne. Ses intérêts ne coïncident en effet pas totalement avec ceux de l'OTAN et la menace sur le reste du continent européen est réelle.

Mise en perspective

La guerre en Ukraine et le chantage de Poutine aux gaz et pétrole russes ont mis en évidence la faiblesse européenne sur le plan énergétique alors que l'UE est encore fortement dépendante de la Russie pour le gaz (40 %), le pétrole (25 %) et le charbon (46 %). Pour faire face, plusieurs pays envisagent de prolonger l'activité de certaines centrales ou de rouvrir des centrales nucléaires ou à charbon, menaçant les ambitions climatiques de l'UE.

ZOOM SUR… Roberta Metsola. Une présidente du Parlement européen controversée

par Jérôme Calauzènes

Le 18 janvier 2022, la Maltaise Roberta Metsola est élue présidente du Parlement européen, succédant à David Sassoli et devenant la 3e femme à occuper ce poste, après Simone Veil (1979-1982) et Nicole Fontaine (1999-2002). Membre du Parti populaire européen (PPE), classé à droite, elle défend des positions antiavortement assez marquées. Comment expliquer l'élection, à une forte majorité, de Roberta Metsola à un poste clé de l'Union européenne (UE) ?

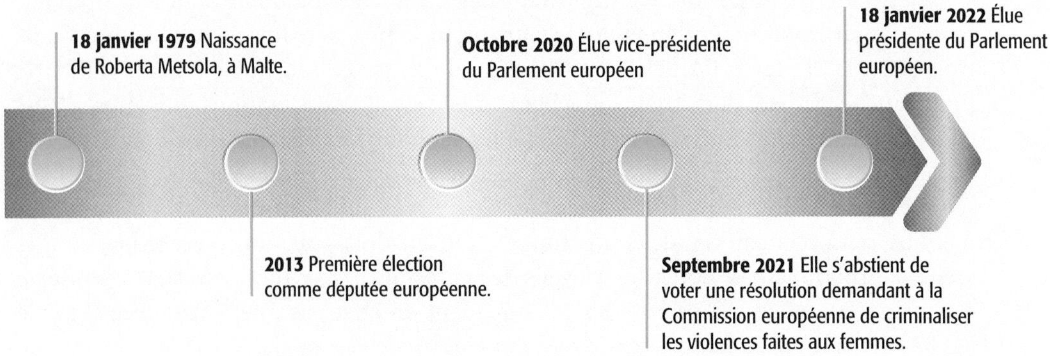

▸ Un engagement européen qui s'est opéré très tôt

Née en 1979, Roberta Metsola a fait des études de droit et est devenue docteure de l'Université de Malte en 2003. Mariée à un Finlandais et mère de quatre enfants, elle évolue très tôt au sein des institutions européennes. Sur le plan professionnel, entre 2004 et 2012, elle est attachée, chargée de la Justice et des Affaires intérieures, au sein de la représentation permanente de Malte auprès de l'UE.

Dès que Malte a rejoint l'UE, en 2004, elle s'est portée candidate pour devenir députée, mais sans succès. Elle est finalement élue pour la première fois en 2013. Membre du parti nationaliste, de centre droit, à Malte, elle siège au PPE (qui rassemble des partis du centre et de la droite démocrate-chrétienne et libérale conservatrice), le groupe le plus nombreux au sein du Parlement depuis les élections de 2019. Elle s'est investie sur les sujets des libertés civiles, de justice ou encore de corruption, et a peu à peu gravi les échelons. En octobre 2020, elle est élue vice-présidente du Parlement européen et, de fait, assure l'intérim de la présidence à partir du 11 janvier 2022, suite au décès de David Sassoli.

Une élection qui résulte d'un consensus entre les partis majoritaires au Parlement européen

En janvier 2022, elle est, dès le premier tour, élue à la tête du Parlement européen, après avoir été investie par le PPE, avec 458 voix sur 703. L'élection résulte d'un accord entre les trois principaux partis : les conservateurs du PPE, les libéraux de Renew Europe (dont les macronistes font partie) et les sociaux-démocrates de S&D. Seuls quelques députés issus de ces trois partis se sont abstenus comme Bernard Guetta, de Renew Europe. R. Metsola l'a ainsi facilement emporté contre la Suédoise Alice Bah Kuhnke, du groupe des Verts, et l'Espagnole Sira Rego, issue de la gauche radicale.

En réalité, à l'issue des élections européennes de 2019, gagnées par le PPE (182 députés), les trois groupes s'étaient alliés pour former une majorité parlementaire (totalisant 444 députés, dont 154 pour les sociaux-démocrates et 108 pour les libéraux). Ils avaient convenu qu'un socialiste occuperait la fonction de président du Parlement européen, puis qu'un conservateur lui succéderait, à mi-mandat, en janvier 2022.

Ces partis ont également négocié entre eux la distribution des autres postes clés au sein du bureau du Parlement, soit 14 vice-présidents et 5 questeurs. Le PPE obtient 3 postes de vice-présidents et 2 postes de questeurs et l'Allemand Klaus Welle, du PPE, a été reconduit au poste de secrétaire général du Parlement européen, qu'il occupe depuis 2009. Ayant fait valoir son droit à la retraite, il cède sa place à Alessandro Chiocchetti en janvier 2023.

Un positionnement politique ambigu

R. Metsola s'est montrée progressiste sur certains sujets : elle lutte contre la corruption, milite en faveur des droits des personnes LGBTQ+ et pour le droit d'asile et manifeste régulièrement ses positions féministes. Mais sur d'autres thèmes, celles qu'elle affiche sont conservatrices, notamment sur la question de l'avortement. De plus, en septembre 2021, elle s'est abstenue de voter une résolution demandant à la Commission européenne de criminaliser les violences faites aux femmes.

Sa position anitavortement s'explique peut-être par ses origines. Malte est en effet le seul pays européen à interdire totalement l'avortement, même en cas de viol ou de mise en danger de la vie de la mère. Dans ce pays, cette position fait l'unanimité pour l'ensemble des partis politiques. C'est la raison pour laquelle R. Metsola a dû, pour rassurer, clarifier ses positions. Elle a ainsi déclaré qu'elle saurait trouver un équilibre entre ses convictions et celles que portent les institutions européennes et a affirmé soutenir le pacte Simone Veil, qui engage les États membres à adopter des mesures progressistes en faveur des droits des femmes.

Si l'avortement n'est pas une compétence européenne, l'élection de R. Metsola reste cependant un symbole, notamment à l'heure où la Pologne restreint drastiquement l'accès des femmes à l'interruption volontaire de grossesse. Dans ce cas, la position et le poids du Parlement européen pourraient être affaiblis.

AUTRES FAITS

Vendredi 21 janvier En France, l'ancien ministre de l'Intérieur Claude Guéant est condamné à 8 mois de prison ferme dans le cadre de l'affaire des sondages de l'Élysée.

Samedi 29 janvier En Italie, le président de la République Sergio Mattarella est réélu pour un second mandat de 7 ans. Quelques jours auparavant, Silvio Berlusconi âgé de 85 ans, avait annoncé qu'il renonçait à se présenter comme candidat à cette élection.

Jeudi 17 mars En France, une Commission d'enquête du Sénat révèle que les contrats de l'État avec les cabinets de conseil, et notamment le cabinet McKinsey, ont plus que doublé entre 2018 et 2021. McKinsey est également mis en cause par le Sénat pour ne pas avoir payé d'impôt sur les sociétés en France depuis des années.

Mardi 22 mars En France, l'ancien maire de Marseille Jean-Claude Gaudin est condamné à 6 mois de prison avec sursis et à 10 000 euros d'amende pour détournement de fonds publics.

Samedi 2 avril En Espagne, le Galicien Alberto Núñez Feijóo est élu à la tête du Parti populaire (PP), principale force d'opposition face au Parti socialiste au pouvoir. Le nouveau chef du PP va devoir composer avec la montée du parti d'extrême droite Vox, désormais 3e force politique du pays.

Dimanche 3 avril En Hongrie, le Premier ministre sortant Viktor Orban, membre du parti d'extrême droite Fidesz, est réélu pour un 4e mandat consécutif.

Mercredi 16 avril La cour de justice de l'Union européenne (CJUE) valide le dispositif adopté en décembre 2020 par les dirigeants de l'UE et conditionnant le versement de fonds européens au respect de l'État de droit. La Hongrie et la Pologne, visées par ce dispositif, avaient saisi la CJUE, estimant ce dispositif abusif.

Dimanche 24 avril En Slovénie, le Premier ministre sortant, Janez Jansa, un ultraconservateur proche de Viktor Orban, essuie une lourde défaite lors des élections législatives. Le Mouvement Liberté du libéral Robert Golob recueille 35 % des voix, contre 24 % pour le Parti démocratique slovène de Janez Jansa.

Lundi 9 mai En France, la justice confirme, en appel, la condamnation de François Fillon et de sa femme dans l'affaire des emplois fictifs.

Jeudi 14 juillet En Italie, le président de la République Sergio Mattarella refuse la démission du Premier ministre Mario Draghi. Cette démission, vaine, était intervenue après un vote de confiance au Sénat durant lequel le Premier ministre avait perdu l'appui du Mouvement 5 étoiles, formation membre de la coalition gouvernementale au pouvoir.

MARQUANTS 2022

Jeudi 21 juillet En Italie, le Premier ministre M. Draghi présente de nouveau sa démission au président S. Mattarella après le boycott, la veille, de son vote de confiance par 3 partis membres de sa coalition gouvernementale (Forza Italie dirigé par Berlusconi, La Ligue d'extrême droite de Matteo Salvini et le Mouvement 5 étoiles). Des élections anticipées sont prévues fin septembre. La chute du gouvernement Draghi ouvre une période d'instabilité politique en Italie.

Jeudi 18 août À Bruxelles, des tentatives de concertation sont organisées entre la Serbie et le Kosovo. Les tensions entre les deux pays sont croissantes, ravivées notamment, fin juillet, par des violences à la frontière. La Serbie n'a jamais reconnu l'indépendance du Kosovo, proclamée en 2008.

Jeudi 18 août En Finlande, la Première ministre Sanna Marin essuie de vives critiques après la diffusion de vidéos la montrant en train de danser en soirée. Sanna Marin a dû se soumettre à un test de dépistage de drogues pour dissiper tout soupçon.

Vendredi 19 août En France, la diffusion sur les réseaux sociaux d'une vidéo montrant des détenus et des gardiens de prison s'adonner à une course de karting suscite la polémique. Les images ont été tournées dans la prison de Fresnes le 27 juillet. Le garde des Sceaux dénonce des « *images choquantes* » quand la contrôleuse générale des lieux de privation de liberté rappelle que « *la réinsertion passe par tout ce qui peut faire du bien à des gens enfermés 22 heures sur 24 en cellule* ».

Lundi 22 août En Grèce, la rentrée parlementaire est avancée d'une semaine après les révélations d'un scandale d'espionnage visant le chef de l'opposition socialiste, Nikos Androulakis, mais également des journalistes. Face à ce « Watergate grec », le directeur des services du renseignement présente sa démission.

Samedi 27 août La Serbie et le Kosovo parviennent à « un accord sur la liberté de circulation » après d'âpres négociations encadrées par le chef de la diplomatie européenne, Josep Borrell.

Mercredi 14 septembre En Suède, la Première ministre sociale-démocrate, Magdalena Andersson présente sa démission. Cette décision intervient quelques jours après les élections législatives qui ont vu la gauche sociale-démocrate, au pouvoir depuis 8 ans, perdre, à quelques voix près, face à la coalition formée par le parti conservateur et l'extrême droite.

Dimanche 23 octobre En Italie, la dirigeante d'extrême droite Giorgia Meloni succède officiellement à Mario Draghi comme Première ministre. La cheffe du parti post-fasciste Fratelli d'Italia avait remporté une victoire éclatante fin septembre lors des élections législatives.

QCM

Pour chaque question, une seule réponse est correcte.

1 Quel taux l'abstention a-t-elle atteint au 2nd tour de la présidentielle de 2022 ?
- a. Un taux inédit.
- b. Le taux le plus haut depuis cinquante ans.
- c. Un taux dans la moyenne des dernières élections.

2 Au lendemain de la présidentielle, que souhaitait une majorité de Français ?
- a. Une coalition.
- b. De nouvelles élections.
- c. Une cohabitation.

3 À quoi les résultats des législatives de 2022 conduisent-ils ?
- a. Ils ont conforté le pouvoir présidentiel et les résultats des présidentielles.
- b. Ils ont amené une cohabitation.
- c. Ils forcent le gouvernement à négocier des majorités de projet.

4 Quel est le rapport des jeunes Français à la politique ?
- a. Ils ne s'y intéressent plus du tout.
- b. Ils ne placent plus grand espoir dans l'élection présidentielle.
- c. Ils se sont fortement mobilisés en 2022.

5 La nomination de Pap Ndiaye Rue de Grenelle est-elle étonnante ?
- a. Non, elle était attendue à gauche.
- b. Oui, elle a fait l'effet d'une surprise.
- c. Non, elle avait été annoncée de longue date par le candidat E. Macron.

6 Avant sa nomination au sein du gouvernement Borne, que faisait Pap Ndiaye ?
- a. Il a longtemps milité au PS.
- b. Il a eu des engagements universitaires et citoyens ancrés à gauche.
- c. Il vivait aux États-Unis.

7 Comment Pap Ndiaye juge-t-il la question du racisme en France ?
- a. Elle justifie le recours à de nouveaux outils comme les statistiques ethniques.
- b. Elle ne se pose pas de façon structurelle à ses yeux.
- c. Elle relève pour lui du racisme d'État.

8 Dans quelle mesure Pap Ndiaye s'oppose-t-il à son prédécesseur ?

- ○ a. Dans sa politique annoncée pour l'Éducation nationale.
- ○ b. Dans la composition de son cabinet.
- ○ c. Dans le ton employé, dans sa vision de l'école, de l'université, du « wokisme ».

9 Comment qualifier Olaf Scholz par rapport à Angela Merkel ?

- ○ a. C'est l'héritier naturel d'Angela Merkel.
- ○ b. Il est en rupture totale avec Angela Merkel.
- ○ c. Candidat du parti concurrent, il est aussi l'ancien vice-chancelier d'Angela Merkel.

10 La coalition dite du « feu tricolore » est-elle une nouveauté ?

- ○ a. Oui, elle est parfaitement inédite en Allemagne.
- ○ b. Oui, elle est inédite au niveau fédéral en Allemagne.
- ○ c. Non, elle est habituelle outre-Rhin.

11 En quoi le programme de coalition présenté fin 2021 en Allemagne se démarque-t-il ?

- ○ a. Il est très ambitieux sur le plan économique.
- ○ b. Il prévoit que l'Allemagne sorte du charbon comme du nucléaire dès 2022.
- ○ c. Il est le fruit des plus longues négociations de coalition de l'histoire allemande.

12 Vu d'Allemagne, quel impact a eu le début de la guerre en Ukraine ?

- ○ a. Cela a été un choc vite oublié outre-Rhin.
- ○ b. Cela n'a eu aucun impact sur la vision *a posteriori* des années Merkel.
- ○ c. Cela a contraint le gouvernement à un revirement politique sans précédent.

13 En quelle année Boris Johnson est-il nommé Premier ministre ?

- ○ a. En 2018.
- ○ b. En 2019.
- ○ c. En 2020.

14 Quel est le nom de son programme en matière de relations internationales pour le Royaume-Uni ?

- ○ a. *Global Britain.*
- ○ b. *World Britain.*
- ○ c. *Make Britain great again.*

15 Qui succède d'abord à Boris Johnson en 2022 ?

- ○ a. Rishi Sunak
- ○ b. Liz Truss.
- ○ c. Suella Braverman.

16 **Qui est l'actuel leader du parti travailliste ?**

❍ a. Jeremy Corbin.
❍ b. Tony Blair.
❍ c. Keir Stramer.

17 **En quelle année l'Irlande a-t-elle été divisée en deux entités ?**

❍ a. En 1921.
❍ b. En 1945.
❍ c. En 1998.

18 **Quel est le nom de l'accord qui a mis fin à la guerre civile en Irlande ?**

❍ a. Accord du Vendredi saint.
❍ b. Accord de paix d'Irlande du Nord.
❍ c. Accord de libre-échange britannique.

19 **Quelle institution européenne a lancé des procédures d'infraction du protocole nord-irlandais à l'encontre du Royaume-Uni ?**

❍ a. La Commission européenne
❍ b. La Cour de justice de l'Union européenne.
❍ c. Le Parlement européen

20 **En quelle année un vote est-il prévu pour décider ou non de l'extension du protocole nord-irlandais ?**

❍ a. En 2022.
❍ b. En 2025.
❍ c. En 2031.

21 **Pour rejoindre quelle entité l'Ukraine, la Moldavie et la Géorgie ont-elle déposé une demande d'adhésion en février-mars 2022 ?**

❍ a. L'Union européenne.
❍ b. L'OTAN.
❍ c. Le Conseil de l'Europe.

22 **Sous quel motif le président Zelensky estime légitime sa demande d'adhésion « *immédiate* » à l'Union européenne ?**

❍ a. L'Ukraine a besoin d'une aide et d'une protection immédiate.
❍ b. L'Ukraine se bat aussi pour la sécurité de toute l'Europe.
❍ c. On lui en avait donné des garanties.

23 **Quelle solution intermédiaire a été proposée par E. Macron pour l'adhésion à l'Union européenne ?**

❍ a. Accorder une adhésion sous conditions à l'Ukraine.
❍ b. Accorder rapidement l'adhésion à tous les États de l'Est l'ayant demandé.
❍ c. Créer une nouvelle institution européenne plus large que l'UE.

24 Quels intérêts la guerre en Ukraine menace-t-elle ?

❍ a. Les objectifs climatiques européens.
❍ b. L'unité au sein de l'Union européenne.
❍ c. L'adhésion des Balkans occidentaux à l'Union européenne.

25 Dans quel pays Roberta Metsola est-elle née ?

❍ a. À Chypre.
❍ b. À Malte.
❍ c. En Italie.

26 En quelle année a-t-elle été pour la première fois élue au Parlement européen ?

❍ a. En 2013.
❍ b. En 2014.
❍ c. En 2015.

27 Pourquoi Roberta Metsola est-elle sujette à controverse ?

❍ a. Elle affiche des positions antiavortements.
❍ b. Elle est pour la peine de mort.
❍ c. Elle s'affirme contre la promotion des droits des LGBTQ+.

28 Quel parti européen a gagné les élections européennes de 2019 ?

❍ a. *Renew Europe*.
❍ b. S&D.
❍ c. PPE.

Corrigé

1b, 2c, 3c, 4b, 5b, 6b, 7a, 8c, 9c, 10b, 11b, 12c, 13b, 14a, 15b, 16c, 17a, 18a, 19a, 20b, 21a, 22b, 23c, 24a, 25b, 26a, 27a, 28c.

ÉCONOMIE, ENTREPRISES ET MONDE DU TRAVAIL

La volatilité du prix des matières premières : thermomètre géopolitique ?

par Adrien Beaulieu

Mi-mai 2022, la tonne de blé atteignait la somme inédite de 438 € à Paris, doublant de prix par rapport à février. Énergétiques, minérales ou agricoles, toutes les matières premières ont vu leur prix augmenter fortement au cours des derniers mois. Si l'impact du conflit en Ukraine est évident, en quoi cette envolée reflète-t-elle l'interdépendance mondiale créée par notre système économique ?

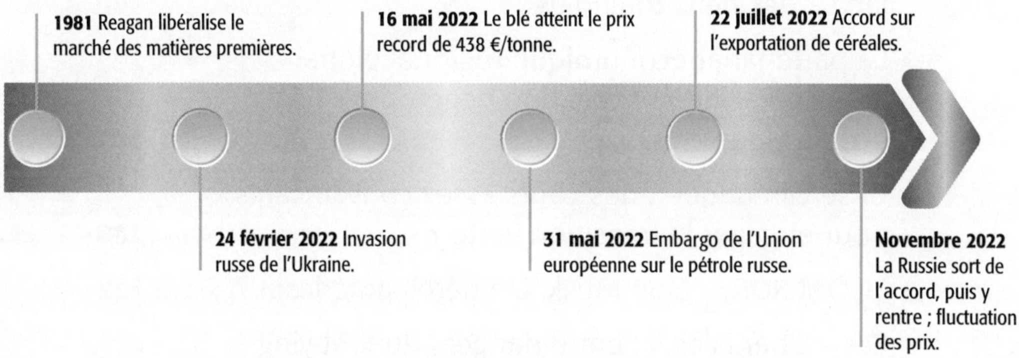

▸ Les origines de l'envolée des prix des matières premières

Dès mai 2020, la reprise de l'activité économique post-confinement se confronte à des difficultés logistiques et d'approvisionnement en matières premières qui génèrent une augmentation des prix. Ainsi, le prix des matières premières industrielles augmente de 75 % entre avril 2020 et mai 2021 et le pétrole de 300 %. Plusieurs productions agricoles connaissent le même sort en raison du dérèglement climatique, à l'instar du maïs brésilien en 2021.

Les prix s'envolent en mars 2022, après l'invasion russe en Ukraine. L'embargo contre la Russie et le blocage des routes maritimes ukrainiennes ont un effet rapide sur les marchés des matières premières. Cela est d'autant plus sensible que l'Union européenne (UE) dépend à 47 % des importations du gaz russe et que l'Ukraine est devenue en quelques années l'un des principaux exportateurs de certaines denrées alimentaires.

En 2021, ses exportations d'huile de tournesol, de maïs et de blé représentaient respectivement 50 %, 16 % et 12 % des exportations mondiales de ces denrées. Par conséquent, entre février et mars 2022, certains prix explosent : le blé passe d'environ 270 € la tonne à plus de 400 €, le prix de la potasse (engrais) gonfle de plus de 75 % et celui du gaz quadruple entre janvier et août.

Des cours qui s'envolent

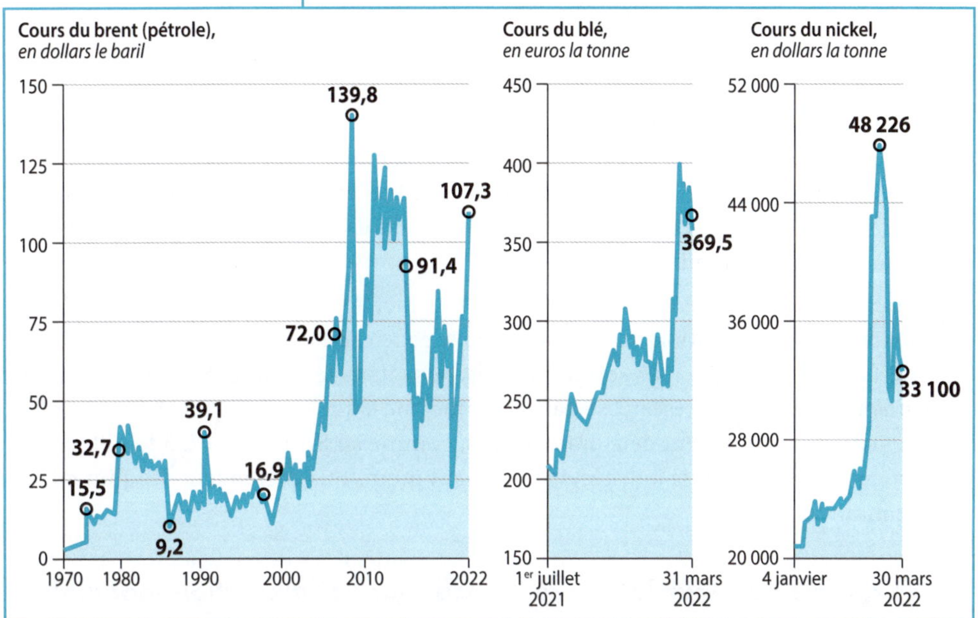

Sources : Agritel, INSEE, Boursorama, Trading Economics et ministère de l'Écologie.

Ces fluctuations mettent en exergue les mécanismes d'un système commercial mondial libéral, où la diminution de l'offre génère une augmentation des prix sur les marchés. Ainsi, en raison d'un affaiblissement de la demande globale en 2020, l'Organisation des pays exportateurs de pétrole et ses alliés (Opep+) ont décidé de réduire leur production, contribuant à l'augmentation des prix du pétrole et de ses dérivés. Dans un contexte inflationniste préoccupant tous les gouvernements, le prince héritier d'Arabie Saoudite, Mohamed ben Salmane, considéré comme un « paria » par certains pays dont les États-Unis, a ainsi été courtisé durant l'été 2022 par les présidents américains et français afin d'augmenter la production pétrolière pour freiner l'inflation.

En outre, cette fluctuation des prix est encouragée par la spéculation de négociants de matières premières, intermédiaires très puissants depuis la libéralisation de ces marchés par R. Reagan en 1981.

▸ Des conséquences planétaires

Les répercussions de l'augmentation du prix des matières premières n'épargnent aucun secteur économique ni aucune région du monde.

Les entreprises voient leurs coûts de production augmenter, y compris entre la signature des contrats et les livraisons. De plus, en raison des pénuries, les retards s'accumulent et des pénalités menacent les prestataires. Toutefois, certaines multinationales tirent d'importants bénéfices de l'augmentation de ces cours. Le CAC 40 cumulait ainsi 73 milliards de bénéfices au 1er semestre 2022, dont les trois meilleurs résultats étaient enregistrés par TotalEnergies, ArcelorMittal et Engie.

Plus généralement, l'augmentation des prix des matières premières alimente l'inflation dans tous les pays. À ce titre, le taux d'inflation annuel s'élevait à 9,1 % en juin 2022 aux États-Unis, à 8,6 % dans l'UE et autour de 12 % en Afrique selon les prévisions du Fonds monétaire international – des indicateurs observés pour la dernière fois en Occident dans les années 1980.

Cette flambée menace le pouvoir d'achat des ménages, et leur alimentation. Selon les agences de l'Organisation des Nations unies, cette crise augmenterait de 7 à 13 millions le nombre de personnes souffrant de la faim dans le monde. Si certains prix en deviennent viraux sur les réseaux sociaux, comme une laitue vendue 11,99 $ en Australie, d'autres situations semblent déjà dramatiques, comme au Sri Lanka, où 5 familles sur 6 sauteraient un repas dans la journée, mangeraient moins ou achèteraient des aliments de qualité moindre.

Une guerre aux lourdes conséquences sur l'alimentation mondiale

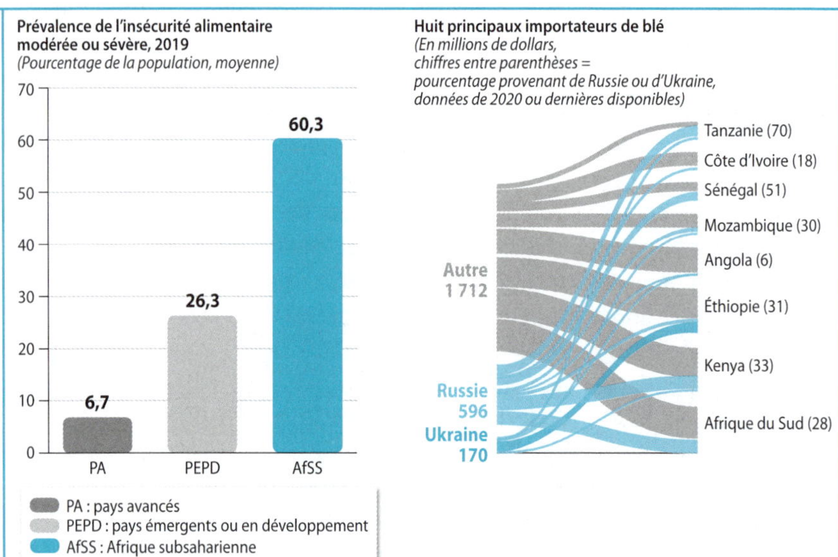

Sources : Banque mondiale, COMTRADE, Organisation des Nations unies pour l'alimentation et l'agriculture, FMI.

Ces effets sont majoritairement dus aux prix croissants de l'énergie et des engrais. Ils représentent un risque majeur pour la stabilité politique des États concernés, en particulier lorsque les populations ne peuvent se rabattre sur des substituts locaux. En 2010, la brusque augmentation du prix du blé avait ainsi débouché sur les protestations des printemps arabes. Au-delà des protestations pacifiques, l'économiste Mathieu Couttenier met en garde contre les risques d'augmentation de la violence et de l'instabilité politique dans ces pays, où la pauvreté incite à s'engager dans des milices armées.

▸ Des actions nationales et internationales pour faire face aux conséquences de la crise

À l'échelle étatique, plusieurs plans visant à préserver le pouvoir d'achat ont été adoptés. En France, le projet de loi de finances rectificative (44 milliards d'euros), voté en août 2022, prévoit la revalorisation des retraites, des prestations sociales et du point d'indice des fonctionnaires, des aides ciblées pour des populations précaires, ainsi que la pérennisation de la « prime Macron ». Pour enrayer la hausse des prix de l'énergie, la France a instauré dès avril une remise sur les carburants et un bouclier tarifaire sur les prix de l'énergie. Elle fournit également aux entreprises des prêts garantis pour faire face à l'augmentation des coûts de production.

Le multilatéralisme connaît quelques succès. La Turquie, sous l'égide de l'ONU, en adoptant une position d'équilibriste entre la Russie et l'Ukraine, est parvenue à la signature d'un accord ouvrant l'exportation de céréales ukrainiennes et de produits agricoles russes, succès se traduisant par le départ de plusieurs navires ukrainiens chargés de marchandises bloquées depuis l'hiver.

Cet accord donne espoir ; il a accentué la décrue des prix des matières premières constatée depuis le début de l'été. La plupart ont retrouvé leur niveau d'avant-guerre en août. Toutefois, leur caractère volatil, dépendant de nombreux facteurs (géopolitiques, climatiques, financiers…), ne permet pas de prévoir si cette baisse sera durable.

Mise en perspective

Si l'épuisement de certaines énergies laisse peu de doutes sur l'évolution de leur prix, d'autres matières premières dépendent d'une pluralité de facteurs incertains. Le cours des matières premières agricoles dépend ainsi, au-delà de l'équilibre géopolitique, de décisions prises dans la lutte contre le changement climatique. Les nombreuses catastrophes naturelles menacent les rendements des productions et se répercutent sur le cours mondial de ces matières premières. Face à ces risques, les États disposent de multiples options : entre autres, une relocalisation nationale ou régionale pour augmenter leur autonomie, la création de stocks pour endiguer la volatilité des prix, la diversification de leurs sources d'approvisionnement, mais aussi un investissement croissant dans l'atténuation et l'adaptation au dérèglement climatique.

Vers un retour durable de l'inflation ?

par Jérôme Calauzènes

Selon l'Insee, en juin 2022, l'inflation atteint en France 5,8 % sur un an, soit presque quatre fois plus qu'un an auparavant. En mai 2022, la hausse des prix dans les pays de l'OCDE est de 9,7 % sur un an et de 7,5 % dans les pays du G7. Alors que depuis les années 1980, à la faveur des politiques néolibérales, l'inflation semblait jugulée, elle paraît repartir à la hausse. L'augmentation globale des prix est-elle un phénomène seulement conjoncturel ou, au contraire, assiste-t-on à une reprise structurelle de l'inflation contre laquelle il serait difficile de lutter ?

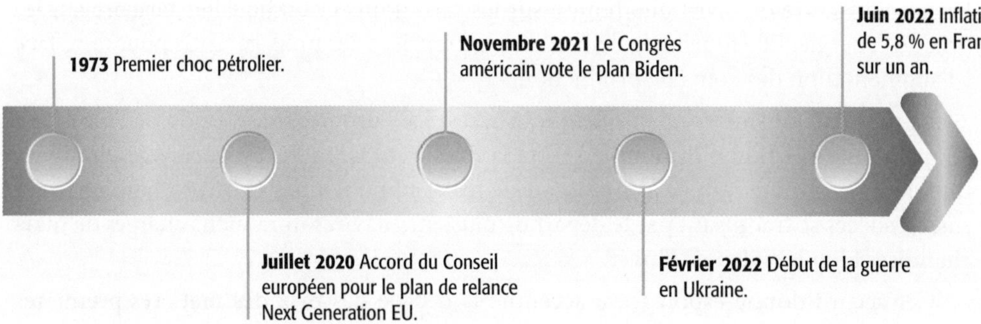

▸ Des facteurs multiples

Selon l'Insee, l'inflation peut être définie comme « *la perte du pouvoir d'achat de la monnaie qui se traduit par une augmentation générale et durable des prix* ». Elle est mesurée par l'indice des prix à la consommation (IPC), un panier d'environ 110 biens et services, proche de celui des ménages urbains dont le chef de famille est ouvrier ou employé (mais il n'inclut pas le tabac).

Ce sont surtout les prix de l'énergie et des produits alimentaires qui grimpent en flèche. Dans les pays de l'OCDE, le prix de l'énergie croît de 35,4 % en mai 2022, en glissement sur un an, celui de l'alimentation de 12,6 %. En France, en juin 2022, le prix de l'énergie augmente de 33 % sur un an et les prix de l'alimentation de 5,7 %. Tous les secteurs sont touchés, comme les services ou les biens manufacturés. Bruno Le Maire, ministre de l'Économie et des Finances, estime que le pic inflationniste ne commencera sa décrue que mi-2023 et que jusque-là la hausse des prix devrait se maintenir entre 6,5 et 7 %.

L'inflation au plus haut fin 2022

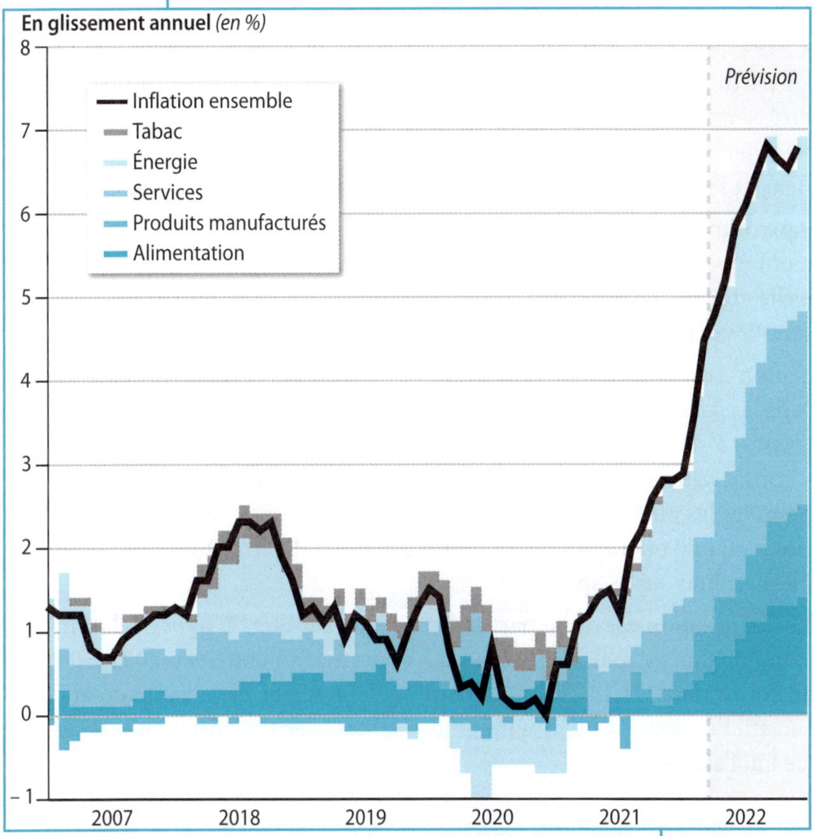

Source : INSEE.

Un premier facteur de la hausse des prix est la distorsion entre l'offre et la demande. En 2021, la levée des restrictions liées à la Covid entraîne une réouverture rapide des économies, de sorte que la consommation augmente fortement. Or, les entreprises peinent à répondre à la demande et le rétablissement des chaînes d'approvisionnement est plus lent (pénurie de conteneurs). Des composants essentiels, comme les semi-conducteurs, sont alors en rupture de stock. Le demande étant supérieure à l'offre, les prix augmentent. Enfin, les États lancent de vastes de plans d'aide à la reprise économique qui stimulent encore plus la demande (plan Biden de 3 000 milliards de dollars, Next Generation EU, plan de l'Union européenne, de 750 milliards d'euros).

Un autre facteur est l'augmentation des prix de l'énergie et de l'alimentation, qui favorise aussi une hausse générale des prix. La guerre en Ukraine et les restrictions imposées à la Russie, 2e producteur mondial d'hydrocarbures, jouent sur les prix malgré une hausse de la production russe depuis mai 2022. De même, l'Ukraine et la Russie sont des géants agricoles : ils représentent à eux deux près de 30 % des exportations de blé dans le monde et certains pays sont particulièrement dépendants de leur production. Or, en 2022, la production de céréales et d'oléagineux de l'Ukraine devrait chuter de 40 % à cause de la guerre.

▸ L'inflation, un phénomène connu mais qui avait été jugulé

Après 1945, les prix connaissent une forte volatilité en raison du contexte d'après-guerre. À partir des années 1960, l'inflation repart dans les pays industrialisés, en lien avec la croissance des Trente Glorieuses et une forte augmentation des salaires. Les deux chocs pétroliers, en 1973 et en 1979, et la crise économique qui s'ensuit accélèrent le phénomène et l'inflation se maintient à deux chiffres.

Les taux d'intérêt sont alors relevés dans les années 1980 (Reagan, Thatcher). Ces mesures ont un coût social (chômage, pauvreté), mais elles s'avèrent efficaces : en France, alors qu'elle était à 13,4 % en 1981, l'inflation tombe à 2,7 % en 1986 et se maintient en dessous de 4 % et même en-dessous de 3 % à partir de 1990.

L'inflation risque de pénaliser le pouvoir d'achat des ménages et de créer de la pauvreté. Dans les pays à faible revenu, elle menace de créer de l'insécurité alimentaire. Plus précisément, ce sont les familles à revenus faible et moyen qui sont les plus affectées, car elles consacrent un pourcentage plus important de leurs ressources à l'alimentation que les familles les plus aisées. Certains gouvernements envisagent ainsi, à l'image de la France, de tenter de maintenir le pouvoir d'achat par diverses mesures comme la revalorisation de certaines aides sociales.

Une forte inflation est donc particulièrement redoutée. L'hyperinflation est le signe d'une économie qui va mal ; c'est le cas du Venezuela (3 000 % en 2021, 500 % en juillet 2022 sur douze mois). L'inflation favorise le débiteur et pénalise le créancier : le premier va en effet rembourser les mêmes mensualités avec une monnaie qui vaut beaucoup moins, ce qui l'avantage.

▸ Des réponses ponctuelles aux conséquences multiples

Pour enrayer l'inflation actuelle, la Réserve fédérale américaine (Banque centrale ou Fed), depuis mars 2022, ainsi que la Banque centrale européenne (BCE), depuis juillet 2022, ont décidé de relever leurs taux directeurs, c'est-à-dire le taux d'intérêt fixé par la banque centrale d'un pays qui lui permet de réguler l'économie.

Le problème est double :

- La consommation va être ralentie à cause de la limitation du crédit. Cela signifie que, dans les pays développés, la croissance risque de ralentir. Par exemple, alors que l'Union européenne (UE) a connu une croissance de 5,4 % en 2021, les prévisions en septembre tablaient plutôt sur 2,7 % pour 2022. L'investissement risque lui aussi d'être diminué, ce qui va peser sur les entreprises.

- Les taux d'intérêt des obligations d'État (titres de créance qui correspondent à une fraction de la dette d'un État) vont s'envoler. Le coût de la dette va donc augmenter pour les pays qui empruntent régulièrement sur les marchés, à commencer par les États-Unis et les pays européens, avec un risque accru de défaut (non-remboursement des dettes par incapacité). À l'intérieur de l'UE, le risque est que les écarts entre les pays membres se creusent, car tous n'ont pas la même capacité de remboursement – donc les taux vont augmenter davantage pour certains. Les taux allemands à dix ans (taux auxquels on prête à l'Allemagne sur dix ans) ont ainsi augmenté de 2,3 % entre janvier et juin 2022, alors que les taux grecs ont subi une hausse de 4 %. Cela ravive le risque de fragmentation de la zone Euro et de l'UE. La BCE réfléchit actuellement à un instrument « antifragmentation ».

Certains États misent également sur des plans de réduction de l'inflation, comme les États-Unis. L'Inflation Reduction Act, voté par le Congrès grâce au soutien de certains républicains au Sénat, va ainsi taxer les plus riches, réduire le coût des soins de santé et investir dans la lutte contre le changement climatique.

Le marché interbancaire

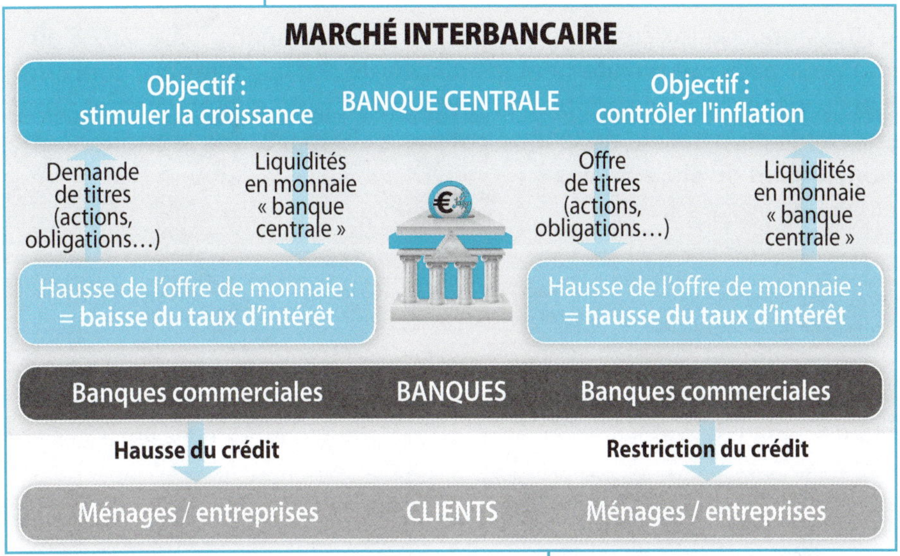

Source : D'après *Le Monde diplomatique*.

Mise en perspective

Les statisticiens parlent aussi d'un « *effet de base* ». Cela signifie que l'inflation aujourd'hui est d'autant plus forte qu'elle était faible l'an passé. Au plus fort de la pandémie, les prix étaient très bas et la déflation (baisse généralisée des prix) menaçait. Or, on calcule l'inflation en comparant les variations de prix sur une année.

Cela montre que la déflation est aussi risquée que l'inflation. La déflation décourage notamment la consommation car les ménages anticipent des baisses de prix et donc attendent pour pouvoir acheter le même produit moins cher. C'est la raison pour laquelle la BCE se fixe comme cible une inflation à 2 % par an.

Les métiers sous tension : quel reflet du marché français de l'emploi ?

par Adrien Beaulieu

Des restaurateurs forcés de n'ouvrir que partiellement à l'été 2022 aux *job dating* pour pallier le recrutement insuffisant des enseignants par concours, les métiers sous tension ne sont plus un événement isolé et représentent un enjeu considérable en parallèle de la lutte contre le chômage. Ces tensions sont-elles conjoncturelles ou structurelles ?

▸ Des tensions conjoncturelles au lendemain de la crise sanitaire

Les indicateurs économiques de la France reflètent, depuis l'été 2021, une bonne santé du marché de l'emploi. Le taux de chômage baisse, représentant 7,3 % de la population active, et le taux d'emploi retrouve des niveaux équivalents à ceux de 1975. Toutefois, ces bons résultats sont à relativiser au vu des nombreux métiers « sous tension ». Autrement dit, dans certains domaines, la demande de travail est supérieure à l'offre proposée.

La crise sanitaire a accentué certaines de ces tensions, en particulier dans les secteurs du soin, du transport et de l'hôtellerie-restauration, très touchés par des conditions de travail dégradées, et l'ombre du chômage en cas de nouvelles restrictions sanitaires dans ces deux derniers domaines. Alors que la pandémie perd progressivement de son ampleur, dans les hôpitaux, les soignants doivent faire face au rattrapage des soins déprogrammés, dans un contexte de pénurie de main-d'œuvre et de congés reportés *sine die*.

Au-delà de ce secteur, cette crise semble avoir transformé la conception du travail de nombreux travailleurs, de moins en moins enclins à faire une croix sur leur vie personnelle au profit de leur vie professionnelle. De nombreux soignants se dirigent ainsi vers une activité libérale, comme les sages-femmes. D'autres actifs privilégient des contrats plus stables, comme les chauffeurs de bus, accentuant la pénurie dans certains secteurs. À l'été 2022, on note ainsi des difficultés de recrutement dans 99 % des hôpitaux français, 100 000 postes vacants dans le secteur de l'hôtellerie-restauration et 8 000 chauffeurs de bus scolaires manquants à la rentrée scolaire, selon les enquêtes ou estimations des fédérations des secteurs professionnels concernés.

Les principaux métiers sous tension en 2022

Métiers	Effectifs à recruter en 2022	Projets difficiles
Couvreurs	13 364	90 %
Aides à domicile, aides ménagères	84 699	85 %
Pharmaciens	7 576	83 %
Chaudronniers, tôleurs, traceurs, serruriers, métalliers, forgerons	7 121	83 %
Mécaniciens et électroniciens de véhicules	15 703	82 %
Carrossiers automobiles	5 629	81 %
Conducteurs de transports en commun sur route	17 086	81 %
Plombiers, chauffagistes	21 825	81 %
Infirmiers	46 386	81 %
Menuisiers et ouvriers de l'agencement et de l'isolation	19 213	80 %

Source : Pôle emploi.

▸ Des tensions structurelles

Les difficultés à recruter des soignants datent et dépassent les frontières de la France. L'Organisation mondiale de la santé (OMS) signale, à cet égard, qu'il manquera dans le monde, d'ici à 2030, environ 15 millions de professionnels de santé. Les hôpitaux se confrontent à un cercle vicieux : des conditions de travail désavantageuses en comparaison avec le système privé, une fuite des soignants conjuguée à des besoins croissants, une pression sur les personnels restants et un manque d'attractivité de ces métiers.

Toutefois, ces tensions structurelles ne concernent pas seulement les métiers du soin. Cette année, l'Éducation nationale a rencontré des difficultés historiques pour recruter des enseignants, l'obligeant à combler ses besoins avec des contractuels embauchés lors de campagnes de *job dating*. Ainsi, sur 100 postes offerts dans l'enseignement public, seulement 83 ont été pourvus en moyenne par concours, contre 94 en 2021. De plus, ces chiffres ne reflètent pas les importantes inégalités territoriales. Alors que 70,3 % des postes de professeurs des écoles n'étaient pas pourvus dans l'académie de Versailles, 100 % l'étaient à Montpellier. Selon le nouveau ministre, Pap Ndiaye, il existe un problème structurel de valorisation du métier, auquel a en partie remédié l'annonce d'un salaire de 2 000 euros net en début de carrière dès la rentrée 2023, mais aussi un effet mécanique de la réforme du recrutement des enseignants, passant le concours en master 2 plutôt qu'en master 1, décalant ainsi d'un an la promotion qui aurait dû entrer sur le marché du travail.

Bien qu'elles soient multifactorielles, les tensions sur le marché du travail résultent généralement, comme le résumait Élisabeth Borne en janvier 2022, d'un manque d'attractivité ou d'un manque de compétences. Certains employeurs demandant un niveau de qualification particulier désespèrent de ne pas trouver de profils adaptés à leurs besoins. D'autres peinent à attirer des candidats, pour des raisons susmentionnées.

Quelles solutions pour réduire les tensions sur le marché du travail ?

L'État et ses différents partenaires jouent un rôle clé pour tenter de désamorcer ces tensions. Des négociations dans les secteurs de la santé, de l'éducation et de l'hôtellerie-restauration ont récemment permis l'amélioration des conditions de travail, principalement salariales (Ségur de la Santé, prime Grenelle, accord de branche pour revaloriser les salaires de l'hôtellerie au-dessus du Smic), mais ne paraissent pas produire les effets attendus.

Au-delà des actions menées pour renforcer l'attractivité des métiers sous tension, l'État a investi 15 milliards d'euros de 2018 à 2022 dans la formation à travers un Plan d'investissement dans les compétences (PIC), destiné à faire entrer 2 millions de personnes sur le marché de l'emploi. Lui succède, depuis septembre 2021, un plan de réduction des tensions de recrutement de 1,4 milliard d'euros, axé sur les formations en situation de travail. Pôle Emploi s'attache aussi à mieux connecter les offres et les demandes de travail, notamment grâce à son enquête annuelle sur les besoins en main-d'œuvre (BMO).

Face aux enjeux contemporains, environnementaux, démographiques et numériques, les tensions sur le marché de l'emploi sont susceptibles d'évoluer. Dans le rapport *Les Métiers en 2030*, France Stratégie et la DARES soulignent que, sur les 8,4 millions de postes à pourvoir entre 2019 et 2030, plus de 1,8 million d'offres risquent de ne pas être pourvues, principalement en raison d'un décalage entre le nombre de départs en retraite et celui des arrivants sur le marché du travail. Elles concerneraient principalement les agents d'entretien, les aides à domicile, les conducteurs de véhicules, les ouvriers qualifiés de la manutention et les cadres commerciaux.

Projection des métiers en tension dans la décennie

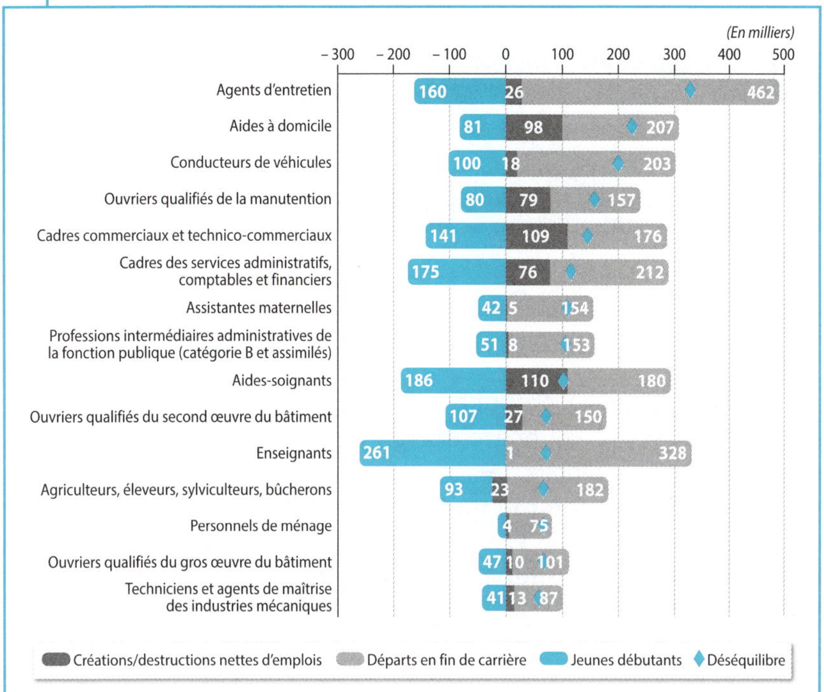

Sources : France Stratégies, DARES.

Face à ce déficit, on peut imaginer que l'État recoure, comme par le passé, à l'immigration. C'est déjà le cas dans certains hôpitaux, comme à Soissons, où 43 % des médecins sont des contractuels étrangers. *A contrario*, les métiers de l'hôtellerie-restauration, de la vente et du spectacle offriraient moins d'opportunités, conséquence de l'augmentation de la vente en ligne et de la réduction des activités de loisirs des Français. Par conséquent, comme pour les métiers de l'informatique comblés à l'avenir par les formations actuelles, ces domaines ne devraient plus être sous tension.

Mise en perspective

Contrairement aux projections de Jeremy Rifkin, « *la fin du travail* », du nom de son ouvrage publié en 1995, n'est pas encore arrivée. Malgré un chômage persistant, le taux d'emploi reste élevé et les métiers sous tension sont de plus en plus nombreux. Si certains plaident pour une diminution du temps de travail ou un revenu universel, ces idées ne font pas l'unanimité. Lors de la campagne présidentielle, Emmanuel Macron et Valérie Pécresse se sont prononcés en faveur d'une « *activation* » des allocataires de minima sociaux, proposant qu'ils consacrent « *quinze à vingt heures par semaine à une activité facilitant l'insertion professionnelle* » en échange de leur allocation. S'il est problématique de voir les bénéficiaires du RSA comme de simples profiteurs de l'État social, ces débats interrogent sur ce que nous attendons individuellement et collectivement du travail.

Le nucléaire : un fleuron de l'industrie française face à des défis multiples

par Alice Volkwein

Avec 71 % de l'électricité produite issue de la filière nucléaire, la France a le taux le plus important au monde d'énergie issue du nucléaire. Soutenue politiquement et longtemps plébiscitée par une majorité de la population, la filière nucléaire est considérée comme un fleuron de l'industrie française et un atout face aux enjeux climatiques, énergétiques et économiques actuels. Pourtant, 32 réacteurs sur 56 sont à l'arrêt à la rentrée 2022. Le nucléaire français sera-t-il à la hauteur des défis de la crise énergétique et climatique ?

▸ Le nucléaire, une passion française

Si la France est aujourd'hui le 2e producteur d'électricité d'origine nucléaire au monde derrière les États-Unis, c'est en raison d'une politique volontariste mise en œuvre dès 1945 et poursuivant des objectifs multiples. Au lendemain de la Seconde Guerre mondiale, l'enjeu est d'abord de garantir l'indépendance militaire et énergétique française. Détenir l'arme atomique et maîtriser le nucléaire vont de pair. Le réel essor du nucléaire civil n'aura lieu qu'une fois réussis les premiers essais nucléaires en 1960.

À la fin des années 1960, le nucléaire ne fournit que 5 % de l'électricité française. C'est avec le plan Messmer, du nom du Premier ministre entre 1972 et 1974, que le déploiement de la filière du nucléaire civil va s'accélérer. Ce dernier annonce la construction massive et rapide de 13 réacteurs de 900 MW, nombre rapidement porté à 18, auxquels s'ajouteront 10 réacteurs supplémentaires de 900 MW. Au total, plus de 50 réacteurs ont été construits entre 1978 et 1992. Si le plan est conçu avant le 1er choc pétrolier, en 1973, pour accompagner l'effort de modernisation et d'industrialisation du pays, la crise pétrolière et le conflit israélo-arabe poussent ensuite le gouvernement à favoriser la filière au nom de l'indépendance énergétique et des emplois créés.

En outre, l'énergie nucléaire permet de conjuguer politique sociale et compétitivité. De fait, en 2018, un ménage allemand payait son électricité 70 % plus cher qu'un ménage français (Eurostat). La même année, le prix de l'électricité pour les industriels est, en France, inférieur de 25 % au prix moyen en Europe (Eurostat).

Enfin, l'essor du nucléaire a permis, en parallèle, de fermer des centrales thermiques à gaz ou à charbon. Celles-ci ne restent utilisées qu'en appoint, lors des pointes de consommation. La transition des énergies fossiles carbonées au nucléaire a donc été particulièrement rapide, faisant du nucléaire l'énergie décarbonée privilégiée en France.

Le bilan énergétique de la France

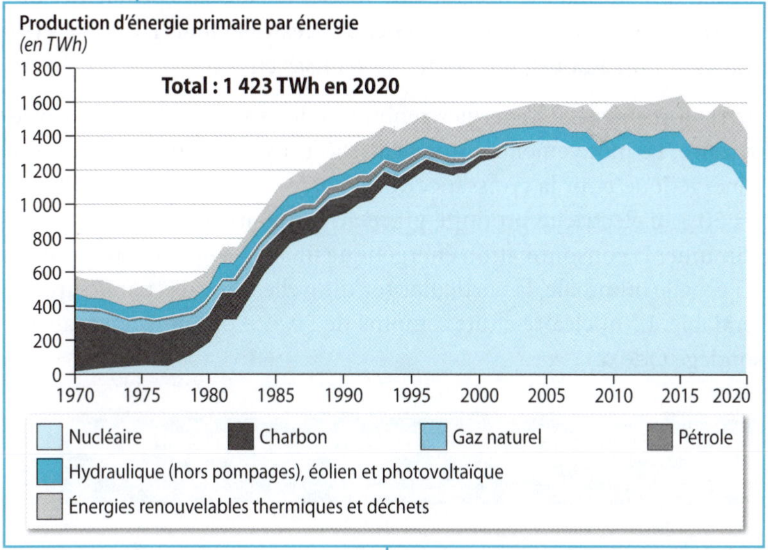

Source : Service des données et études statistiques.

▸ Des facteurs multiples d'un affaiblissement de la filière nucléaire

Pourtant, des questions de sécurité, de rentabilité, mais aussi certains enjeux environnementaux sont soulevés dès les années 1980 et fragilisent, à partir des années 2000, la filière. Concernant la rentabilité, jusqu'à récemment, l'offre était largement supérieure à la demande intérieure. La France a ainsi longtemps été le 1er pays européen exportateur d'électricité, mais la surproduction entraînait une baisse des prix. La rentabilité se trouve aussi remise en question lorsque sont intégrés les coûts de construction, d'entretien ou de démantèlement de centrales vieillissantes, mais aussi ceux de la gestion à long terme des déchets. Le coût total du démantèlement de tous les réacteurs français a ainsi été évalué, en 2016, à 75 milliards d'euros.

L'ouverture à la concurrence du marché de l'énergie dans les années 2000 a par ailleurs entraîné une restructuration économique du secteur. Les acteurs majeurs, Orano (anciennement Areva en 2015) puis aujourd'hui EDF, ont successivement connu des situations de quasi-faillite. Les causes sont multiples et certaines sont liées à la gestion entrepreneuriale, mais le mauvais état du parc nucléaire, les mises à l'arrêt fréquentes et l'explosion des coûts de fabrication d'un réacteur nouvelle génération de forte puissance type EPR à Flamanville, dont l'ouverture est sans cesse repoussée, n'aident pas.

En matière de sécurité, la France n'a jamais subi d'accident grave et l'énergie nucléaire reste perçue comme sûre, les catastrophes de Tchernobyl (1986) et Fukushima (2011) n'ayant pas eu en France le même retentissement qu'outre-Rhin. Pourtant, l'évaluation complémentaire de sûreté commandée par N. Sarkozy au lendemain de la catastrophe japonaise a bien mis en avant la nécessité de réviser le parc. Les problèmes de corrosion et de fissures sont connus d'EDF dès la fin des années 1990 mais n'ont pas été systématiquement traités et font aujourd'hui l'objet de remises en état.

Enfin, le renforcement des énergies renouvelables a relancé le débat sur le caractère vert du nucléaire. Le mouvement antinucléaire a trouvé un écho dans la loi relative à la transition énergétique pour la croissance verte votée en 2015 sous F. Hollande. Elle fixe une limite à 50 % d'électricité produite grâce au nucléaire à l'horizon de 2025 et ambitionne de diminuer la consommation énergétique finale. L'énergie nucléaire semble alors en déclin à l'échelle mondiale, la particularité culturelle française paraissant de moins en moins défendable. Le nucléaire chute à moins de 50 % d'opinions favorables en France en 2018 (sondage Odoxa).

▸ Relancer le nucléaire, la clé pour un avenir plus sûr et plus vert ?

Pourtant, ce sont bien les raisons environnementales qui expliquent aujourd'hui le retour en force du nucléaire défendu par E. Macron. Pour le gouvernement actuel, il s'agit d'accélérer la construction de la filière renouvelable et, en même temps, de lancer la construction de deux nouveaux réacteurs nucléaires avant 2035. Le Président français obtient même de Bruxelles d'intégrer le nucléaire à la taxonomie européenne (liste des investissements verts) à compter de 2035. Pour Paris, le nucléaire est un levier incontournable pour atteindre l'objectif de la neutralité carbone en 2050.

La guerre en Ukraine menaçant, depuis 2022, l'approvisionnement en gaz russe semble donner raison au modèle français. De fait, le voisin allemand, dont la sortie du nucléaire est prévue depuis 2011 pour 2022, se retrouve dans une situation précaire alors que le gaz russe occupe une place centrale dans son mix énergétique. Berlin avait obtenu, un mois avant le début de l'attaque russe, l'intégration du gaz dans la taxonomie européenne au côté du nucléaire. Quelques mois plus tard, en juillet 2022, 10 ministres européens publient une tribune commune en faveur d'investissements massifs dans le nucléaire.

À la rentrée 2022, le nucléaire français se retrouve dans la situation paradoxale d'être à nouveau perçu comme une filière d'avenir alors même que son parc est dans un état très préoccupant. La sécheresse de l'été 2022 a conduit à de nouvelles fermetures, les réacteurs français à eau pressurisée ayant besoin de suffisamment d'eau froide pour le refroidissement des réacteurs. Si EDF a annoncé vouloir relancer tous les réacteurs pendant l'hiver, la remise en service des réacteurs touchés par la corrosion soulève de nombreuses questions de sécurité.

La hausse du prix de l'électricité en Europe en 2022

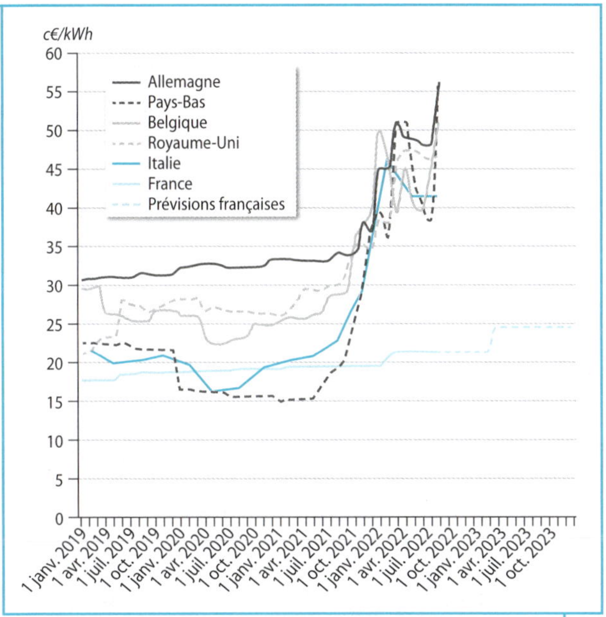

Source : Hellowatt.

Mise en perspective

Face à de telles faiblesses, le président Macron est pourtant revenu, en février 2022, sans concertation, sur la décision prise par la programmation pluriannuelle de l'énergie (PPE) de fermer 12 réacteurs à l'horizon de 2035. Il mise avant tout sur la construction de 6 nouveaux réacteurs de type EPR d'ici à 2035 et de 8 autres d'ici à 2050 afin de renouveler le parc français et de relancer le nucléaire. L'absence de débat a été fortement critiquée par les associations telle Greenpeace. Au vu des difficultés rencontrées lors de la construction du premier EPR français à Flamanville, se pose aussi la question du coût global et de la durée d'une telle opération.

Le partenariat économique régional global en Asie-Pacifique : vers une hégémonie économique chinoise ?

par Fabrice Senechal

Le 15 novembre 2020, lors du 37e sommet de l'Association of Southeast Asian Nations (ASEAN), 15 puissances économiques d'Asie-Pacifique ont signé le Regional Comprehensive Economic Partnership (RCEP). Actant la création de la plus grande zone de libre-échange au monde, il est un instrument économique résolument influent. En quoi le RCEP est-il un accord inédit dans le paysage économique mondial ?

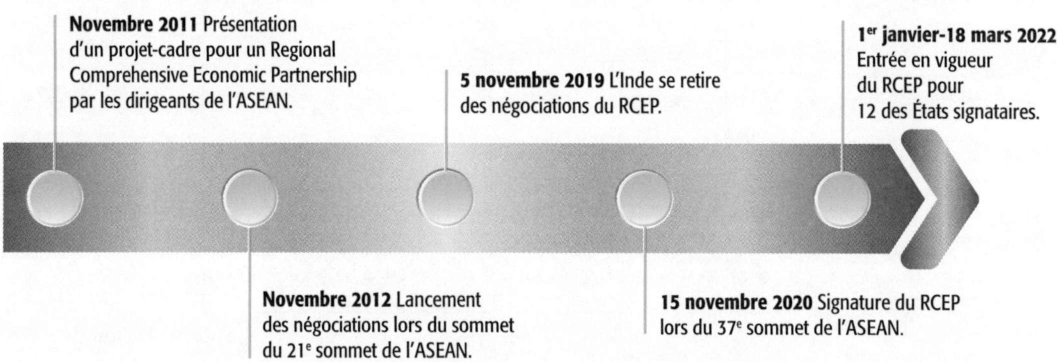

▸ Les étapes de construction d'un géant économique

La genèse du RCEP remonte au mois de novembre 2011 lorsque les 10 États membres de l'ASEAN (Birmanie, Brunei, Cambodge, Indonésie, Laos, Malaisie, Philippines, Singapour, Thaïlande et Viêtnam) décident de négocier avec la Chine, le Japon, l'Australie, la Corée du Sud, la Nouvelle-Zélande et l'Inde pour créer un accord plus intégré que l'ASEAN. Cela répond au déplacement du centre de gravité de l'économie mondiale vers l'Asie-Pacifique. En effet, cette région abrite des locomotives économiques particulièrement dynamiques et en pleine croissance – à titre d'illustration, le PIB des États situés dans cette région a crû de 5,8 % en moyenne en 2021.

Ainsi, les négociations ont rapidement débuté dans une configuration de dialogue bilatéral, dit « dialogue ASEAN+ 6 », entre l'ASEAN et les 6 autres États. Cette célérité s'explique, en partie, par la naissance concourante d'un projet concurrent nommé « Trans-Pacifique Partnership (TPP) ».

Porté par les États-Unis et excluant l'ASEAN, cet accord était considéré comme rival au dialogue ASEAN+ 6 car il portait l'ambition similaire de créer un partenariat enjambant l'océan Pacifique. Il aurait également étendu, de fait, la sphère d'influence économique américaine en Asie de l'Est. Face à ce rival, le dialogue bilatéral s'est mué en accord commercial multilatéral, préfigurant ainsi la configuration actuelle du RCEP.

Finalement, le TPP a perdu de sa substance originelle en raison du retrait américain des négociations en 2017 décidé par le président Trump, estimant que l'accord ne servait pas suffisamment les intérêts économiques américains. Les États parties restants ont tout de même poursuivi les négociations en créant le Comprehensive and Progressive Agreement for Trans-Pacific Partnership (CPTPP). Les négociations du RCEP subissent un à-coup similaire avec le retrait en 2019 de l'Inde, qui ne voyait pas d'intérêt à une augmentation des importations chinoises sur son territoire. En termes de valeur, le retrait indien a réduit le poids économique du RCEP. Avec l'Inde, le partenariat aurait représenté 45 % de la population mondiale, combiné un PIB de 28,7 billions de dollars et compté pour environ 40 % du commerce mondial (contre désormais 26,2 billions et 28 %).

Le RCEP devient le plus important pôle commercial au monde

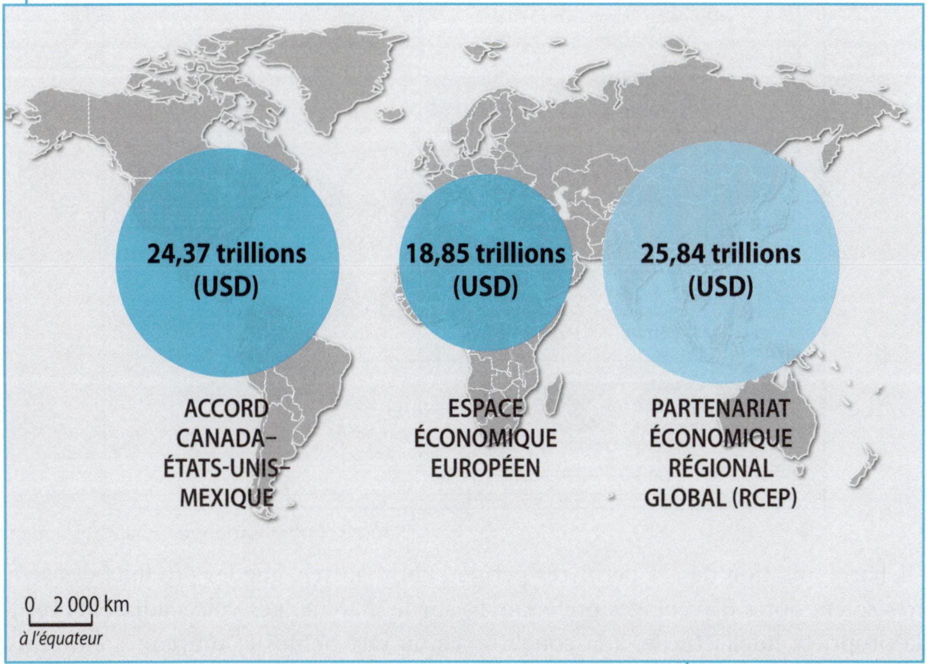

Source : Banque mondiale.

Cependant, ce retrait n'a pas enterré le projet et, après 31 cycles de négociations formelles, le RCEP est finalement signé par les 15 États lors d'un sommet virtuel en 2020. Il est entré en vigueur pour 10 États (dont la Chine, le Japon et l'Australie) au 1er janvier 2022, pour la Corée du Sud le 1er février et pour la Malaisie le 18 mars. Les 5 États manquants devraient prochainement suivre en fonction de leur processus de ratification nationale.

Vers une architecture économique régionale intégrée et libéralisée en Asie-Pacifique

L'ambition du RCEP est de libéraliser l'Asie-Pacifique en facilitant les échanges commerciaux. Au vu du dynamisme et du potentiel des économies asiatiques, il devenait nécessaire de repenser l'architecture économique régionale pour mieux la structurer. Pour cela, le RCEP adopte une logique intégrée en se déclinant sous trois volets principaux : élimination des droits de douane à hauteur de 90 %, suppression des quotas sur 65 % des produits et harmonisation des procédures d'évaluation de la conformité, des procédures douanières et des règles d'origine.

La structuration économique régionale en Asie-Pacifique

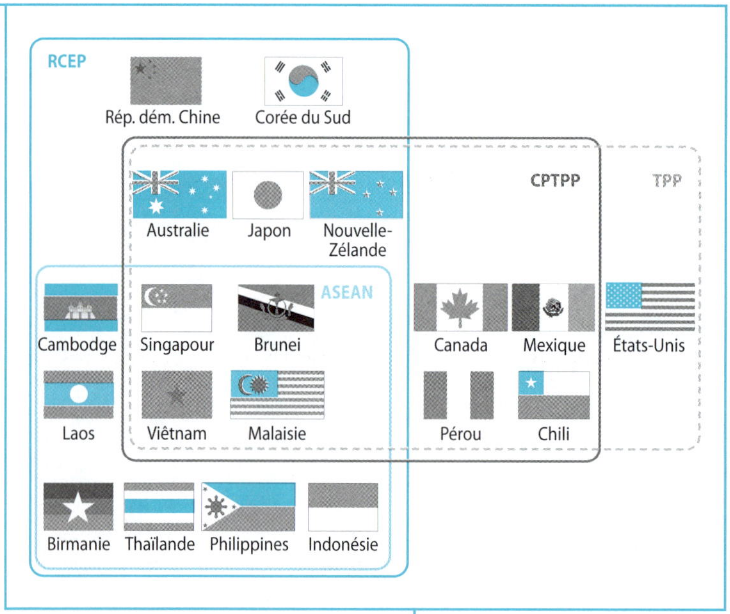

Source : Organisation mondiale des douanes.

L'harmonisation de ces dernières permet, entre autres, que les produits des signataires soient dotés d'avantages préférentiels sur le marché. Les volets adjacents relatifs à la propriété intellectuelle, à la concurrence ou aux petites et moyennes entreprises restent ceux usuellement retrouvés dans d'autres accords. Le RCEP demeure d'ailleurs un accord davantage centré sur les produits manufacturés que sur les services et les produits agricoles. En outre, l'intégration de l'accord reste limitée, car les volets environnemental et social manquent à l'appel, avec l'absence de clauses relatives au réchauffement climatique ou à la protection des travailleurs. En réalité, cette intégration limitée peut être expliquée par la différence d'appréciation de ces sujets parmi les États signataires.

De ce fait, l'analyse des clauses de l'accord révèle les dissensions quasi structurelles qui existent entre les États signataires : le RCEP réunit des acteurs aux agendas distincts, voire concurrents.

La portée politico-stratégique du RCEP

Le RCEP s'inscrit dans un contexte régional et international où la compétition entre les grandes puissances reste prégnante, avec des relations politiques complexes entre les États signataires. Les tensions entre la Chine et l'Australie ou entre le Japon et la Corée du Sud sont des sujets qui pourraient, à terme, obérer la qualité d'exécution de l'accord. Néanmoins, cette trajectoire est à nuancer : le RCEP pourrait également réduire ces tensions car, mécaniquement, les échanges entre les signataires augmenteront et une confiance mutuelle pourrait se développer.

D'un point de vue stratégique, le RCEP est un atout de choix pour Pékin car il renforcera sa domination économique dans la région. De fait, en dehors du Japon, de l'Australie et de la Corée du Sud, la Chine a une balance commerciale excédentaire avec les autres États signataires du RCEP. Cet accord est donc un vecteur d'influence et de rayonnement économiques structurant pour Pékin sur le plan régional, mais également international.

En lien, il faut également analyser le RCEP sous le prisme de la rivalité sino-américaine et de la bataille d'influence menée en Indopacifique, nouvelle région stratégique. La signature du RCEP constitue aussi un puissant signal politique lancé par Pékin à Washington. Alors que le TPP n'a pu être concrétisé, le RCEP vient confirmer la perte d'influence des États-Unis dans la région et le déplacement de l'équilibre économique mondial vers l'Asie. En définitive, le RCEP est plus globalement un succès diplomatique pour l'ASEAN, illustrant la solidité et l'efficacité de l'institution multilatérale.

Mise en perspective

Le RCEP s'additionne à un éventail de traités de libre-échange qui se multiplient partout dans le monde. En effet, l'Organisation mondiale du commerce (OMC) indiquait qu'au 1er mars 2022, plus de 354 accords de ce type étaient en vigueur. Ils peuvent donc se superposer géographiquement en comprenant des États déjà membres d'autres accords de libre-échange – à l'image du Japon, qui fait partie du RCEP et du CPTPP. Au-delà, ces accords, présentés comme des instruments intégrateurs, refusent souvent de traiter des droits des travailleurs ou des mesures environnementales. Par souci d'efficacité et de priorisation des échanges commerciaux, les États parties déconsidèrent fréquemment ces deux volets, qui restent tributaires des régimes juridiques et des agendas politiques des signataires.

Crise climatique : des coûts assez convaincants pour engager la transition verte ?

par Adrien Beaulieu

Mégafeux, inondations, sécheresses : les conséquences de l'activité anthropique sur l'environnement sont chaque fois plus criantes, comme à l'été 2022. Au niveau mondial, leur coût représenterait 30 000 milliards de dollars par an en 2075 selon l'Institute for Policy Integrity. Dans quelle mesure les coûts de la crise climatique contribuent-ils à des changements politiques majeurs ?

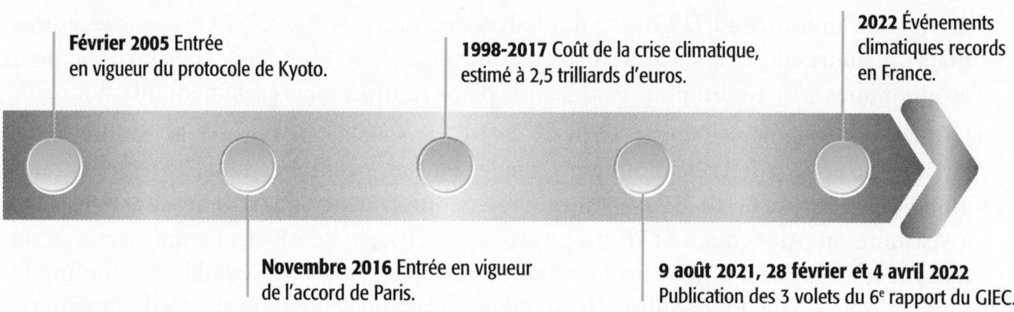

▸ Les conséquences du réchauffement climatique

Documentées depuis les années 1970 dans de nombreux rapports, dont ceux du Groupe d'experts intergouvernemental sur l'évolution du climat (GIEC), les conséquences de l'activité anthropique sur l'environnement et du réchauffement climatique sont désormais connues de tous. Depuis les années 1950, on recense entre autres 15 fois plus d'inondations, 20 fois plus de canicules et 7 fois plus d'incendies.

De tels effets ont de lourdes conséquences économiques. Selon l'Organisation des Nations unies (ONU), les dépenses liées à ces catastrophes ont triplé en vingt ans, représentant un cumul de 2 521 milliards d'euros entre 1998 et 2017. Néanmoins, les catastrophes affectent de façon très inégale les pays selon leur vulnérabilité et leur exposition à ces phénomènes. La société Uswitch a classé les États selon les coûts supportés des catastrophes naturelles entre 1902 et 2021. Elle estimait ainsi à 1 706 milliards de dollars la facture des États-Unis, à 69 celle de la France, et à 14 seulement celle de la Russie.

Les coûts de la crise climatique ont diverses origines : la gestion à court terme des catastrophes, les réparations et reconstructions, mais également une diminution des rendements dans certains domaines comme l'agriculture.

Selon les projections des économistes, ces coûts atteindraient 1 700 milliards de dollars par an d'ici à 2025.

Les 10 pays les plus exposés aux catastrophes naturelles selon le nombre de morts, de personnes touchées et le coût des dégâts, de 1902 à 2021

Pays	Nombre de victimes (total)	Nombre de morts	Nombre de désastres	Coût* (en euros)	Score
Chine	3,3 billions	12,5 millions	982	704 billions	9,978
Inde	2,5 billions	9,1 millions	757	165 billions	9,912
Bangladesh	464 millions	3,0 millions	356	35 billions	9,720
États-Unis	116 millions	44 000	1 090	1,5 milliard	9,648
Philippines	239 millions	72 000	671	38 billions	9,587
Indonésie	37 millions	243 000	576	41 billions	9,543
Iran	58 millions	163 000	253	45 billions	9,450
Pakistan	99 millions	179 000	234	37 billions	9,442
Japon	23 millions	239 000	375	648 billions	9,362
Brésil	116 millions	13 000	251	41 billions	9,217

* Coût ajusté selon l'inflation.
Source : Uswitch.

▸ Des dépenses importantes et une pluralité d'acteurs pour lutter contre la crise climatique

Ces prévisions présagent un avenir insoutenable sur les plans économique et environnemental et appellent à une action rapide et draconienne. Pourtant, les engagements des États pour atteindre la neutralité carbone en 2050, déposés à la fin 2021, contribueraient à l'augmentation de la température de + 3,2 °C en 2100 par rapport à l'ère préindustrielle. Or, des solutions existent et sont accessibles tant économiquement que technologiquement. Elles représenteraient 4 % du PIB mondial, soit environ 4 000 milliards de dollars d'investissements annuels.

Malheureusement, le coût de ces mesures et leur impact social et politique à court terme, ainsi que la concurrence internationale, freinent souvent les États et autres parties prenantes à agir aussi drastiquement. Le discours techno-optimiste participe également à ce désinvestissement, laissant croire qu'une panacée technologique viendra limiter le réchauffement climatique.

Si les investissements publics et privés pour le climat ont augmenté de 60 % entre 2014 et 2020, ils restent en deçà de ceux placés dans les énergies fossiles et bien inférieurs aux moyens nécessaires à la transition. En France, malgré une augmentation constante sur les dix dernières années, ils ne représentent que 38 milliards d'euros en 2022, soit 1,6 % du PIB français. Par ailleurs, ils restent majoritairement axés sur l'atténuation (les actions pour limiter les émissions de GES), et non sur l'adaptation aux changements climatiques (qui vise à réduire la vulnérabilité aux conséquences de ces changements).

La lutte contre la crise climatique pose également la question de la responsabilité des changements. Les 20 pays les plus avancés industriellement émettent 80 % des GES. Pourtant, les États les plus vulnérables aux changements climatiques sont parmi les plus pauvres, comme le Bangladesh ou Haïti. Face à cette injustice, les États les plus riches ont décidé lors de la COP15, en 2009, de soutenir, à partir de 2020 et à hauteur de 100 milliards de dollars par an, les pays en développement dans la lutte contre les changements climatiques. Malgré une augmentation des efforts, cet objectif ne devrait être atteint qu'en 2023, sans compter que 71 % de ces fonds sont des prêts.

Si les États jouent un rôle clé dans la transition vers une économie décarbonée, les investisseurs privés en sont des acteurs majeurs (70 % des émissions de GES seraient émises par 100 entreprises). Afin d'attirer les actifs financiers vers des projets plus durables, le président E. Macron a invité au One Planet Summit de nombreux acteurs privés, pour les encourager à y contribuer à la mesure de l'urgence climatique. En est notamment née la *Task Force on Climate-Related Financial Disclosure*, regroupant 424 entreprises et organisations, qui permet de rendre plus transparents a priori l'impact des investissements sur les changements climatiques et celui de ces derniers sur la rentabilité des investissements. En effet, les changements climatiques et leurs conséquences économiques représentent pour les acteurs du secteur privé une variable de plus en plus importante dans le choix des investissements réalisés.

« Le coût de l'action est moins important que celui de l'inaction »

Si les projections divergent au sujet de l'impact de la lutte contre les changements climatiques sur la croissance économique, un consensus semble émerger autour de l'opportunité d'investir dans l'action climatique. Les dégâts dus à la crise climatique seraient au moins 4 à 5 fois plus importants que les investissements pour limiter le réchauffement aux ambitions de l'Accord de Paris. En outre, l'ONU évalue à 4 dollars le rendement de 1 dollar investi dans l'adaptation aux changements climatiques. Rendre plus résilientes les économies pourrait participer à la création de 65 millions d'emplois dans le monde d'ici à 2030 et contribuer à des économies considérables face à des catastrophes climatiques.

Un investissement rentable

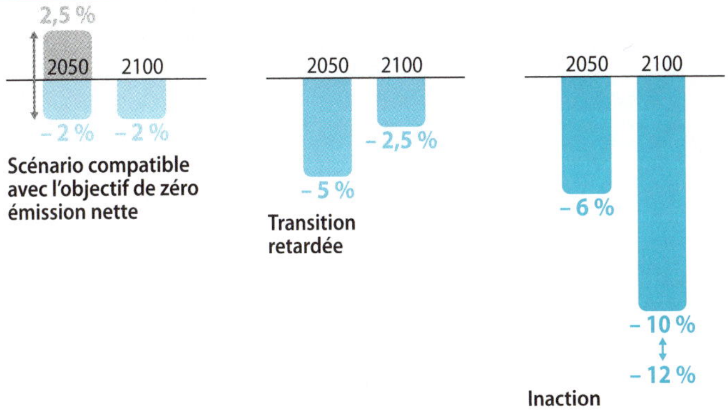

Impact sur le PIB de l'investissement dans l'action climatique

Source : Rapport AXA, 2021.

Au-delà des bénéfices économiques directs, les dépenses engagées dans la lutte contre la crise climatique ont un impact bien plus large. Elles assurent la sécurité alimentaire et la protection de millions de personnes menacées par la chute des rendements agricoles et la destruction de leurs écosystèmes. Elles permettent de réduire les coûts de santé dus à la pollution de l'air, représentant actuellement entre 68 et 97 milliards d'euros par an en France, de protéger la biodiversité (68 % des populations de vertébrés ont disparu depuis les années 1970), ou encore d'éviter des crises sociopolitiques. Une méta-analyse chinoise montrait récemment une corrélation entre des phénomènes climatiques tels que l'augmentation des températures moyennes et la probabilité de conflits – de quoi faire réfléchir certains dirigeants.

Mise en perspective

Alors que 10 % de la population contribue à 50 % des émissions de GES et que 50 % en produit moins de 10 %, il semble légitime d'interroger le type de politiques mises en œuvre pour lutter contre la crise climatique. Doivent-elles être ciblées ou universelles ? En 2018, l'annonce de l'augmentation de la taxe carbone avait déclenché en France la crise des Gilets jaunes, les manifestants soulignant les répercussions économiques de cette taxe sur les ménages les plus modestes. Selon une mesure plus ciblée, le député J. Bayou proposait récemment de « *bannir les jets privés* », 5 à 14 fois plus polluants que les vols commerciaux, une mesure radicale pour certains mais symbolique pour d'autres, qui questionne à l'heure de « *la fin de l'abondance* » où des économies d'énergie sont demandées à une majorité de la population.

ZOOM SUR... Elon Musk. Un héros américain ?

par Benoît Quennedey

En janvier 2021, grâce à l'envolée du cours de ses actions Tesla et SpaceX, l'Américain Elon Musk est devenu l'homme le plus riche du monde, détrônant Jeff Bezos, fondateur d'Amazon. Entrepreneur symbole de l'ère des nouvelles technologies, Elon Musk nourrit aussi l'ambition que l'homme puisse coloniser Mars, se posant en émule des super-héros américains qui ont nourri son imaginaire d'enfant et d'adolescent.

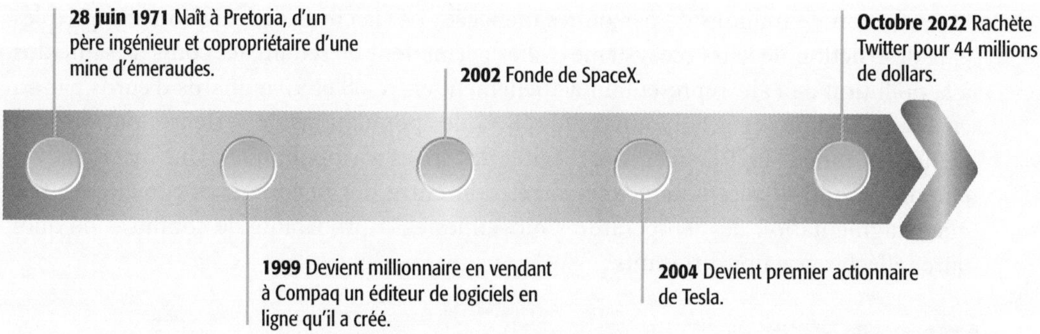

▸ Un symbole du self-made-man américain

Elon Musk est issu d'une riche famille sud-africaine de l'apartheid. Étudiant puis diplômé en physique au Canada et aux États-Unis, E. Musk doit travailler pour financer ses études. Au moment du boom d'Internet, il arrête son doctorat pour créer des sociétés informatiques, dont la revente assure sa fortune : un éditeur de logiciels en ligne (cédé en 1999), puis une banque en ligne (devenue Paypal) revendue à Ebay pour 1,5 milliard de dollars en octobre 2002.

E. Musk crée alors la société SpaceX, concepteur et constructeur de lanceurs de fusées en partie réutilisables afin de réduire les coûts et, à terme, coloniser Mars. Les échecs des premiers vols des lanceurs Falcon 1 hypothèquent l'avenir de la société avant que les succès, à partir de septembre 2008, ne consacrent SpaceX comme un prestataire privilégié de la Station spatiale internationale.

En octobre 2008, E. Musk prend la direction du constructeur de véhicules électriques Tesla. Il présente en juillet 2012 le projet de train supersonique Hyperloop, plus sûr et plus rapide que l'avion. Féru d'énergies renouvelables, E. Musk propose en 2015 le système Powerwall de stockage d'énergie (sans émission de carbone) par des batteries lithium-ion. Enfin, il est le cofondateur d'OpenAI, une entreprise qui cherche à développer l'intelligence artificielle.

Les succès de SpaceX et de Tesla ont consacré E. Musk comme la première fortune mondiale en 2021, en faisant de l'entrepreneur américain un symbole de réussite jalonnée de prises de risques et d'échecs.

▸ Sauver l'humanité ? De l'engagement pour l'environnement à la conquête spatiale

E. Musk est un entrepreneur et non un ingénieur, même s'il s'entoure de scientifiques de haut niveau. C'est aussi un financier – la valorisation boursière de SpaceX et Tesla se fonde surtout sur leurs perspectives de croissance futures. Il s'appuie sur une stratégie de communication basée sur une narration convoquant un imaginaire nourri de science-fiction, malgré des perspectives atteignables seulement sur le long terme.

Par sa réussite et ses prises de position diverses, E. Musk s'est bâti une notoriété qui a forgé des images clivantes. Il entend façonner le futur de l'humanité : face au réchauffement climatique, il encourage l'essor des énergies renouvelables, tout en visant la colonisation humaine de l'espace pour faire face à l'épuisement des ressources naturelles sur Terre. La conciliation entre ses positions et l'impact de ses sociétés soulève cependant des controverses.

▸ Des prises de position controversées

E. Musk a été brièvement conseiller du président Donald Trump, provoquant l'hostilité des démocrates, avant de démissionner après l'annonce par les États-Unis du retrait des accords de Paris sur le climat. Ayant critiqué la suppression du compte de D. Trump sur Twitter, dont il est un utilisateur presque compulsif via son compte dépassant les 100 millions d'abonnés, il rachète le réseau social en octobre 2022 et annonce aussitôt le licenciement de 50 % des effectifs.

Ses projets sur l'intelligence artificielle sont critiqués comme tendant à un transhumanisme (entendu comme un courant de pensée qui, par la science, ambitionne d'améliorer la condition humaine et d'accélérer l'évolution de la vie intelligente) dont les préoccupations éthiques seraient absentes, faute notamment de publications scientifiques des travaux de ses sociétés. Dans ses entreprises, il décide seul, nourrissant des critiques sur un management non conforme à l'idéal libertarien dont il se revendique et qui consiste en un primat absolu accordé à l'individu en refusant l'État vu comme coercitif.

Devenu une icône de la culture populaire (il apparaît dans les comics Marvel ou encore la série *Les Simpsons*), Elon Musk illustre la démesure – par sa fortune, ses ambitions – tout en incarnant le rêve américain d'innovation et de conquête, alors que l'espace apparaît comme l'ultime nouvelle frontière de l'aventure humaine.

Les « Uber Files » : entre dangers du lobbying et modernisation économique

par Jérôme Calauzènes

Le 10 juillet 2022, une enquête menée par le Consortium international des journalistes d'investigation révèle la façon dont l'entreprise américaine Uber, alors dirigée par Travis Kalanick, a multiplié les opérations de lobbying pour s'implanter dans divers pays et faire changer la législation à son avantage. En France, E. Macron, alors ministre de l'Économie, est mis en cause. Dans quelle mesure l'affaire des « Uber Files » témoigne-t-elle des dangers du lobbying ?

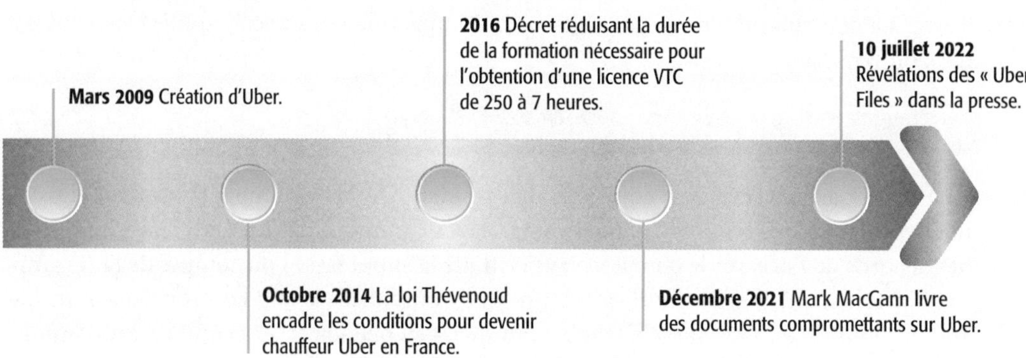

▸ Une opération de lobbying de grande ampleur et de nombreuses irrégularités

En décembre 2021, Mark MacGann, ancien responsable du lobbying d'Uber pour l'Europe de l'Ouest, l'Afrique et le Moyen-Orient, contacte les journalistes de *The Guardian*, sous couvert d'anonymat, pour leur livrer près de 124 000 documents (e-mails, fichiers Powerpoint, messages échangés par SMS ou Whatsapp) qui concernent une période allant de 2013 à 2017. Le lanceur d'alerte, dont l'identité est révélée le 11 juillet, a quitté la société de transport avec chauffeur (VTC) dans des conditions conflictuelles, en 2016. Ces dossiers sont ensuite analysés par le Consortium international des journalistes d'investigation et 42 autres médias.

Afin de « *conquérir le monde* », dans un contexte où l'Union européenne (UE) cherche à faire payer plus d'impôts aux géants du numérique, l'entreprise Uber a mis en place une stratégie d'influence très active dans près de 30 pays pour faire modifier la réglementation en sa faveur. Les « Uber Files » font ressortir une liste de 1 850 parties prenantes qu'il s'agissait d'approcher. Par exemple, ils démontrent qu'une ancienne commissaire européenne au numérique néerlandaise, Neeli Kroes, a discrètement travaillé comme lobbyiste au profit d'Uber dès 2015, alors qu'elle n'a quitté ses fonctions à la Commission européenne qu'en novembre 2014 et que les clauses éthiques lui imposaient d'attendre au moins dix-huit mois.

L'entreprise Uber est aussi accusée de ne pas payer assez d'impôts. Pour faire diversion, la société de VTC propose que les autorités fiscales de chaque pays collectent directement des taxes auprès des chauffeurs. De plus, Uber a toujours affirmé qu'elle n'était pas une société de transport, mais une plateforme numérique mettant en relation usagers et chauffeurs, ce qui lui a permis de ne pas verser de cotisations sociales et de ne pas être soumise à la TVA sur les trajets. Mieux, la société a mis en place une stratégie d'optimisation fiscale. Si le siège d'Uber est à San Francisco, c'est le centre financier, Uber BV, qui se trouve aux Pays-Bas, qui collecte l'argent des clients. Les sommes qui ne sont pas reversées aux chauffeurs sont alors en majorité transférées aux Bermudes, un paradis fiscal.

Uber dans le monde en 2015

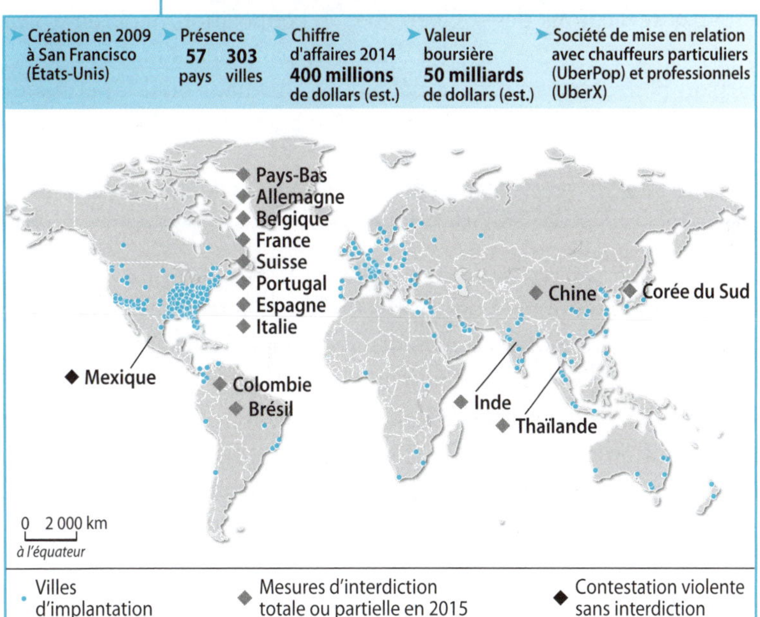

Source : AFP.

▸ Les conséquences politiques du lobbying d'Uber en France

La loi Thévenoud, votée en 2014, trois ans après l'arrivée d'Uber dans le pays, est venue encadrer plus sévèrement les conditions pour devenir chauffeur. Elle interdit aussi UberPop, qui permet à n'importe qui de devenir chauffeur occasionnel. L'exécutif français (gouvernement de Manuel Valls) semblait ainsi ne pas être très favorable à la société américaine, notamment face à la grogne des chauffeurs de taxi.

Mais l'entreprise a trouvé une oreille attentive auprès du nouveau ministre de l'Économie de l'époque, E. Macron. Plusieurs rencontres confidentielles, non inscrites à l'agenda, en témoignent, notamment celle avec Travis Kalanick, fondateur et alors patron d'Uber, en octobre 2014. Un « *deal* » serait alors passé, selon le journal *Le Monde* : le ministre acte l'interdiction d'UberPop mais s'engage, en contrepartie, à favoriser l'implantation d'Uber en France. Ainsi, en octobre 2015, le préfet de police de Marseille, Laurent Nuñez, prend un arrêté interdisant Uber dans une grande partie des Bouches-du-Rhône. Les « Uber Files » prouvent que M. MacGann, alors chargé du lobbying, joint E. Macron qui répond, par SMS, qu'il va « *regarder cela personnellement* ». Trois jours plus tard, l'interdiction disparaît au profit d'une menace de contrôles plus nombreux sur les chauffeurs. E. Macron œuvre aussi, au sein du gouvernement, en faveur d'un décret pris au début de l'année 2016, en vertu duquel la durée de la formation nécessaire pour l'obtention d'une licence VTC passe de 250 à 7 heures.

À la suite des révélations des « Uber Files », l'opposition parle de « *scandale* » et demande l'ouverture d'une commission d'enquête parlementaire. Le chef de l'État, lui, soutenu par son parti Renaissance, se défend en affirmant qu'il a permis de créer de nombreux emplois et de supprimer certains verrous administratifs et réglementaires.

▸ Une affaire qui soulève de nombreux questionnements

L'affaire des « Uber Files » soulève à nouveau le problème de l'évasion fiscale des grandes entreprises et notamment des géants du Net, d'autant que certains des GAFAM (dont Google, actionnaire d'Uber) semblent avoir coopéré avec l'entreprise de VTC afin qu'elle puisse atteindre ses objectifs d'implantation.

Cela pose aussi la question de la déréglementation et de l'« ubérisation » de l'économie. Uber crée peut-être des emplois, mais ils sont précaires. L'entreprise prélève 25 % sur les courses, et les charges (prêt pour le véhicule, essence, entretien, assurance…) sont importantes pour les chauffeurs, de sorte que ceux-ci travaillent généralement soixante à soixante-dix heures par semaine pour un salaire réel qui n'excède pas souvent 1 500 € par mois.

Les pratiques de certaines entreprises en situation de quasi-monopole sont aussi dénoncées. La chercheuse Jimena Valdez parle, à propos d'Uber, de stratégie de « *conformité litigieuse* » : Uber n'accepte les réglementations en vigueur que pour s'implanter et étendre ses services, se rendre indispensable. Ensuite, l'entreprise ne cesse de faire pression pour changer la loi dans le but de dégager plus de marges (même si elle n'est pas rentable partout).

Chiffre d'affaires et pertes d'exploitation d'Uber depuis 2016

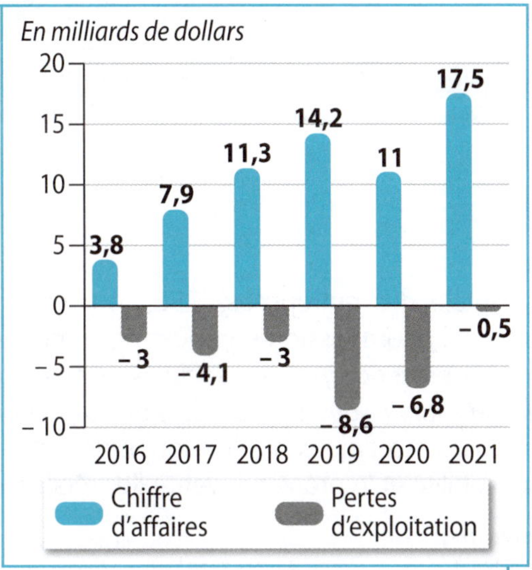

Source : Uber.

Mais ce sont surtout les dessous du lobbying et la transparence de la vie politique qu'il faut interroger. Sur un plan politique et démocratique, que certains individus ou entités puissent rencontrer en personne les responsables politiques pour faire valoir leurs préférences, alors que la plupart des citoyens ne le peuvent pas, est un vrai problème. Des propositions ont été faites pour mieux encadrer les activités de lobbying, mieux protéger les élus et les gouvernants contre les pressions.

De la même façon, au nom de l'efficacité, le philosophe Éric Sadin dénonce le passage de relais du politique au monde technico-économique. Il s'agirait alors d'encadrer le progrès technique pour éviter toute régression sociale.

Mise en perspective

L'optimisation fiscale de la part des géants du numérique, grâce à des montages financiers parfaitement légaux, fait perdre des sommes importantes aux États. Google a ainsi transféré 63 milliards d'euros dans un paradis fiscal. C'est le système du « double irlandais » : il s'agit de créer une structure annexe qui permet de transférer une partie des revenus réalisés dans un pays vers un paradis fiscal où le taux d'imposition est très faible, voire nul. Dans l'Union européenne, l'Irlande fait figure de paradis fiscal. Cette stratégie est interdite depuis 2020, mais elle démontre que les firmes transnationales sont très avance sur la législation des États et qu'elles sont capables d'inventer de nouveaux stratagèmes pour rester dans la légalité tout en payant le moins d'impôts possible.

ZOOM SUR… la RSE. L'impact positif des entreprises sur la société

par Jérôme Calauzènes

La responsabilité sociétale des entreprises (RSE), ou responsabilité sociale des entreprises, est définie par la Commission européenne comme « *l'intégration volontaire par les entreprises de préoccupations sociales et environnementales à leurs activités commerciales et leurs relations avec les parties prenantes* ». C'est donc la contribution des entreprises aux enjeux du développement durable. Les entreprises, dont l'objectif est la rentabilité et le profit, peuvent-elles réellement agir en ce sens ?

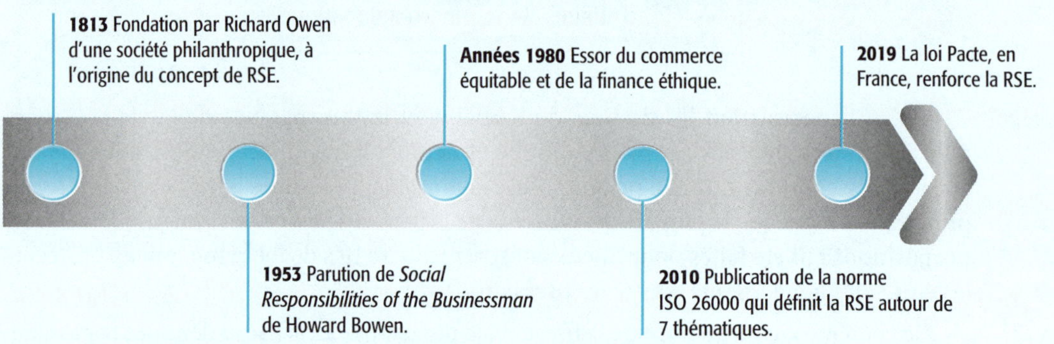

▸ Une théorisation tardive du concept de RSE

La RSE trouve ses origines dans le socialisme utopique du Britannique Robert Owen (1771-1858). Père du mouvement coopératif et du socialisme britannique, industriel du coton, il entreprit d'améliorer la vie de ses ouvriers par diverses mesures. Il contribua aussi à la création de l'école primaire en Angleterre. D'autres adeptes du paternalisme lui emboîtèrent le pas. L'industriel Samuel D. Warren (1817-1888) prônait ainsi dans ses entreprises un système d'échange-don entre le patron et le travailleur : la sécurité économique et la protection sociale sont assurées à l'employé en échange de la loyauté et du renoncement à toute forme de revendication (refus de la présence syndicale). L'industriel et philanthrope Andrew Carnegie (1835-1919), dans l'*Évangile de la richesse*, s'interroge quant à lui sur les responsabilités des riches hommes d'affaires, et affirme que tout surplus de richesse doit être consacré à l'intérêt public.

Le concept de RSE n'est pourtant théorisé que dans les années 1950-1960 : dans *Social Responsibilities of the Businessman* de Howard Bowen, en 1953, et dans *The Responsible*

Company de George Goyder, en 1961. Il a depuis fait l'objet d'une élaboration théorique chez plusieurs chercheurs anglophones et francophones et, dans les années 1960, les premiers cours lui sont consacrés dans les universités américaines.

▸ Une volonté de promouvoir et d'encadrer la RSE

Le concept de RSE prend forme à l'initiative d'organisations intergouvernementales et d'ONG. Il se traduit par des déclarations de principe, des recommandations, des normes volontaires, voire se trouve imposé à divers degrés dans certaines législations nationales ou européennes.

Dans les années 1980 se développent le commerce équitable, qui vise à donner une juste rémunération aux producteurs en contrepartie d'un prix plus élevé payé par le consommateur, et la finance éthique (ou investissement socialement responsable), qui encourage à investir dans les entreprises respectant de meilleures pratiques en matière sociétale et environnementale.

Des référentiels et autres codes de conduite des entreprises, certifications, normes ou labels sont mis en place. La norme ISO 26000 (2010) définit la RSE autour de 7 thématiques centrales : gouvernance de l'organisation, droits de l'homme, relations et conditions de travail, environnement, loyauté des pratiques, questions relatives aux consommateurs, communautés et développement local. Il existe même des agences de notation sociétale pour évaluer les entreprises.

En France, avec la loi Pacte (relative à la croissance et à la transformation des entreprises) en 2019, des dispositions sont entrées en vigueur pour renforcer la RSE : l'article 1833 du Code civil a été modifié afin que l'objet social de toutes les entreprises intègre la considération des enjeux sociaux et environnementaux de leur activité. Les entreprises qui souhaitent mettre en œuvre une démarche RSE peuvent être conseillées par les chambres de commerce et d'industrie.

▸ Les limites de la RSE

La RSE demeure avant tout un concept de *soft law* qui n'engage pas directement la responsabilité juridique de l'entreprise, personne morale, puisqu'elle repose sur une approche volontaire. De plus, beaucoup d'entreprises mettent en avant certaines actions estampillées « RSE » alors que, parallèlement, elles n'en respectent pas tous les principes. Ainsi, alors que McDonald's a toujours affirmé ses engagements sociaux et environnementaux, l'affaire McLibel, au Royaume-Uni, a pointé du doigt les mauvais traitements infligés aux travailleurs. En 2021, Emmanuel Faber a été évincé de la direction de Danone après avoir tenté de la rendre plus responsable (en affirmant son rôle dans la santé des individus). Après avoir subi les foudres des actionnaires, qui ont souligné la perte de profitabilité de l'entreprise, il a cependant proposé un plan de réduction conduisant à 2 000 suppressions d'emploi, ce qui a peu de lien avec la RSE. Le *greenwashing* relève de la même pratique marketing.

Certains aspects sont de plus oubliés par les définitions de la RSE, comme le civisme fiscal (alors que de très nombreuses multinationales pratiquent l'optimisation fiscale, voire des fraudes). De même, il est difficile de contrôler l'ensemble des pratiques d'une entreprise qui se dit engagée en RSE.

AUTRES FAITS

Samedi 1er janvier La monnaie unique européenne fête ses vingt ans. Le 1er janvier 2002 à minuit, les pièces et billets libellés en euros commençaient à circuler dans 12 pays européens. Vingt ans plus tard, l'euro est la monnaie officielle de 19 des 27 pays membres de l'UE.

Jeudi 10 mars E. Macron annonce vouloir repousser l'âge légal de départ à la retraite de 62 à 65 ans en cas de réélection.

Mardi 22 mars En Allemagne, la Gigafactory d'E. Musk, une usine de véhicules électriques du groupe Tesla, ouvre ses portes à Grünheide, près de Berlin.

Jeudi 24 mars La Commission et le Parlement européens adoptent une nouvelle législation afin de lutter contre les abus de position dominante des géants du numérique.

Mardi 5 avril Le président exécutif d'Arianespace, Stéphane Israël, annonce avoir signé le contrat le plus important de son histoire avec Amazon. Ce dernier a retenu la fusée Ariane pour mettre en orbite, d'ici à 2030, des milliers de satellites devant permettre la diffusion d'Internet à haut débit sur l'ensemble de la planète.

Mercredi 13 avril En France, la rémunération de Carlos Tavares, directeur général du groupe automobile Stellantis, qui devait atteindre 66 millions d'euros en 2021 (dont 19 millions d'euros en salaires fixes), suscite l'indignation.

Mardi 19 avril En France, l'entreprise Deliveroo et ses deux anciens dirigeants, Adrien Falcon et Hugues Decosse, sont condamnés par le tribunal de grande instance de Paris pour travail dissimulé de centaines de livreurs entre 2015 et 2017.

Mercredi 1er juin La Commission européenne et la Banque centrale européenne annoncent que la Croatie deviendra le 20e pays membre de la zone euro en 2023.

Vendredi 17 juin En Angleterre, la justice approuve l'extradition du fondateur de WikiLeaks, Julian Assange, vers les États-Unis où il sera jugé pour la diffusion, dès 2010, de plus de 700 000 documents relatifs aux activités militaires et diplomatiques américaines.

Vendredi 17 juin À Bruxelles, à l'occasion d'une séance du conseil de l'UE réunissant les ministres des Finances des pays membres, la Hongrie bloque l'adoption d'une mesure visant à taxer les bénéfices des grandes multinationales.

Jeudi 21 juillet En Europe, dans un contexte d'inflation galopante, la Banque centrale européenne annonce un relèvement de ses taux d'intérêt de 0,5 point – soit plus qu'attendu.

MARQUANTS 2022

Mardi 26 juillet En France, un rapport rédigé par l'Autorité de la concurrence juge défavorablement le projet de fusion entre TF1 et M6, pointant « *des problèmes de concurrence significatifs* ».

Mardi 26 juillet En Espagne, le gouvernement adopte une réforme facilitant le recours à l'immigration afin de compenser le manque de personnel dans plusieurs secteurs d'activité tels que le tourisme, l'agriculture, le bâtiment et l'hôtellerie.

Mardi 2 août En France, le Sénat vote pour la suppression de la redevance audiovisuelle. Le projet avait été voté par l'Assemblée nationale le 23 juillet.

Mardi 9 août En France, le groupe EDF annonce avoir déposé « *un recours contentieux auprès du Conseil d'État* » et réclame une indemnité de 8,34 milliards d'euros pour compenser les pertes causées par l'obligation de vendre de l'électricité nucléaire à bas prix à ses concurrents.

Samedi 20 août En Grèce, le Premier ministre, Kyriakos Mitsotakis, se félicite de la fin de la tutelle économique exercée par la Commission européenne depuis 12 ans.

Dimanche 21 août Au Royaume-Uni, les transports sont perturbés par d'importantes grèves qui touchent le rail mais également les ports. Ce mouvement de mécontentement, d'une ampleur inédite depuis la fin des années 1980, a touché d'autres corps de métiers au cours de l'été (salariés d'Amazon, infirmiers, postiers, avocats).

Vendredi 26 août En France, le journal *Le Canard enchaîné* est visé par une plainte pour abus de biens sociaux et recel d'abus de biens sociaux.

Mercredi 31 août Aux États-Unis, le réseau social Snapchat annonce la suppression de 1 200 postes, soit 20 % de ses effectifs. Cette décision témoigne des difficultés rencontrées par l'entreprise et plus généralement par le secteur de la tech.

Vendredi 2 septembre Le groupe sidérurgique mondial ArcelorMittal annonce l'arrêt pour une durée indéterminée de deux de ses hauts-fourneaux en Europe, situés en Allemagne et en Espagne, afin de faire face à la baisse de la demande et à la flambée des prix de l'énergie.

Vendredi 30 septembre En France, lors du procès en appel de France Télécom, la cour confirme le « *harcèlement moral* » et la condamnation à un an d'emprisonnement avec sursis des deux ex-dirigeants de l'entreprise, Didier Lombard et Louis-Pierre Wenès.

QCM

Pour chaque question, une seule réponse est correcte.

1 Quelle a été l'évolution du cours des matières premières (excepté le gaz) depuis 2020 ?

- a. Une chute en mars 2020, une hausse à partir de mai 2020, accentuée en mars 2022, puis une baisse à l'été 2022.
- b. Une baisse en mars 2020, accentuée en mai, puis une forte hausse en mars 2022, avant une baisse à l'été 2022.
- c. Une hausse en mars 2020, avant une baisse en mai 2021, accentuée en mars 2022, avant une légère hausse à l'été 2022.

2 Quel pays a joué un rôle majeur dans la reprise des exportations agricoles ukrainiennes et russes à l'été 2022 ?

- a. L'Arabie Saoudite.
- b. L'Inde.
- c. La Turquie.

3 Lequel de ces phénomènes n'est pas une conséquence constatée de l'augmentation du coût des matières premières ?

- a. Une augmentation du chômage.
- b. Une perte de pouvoir d'achat.
- c. Une croissance de la conflictualité.

4 À quel niveau se situait le taux d'inflation annuel à l'été 2022 dans l'Union européenne et aux États-Unis ?

- a. Autour de 3 %.
- b. Autour de 6 %.
- c. Autour de 9 %.

5 En quelle année le second choc pétrolier a-t-il eu lieu ?

- a. 1973.
- b. 1977.
- c. 1979.

6 Comment nomme-t-on la Banque centrale américaine ?

- a. La Fed.
- b. La BCE.
- c. La BCA.

7 Qui est avantagé en période d'inflation ?

- ❍ a. Les débiteurs.
- ❍ b. Les créanciers.
- ❍ c. Les classes populaires.

8 Quelle est la principale mesure qui a été prise pour enrayer l'inflation en 2022 ?

- ❍ a. Des plans de relance de l'économie.
- ❍ b. Des plans de soutien aux ménages les plus pauvres.
- ❍ c. L'augmentation des taux directeurs des banques centrales.

9 Selon le rapport *Les Métiers en 2030*, lequel de ces métiers ne sera plus sous tension en 2030 ?

- ❍ a. Serveur.
- ❍ b. Aide-soignant.
- ❍ c. Agent d'entretien.

10 Lequel de ces facteurs n'est pas déterminant des tensions sur le marché du travail français ?

- ❍ a. Le manque d'attractivité des emplois (conditions de travail, salaire...).
- ❍ b. L'inadéquation des compétences des candidats avec les profils recherchés.
- ❍ c. L'émigration de travailleurs français à l'étranger (travailleurs frontaliers, *brain drain*).

11 En 2022, quelle proportion des postes proposés aux concours de recrutement des enseignants a été pourvue en France ?

- ❍ a. 77 %.
- ❍ b. 83 %.
- ❍ c. 94 %.

12 Combien d'emplois étaient vacants en France au 1er trimestre 2022 ?

- ❍ a. Environ 250 000.
- ❍ b. Environ 350 000.
- ❍ c. Environ 450 000.

13 Quel homme politique a lancé le premier grand plan national en faveur du nucléaire civil en 1974 ?

- ❍ a. Le général de Gaulle.
- ❍ b. Le Premier ministre Pierre Messmer.
- ❍ c. Le président Georges Pompidou.

14 Pourquoi le prix de l'électricité est-il en France parmi les plus bas d'Europe ?

- ❍ a. Parce que l'électricité est subventionnée à 100 % par l'État.
- ❍ b. Parce que les Français consomment très peu d'électricité.
- ❍ c. Parce que l'offre produite par la filière nucléaire a, jusqu'à récemment, largement dépassé la demande intérieure.

15 **Pourquoi l'énergie nucléaire est-elle considérée comme verte en France ?**

- ○ **a.** Parce que le nucléaire ne cause pas d'émissions de CO_2.
- ○ **b.** Parce que les déchets nucléaires radioactifs sont recyclables.
- ○ **c.** Parce que le risque de catastrophe nucléaire est nul.

16 **Dans quel état est le parc nucléaire français aujourd'hui ?**

- ○ **a.** En très bon état, c'est le premier parc nucléaire au monde.
- ○ **b.** En très mauvais état, la filière est en faillite.
- ○ **c.** Dans un état préoccupant, avec la moitié des réacteurs arrêtés en 2022 .

17 **Qu'est-ce que le Trans-Pacific Partnership ?**

- ○ **a.** Le projet d'accord de libre-échange préfigurant le RCEP.
- ○ **b.** Un projet d'accord de libre-échange incluant les États-Unis.
- ○ **c.** Une institution multilatérale portée par la Chine.

18 **Quel État s'est retiré des négociations du RCEP en 2018 ?**

- ○ **a.** L'Inde.
- ○ **b.** Singapour.
- ○ **c.** Le Japon.

19 **Sous quel nom sont connues les négociations du RCEP ?**

- ○ **a.** « Dialogue ASEAN+6 ».
- ○ **b.** « CPTPP ».
- ○ **c.** « TPP ».

20 **Combien d'États sont signataires du RCEP ?**

- ○ **a.** 10.
- ○ **b.** 15.
- ○ **c.** 31.

21 **À l'échelle mondiale, à combien s'élève le coût estimé des catastrophes naturelles entre 1998 et 2017 ?**

- ○ **a.** Environ 2 500 milliards d'euros.
- ○ **b.** Environ 250 milliards d'euros.
- ○ **c.** Environ 25 milliards d'euros.

22 **Quelle proportion du PIB mondial annuel représenterait le coût de la transition vers une économie bas carbone ?**

- ○ **a.** Entre 0,5 et 2 %.
- ○ **b.** Entre 1 et 4 %.
- ○ **c.** Entre 4 et 7 %.

23 Lequel de ces axes n'est pas central dans la lutte contre la crise climatique ?

- a. Les pertes et préjudices.
- b. L'atténuation.
- c. L'adaptation.

24 Dans quelle proportion les dégâts dus à la crise climatique seraient-ils plus importants que les investissements pour limiter le réchauffement aux ambitions de l'accord de Paris ?

- a. Au moins 2 à 3 fois.
- b. Au moins 4 à 5 fois.
- c. Au moins 10 à 15 fois.

25 Quelle est la nationalité d'origine d'Elon Musk ?

- a. Américaine.
- b. Canadienne.
- c. Sud-africaine.

26 Laquelle de ces sociétés n'est pas dirigée par Elon Musk ?

- a. Compaq.
- b. Hyperloop.
- c. Tesla.

27 Dans quelle série Elon Musk est-il apparu ?

- a. *James Bond*.
- b. *Les Simpsons*.
- c. *Star Wars*.

28 Laquelle de ces politiques publiques n'apparaît pas comme une préoccupation d'Elon Musk ?

- a. Le droit du travail.
- b. La liberté d'expression.
- c. La lutte contre le réchauffement climatique.

29 Qui est le fondateur d'Uber ?

- a. Travis Kalanick.
- b. Dara Khosrowshahi.
- c. Elon Musk.

30 Quel est le pourcentage prélevé par Uber sur les courses effectuées par les chauffeurs ?

- a. 15 %.
- b. 20 %.
- c. 25 %.

31 **L'interdiction de laquelle de ses sociétés Uber a-t-elle tenté de contester en France ?**
- ○ a. Ubereats.
- ○ b. UberPop.
- ○ c. Ubergreen.

32 **Quel est le nom du lanceur d'alerte qui a révélé l'affaire des « Uber files » ?**
- ○ a. Travis Kalanick.
- ○ b. Mark MacGann.
- ○ c. Éric Sadin.

33 **Quel père du socialisme britannique est à l'origine des premières pratiques de RSE ?**
- ○ a. Robert Owen.
- ○ b. Howard Bowen.
- ○ c. George Goyder.

34 **Dans quelle affaire la démarche RSE de McDonald's a-t-elle été remise en cause ?**
- ○ a. McLiner.
- ○ b. McLiber.
- ○ c. McLiter.

35 **Quelle norme RSE a été édictée en 2010 ?**
- ○ a. ISO 24000.
- ○ b. ISO 25000.
- ○ c. ISO 26000.

36 **Quelle pratique ne fait pas partie de la RSE ?**
- ○ a. Le *greenwashing*.
- ○ b. Le commerce équitable.
- ○ c. La finance durable.

Corrigé

1a, 2c, 3a, 4c, 5c, 6a, 7a, 8c, 9a, 10c, 11b, 12b, 13b, 14c, 15a, 16c, 17b, 18a, 19a, 20b, 21a, 22b, 23a, 24b, 25c, 26a, 27b, 28a, 29a, 30c, 31b, 32b, 33a, 34b, 35c, 36a.

SOCIÉTÉ

Le scandale des EHPAD : comment gère-t-on la dépendance en France ?

par Valérie Morin

Le scandale qui touche les EHPAD depuis les révélations du livre de Victor Castanet sur le groupe Orpea met l'accent sur la dérive inhumaine d'une entreprise appliquant des critères de performance exclusivement financiers à la gestion humaine de personnes vulnérables. Ce scandale n'est-il pas un révélateur de l'incapacité de la société française à prendre soin de ses anciens et de ceux qui s'en occupent ?

- **Octobre 2014** Rapport du directeur de l'agence régionale de santé (ARS) d'Île-de-France sur les exactions financières du groupe Korian.
- **Janvier 2022** Parution du livre de Victor Castanet *Les Fossoyeurs* (Fayard).
- **1er mars 2022** Diffusion d'une enquête de *Cash Investigation* sur les EHPAD des groupes Korian et DomusVi.
- **26 mars 2022** Plainte de l'État contre Orpea pour maltraitance institutionnelle et détournement de fonds publics.
- **Avril 2022** Dépôt de 80 plaintes de particuliers contre Orpea.
- **Mai 2022** Scandale des rémunérations de cadres d'Orpea par une filiale suisse.

▸ Le scandale des EHPAD : le groupe Orpea dans la tourmente

Le 24 janvier 2022, le journal *Le Monde* publie les bonnes feuilles du livre *Les Fossoyeurs* de Victor Castanet (Fayard). L'auteur y dénonce de graves défaillances dans les établissements privés du groupe Orpea, qui conduisent à de la maltraitance des résidents. L'enquête a demandé trois ans de travail et s'appuie sur 250 entretiens. Orpea y est décrit comme un groupe préoccupé avant tout par ses bénéfices, au détriment de la qualité des prestations et des soins, mais aussi des conditions de travail des salariés. Les repas des résidents y sont, par exemple, « *rationnés* » pour améliorer la rentabilité de l'entreprise, et ce alors que les séjours sont facturés au prix fort, de 2 500 à 6 000 euros par mois. Les EHPAD privés bénéficient pourtant d'importants financements publics.

Le personnel soignant est lui aussi victime de ce système. « [Il] *est obligé d'être maltraitant car il fait face à un système violent de réduction des coûts mis en place par Orpea* », explique l'auteur. Un infirmier dénonce « *des savons premier prix qui "irritaient la peau des personnes âgées", les protections hygiéniques "trop grandes" qu'il fallait faire durer le plus longtemps possible* », ou encore le coucher brutal des pensionnaires, qu'il qualifie dans certains cas de « *catapultage* ». Les pratiques de management sont dénoncées : sous-effectif chronique, méthodes musclées des directeurs, licenciements arbitraires, discrimination syndicale… alors que les maigres salaires des soignants sont pris en charge par l'État.

Autre scandale : la question des rétrocommissions. « *Orpea demande à ses fournisseurs de gonfler les prix de certains produits ou matériels médicaux, qui lui reversent des remises de fin d'année* », affirme V. Castanet. En parallèle, l'émission Cash Investigation du 1er mars 2022 dénonce des pratiques similaires du groupe Korian qui oblige les directeurs des EHPAD à gérer les dépenses au centime près : « *Le CRJ est le budget alloué pour un résident, soit son "coût de revient journalier". Il comprend le petit déjeuner, le déjeuner, le goûter, le repas et la collation du soir, ainsi que les boissons. Il est de 4,35 euros* », explique un ex-directeur d'EHPAD de 2014 à 2017.

▸ La chute d'un géant mondial

Le groupe Orpea est fondé en 1989 par le docteur Jean-Claude Marian, 226e fortune de France en 2017. Le cours de son action a été multiplié par 10 depuis son introduction en Bourse en 2002. Le groupe est leader mondial des EHPAD privés et possède 50 % de son parc immobilier, évalué à plus de 4 milliards d'euros. Il est présent dans 23 pays et gère plus d'un millier d'établissements dans le monde, 354 en France.

Le groupe Orpea en chiffres (2021)

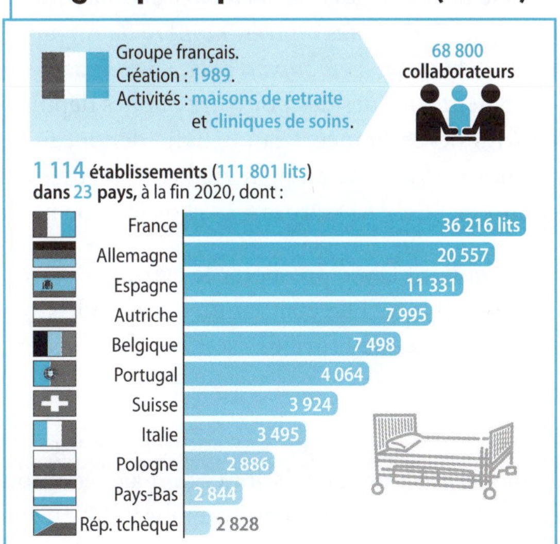

Source : Orpea.

À la suite de la parution des *Fossoyeurs*, le gouvernement français commande deux enquêtes à l'inspection générale des Finances et à l'inspection générale des Affaires sociales. Le rapport remis en mars met à jour les exactions dénoncées par V. Castanet : « *Le groupe Orpea poursuit en priorité un objectif de performance budgétaire qui contribue à la mauvaise qualité de vie des résidents et des soins qui leur sont prodigués.* » Il est soupçonné d'avoir augmenté son bénéfice en embauchant moins de personnel que le lui permettaient les dotations publiques, et en gardant les fonds non dépensés. Sur la période 2017-2020, Orpea a ainsi dégagé 20 millions d'euros d'excédent sur les dotations versées par l'État.

L'État dépose donc plainte contre Orpea pour maltraitance institutionnelle et détournement de fonds publics. Des perquisitions sont effectuées au siège social du groupe à Puteaux. La Caisse nationale de la solidarité pour l'autonomie (CNSA) a mis en demeure Orpea, le 29 juillet, de rembourser 55,8 millions d'euros à l'État. Mais s'il nie en bloc les accusations, le groupe a limogé son directeur général, Yves Le Masne, dès le 30 janvier. Il a été remplacé par Philippe Charrier, puis par Laurent Guillot. Il espère un choc de management pour rassurer les investisseurs ; le groupe privé a en effet vu son bénéfice annuel chuter de près de 60 % entre janvier et mai 2022. Il ne versera pas de dividendes au titre de l'exercice 2021. Au premier trimestre 2022, le chiffre d'affaires a cependant progressé de 9 %, à 1,12 milliard d'euros, notamment grâce aux bénéfices réalisés à l'étranger.

▸ Quelles leçons tirer de ce scandale ?

En juin 2022, la présidente de la Fédération nationale des associations de personnes âgées, dénonçait : « *Les politiques font mine de découvrir la situation catastrophique des EHPAD privés en France. Quelle hypocrisie ! Ce sont eux qui en ont créé les conditions. Nous les alertons depuis le début : le secteur médico-social ne peut être considéré comme une activité marchande. [...] Depuis des années, nombre de rapports montrent les dégradations des structures [...]. Aucun n'a été suivi d'effet.* » Les exactions des grands groupes privés, Korian, Orpea, étaient connues des pouvoirs publics depuis plusieurs années. En 2014, le directeur de l'ARS Île-de-France, Claude Évin, dénonçait les détournements de fonds du groupe Korian. En 2018, une enquête de l'ARS mettait au jour des risques de maltraitance des résidents de l'EHPAD Orpea « Les bords de Seine » à Neuilly-sur-Seine.

Les pouvoirs publics, qui ont laissé prospérer les groupes privés à partir des années 1990, ont négligé leur surveillance. Elle était confiée à la seule Cour des comptes et ne portait que sur les sommes versées au titre des soins et de la dépendance des résidents, soit 30 % des dépenses.

Parallèlement, toutes les réformes visant à prendre en charge la dépendance ont été abandonnées par l'État. Dernière en date, la loi Grand âge et autonomie, promesse du candidat Macron en 2017, a été enterrée en septembre 2021. Seule a été instaurée la 5e branche de la Sécurité sociale couvrant la dépendance et financée par 31,2 milliards d'euros par an. Car la France est confrontée à un véritable défi démographique : en 2060, le nombre de personnes en perte d'autonomie sera de 2,45 millions contre 1,6 en 2030. Le niveau de dépendance augmente, ce qui rend plus difficile une prise en charge familiale. Aujourd'hui, 42 % des résidents d'EHPAD sont atteints, par exemple, de maladies neurodégénératives.

Les chiffres du grand âge et de l'autonomie

Démographie

4,8 millions de personnes de 85 ans et plus en 2050.

× 3,2 augmentation du nombre de personnes de 85 ans et plus entre 2017 et 2050.

Perte d'autonomie

2,2 millions de personnes en perte d'autonomie en 2050, contre 1,3 million en 2017.

40 % des personnes qui décèdent en France ont connu la perte d'autonomie.

Métiers du grand âge

830 000 équivalents temps plein employés auprès de personnes âgées en perte d'autonomie.

63 % des EHPAD déclarent avoir au moins un poste non pourvu depuis 6 mois ou plus.

Accompagnement en EHPAD

21 % des personnes de plus de 85 ans vivent en établissement.

7 573 EHPAD accueillent chaque année 608 000 résidents.

50 % des places en EHPAD dans le secteur public, 28 % dans le secteur privé non lucratif, 22 % dans le secteur privé lucratif.

Source : rapport sur la concertation « Grand âge et autonomie », ministère des Solidarités et de la Santé (mars 2019).

Mise en perspective

La France n'est pas la seule touchée par le problème du vieillissement de sa population. Selon les statistiques de l'édition 2019 du rapport *Perspectives de la population mondiale,* une personne sur six dans le monde aura plus de 65 ans (16 %) d'ici à 2050, contre une sur onze en 2019 (9 %). Le nombre de personnes âgées de 80 ans ou plus devrait tripler, passant de 143 millions en 2019 à 426 millions en 2050. La question de la dépendance est donc au cœur de toutes les politiques publiques. Le groupe Orpea l'a bien compris, qui a ouvert son premier établissement en Chine, à Nankin, en 2016. Du fait des conséquences de la politique de l'enfant unique, la Chine est un pays confronté à un vieillissement important de sa population. La part des plus de 65 ans devrait passer de 10 % en 2016 à 25 % en 2050. Une aubaine pour les groupes privés !

ZOOM SUR… le vieillissement de la population. Un « péril gris » ?

par Jérôme Calauzenes

Alors que, le 15 novembre 2022, le seuil des 8 milliards de personnes sur terre a été franchi, l'Organisation des Nations unies (ONU) a publié de nouvelles projections démographiques, notamment sur le vieillissement de la population. Les personnes de plus de 65 ans représenteront 16 % de la population en 2050 et 24 % en 2100, contre 10 % en 2022. Dans quelle mesure le vieillissement généralisé de la population constitue-t-il un « péril gris » ?

▸ Des projections alarmantes, surtout dans les pays riches

Selon les projections de l'ONU, publiées en juillet 2022, en 2050, les seniors de plus de 65 ans seront deux fois plus nombreux que les enfants de moins de 5 ans et aussi nombreux que ceux de moins de 12 ans. Le nombre de personnes âgées de plus de 80 ans triplera presque, passant de 157 millions en 2022 à 459 millions en 2050.

Les pays riches sont particulièrement touchés. Au Japon, pays considéré comme le plus vieux du monde, la part des plus de 65 ans atteint déjà 30 % de la population. En France, ce taux est à 21,6 % contre 22,4 % en Allemagne et 24 % en Italie. En Chine, la part des personnes de plus de 65 ans devrait représenter 30 % dans le pays en 2050, puis 40 % à la fin du siècle, contre 14 % aujourd'hui.

Plusieurs facteurs expliquent ce vieillissement et la proportion croissante des séniors dans la population : l'augmentation de l'espérance de vie, la chute de la fécondité au niveau mondial et le vieillissement des baby-boomers.

▸ Les dangers du vieillissement de la population

Le vieillissement de la population pose d'abord un problème de main-d'œuvre. En Allemagne, d'ici à 2040, 20 millions de personnes partiront à la retraite et seulement 14 millions de jeunes prendront le relais sur le marché du travail. Le pays a ainsi adopté en 2018 une loi pour faciliter l'immigration de travailleurs qualifiés. Au Japon, les gouvernements successifs ont tenté de remédier à la baisse de la population active en ouvrant le pays à quelques travailleurs étrangers ou en promouvant le travail des femmes et des personnes âgées.

Les dépenses de santé vont également augmenter, entraînant un déficit des systèmes de protection sociale. En France, ces dépenses ont augmenté de 25 à 31 % du PIB entre 1979 et 2019 alors que, dans le même temps, la part des plus de 60 ans a progressé de 17 à 26 %, même s'il faut noter que le vieillissement de la population n'en est pas la seule cause. Aussi, le ratio inactifs/actifs augmente, fragilisant les systèmes de retraite par répartition, dans lesquels les actifs cotisent pour payer les pensions des plus âgés.

Dans les pays émergents, le vieillissement de la population va peser sur les familles (puisque les systèmes de retraite n'y sont qu'embryonnaires). La croissance économique en sera affectée tandis que l'ensemble de l'économie, souvent fondée sur une main-d'œuvre abondante, jeune et bon marché, sera remis en cause.

Enfin, c'est la place des retraités, parfois victimes d'âgisme (discrimination en fonction de l'âge), dans la société qui doit être interrogée. Cela se vérifie d'autant plus que, comme certains séniors sont contraints de travailler, ils entrent en concurrence avec les travailleurs plus jeunes. Ailleurs, c'est le problème de l'isolement et de la pauvreté des personnes âgées qui est posé : en Corée du Sud, 45 % des retraités vivent sous le seuil de pauvreté contre 13,5 % en moyenne dans les pays de l'OCDE

▸ Le vieillissement de la population : une aubaine ?

Au-delà du « péril gris », expression largement controversée, il existe aussi la « *silver economy* », ou économie des seniors, ces derniers représentant un marché de consommation qui profite à certains secteurs : santé (soins à domicile), sécurité et autonomie (téléassistance), habitat (adaptation des logements), services (à la personne, aides ménagères), loisirs (tourisme), communication et transports (aide à la mobilité). Ainsi, le secteur des EHPAD privés a été dopé par le « papy-boom ».

Au Japon, le marché des robots est en pleine croissance, en lien avec le vieillissement. Il devrait être multiplié par 10 d'ici à 2035 pour atteindre 75 milliards d'euros. La robotique servira non seulement à pallier le manque de main-d'œuvre (automatiser l'agriculture, les chantiers de construction) et à offrir des services aux personnes âgées (robots de compagnie), mais aussi à développer des organes cybernétiques pour restaurer les fonctions corporelles affectées par le vieillissement.

Le vieillissement de la population est aussi souvent associé à une consommation réduite de produits à fortes intensité énergétique et émission de CO_2.

L'hôpital public confronté à une crise structurelle

par Benoît Quennedey

Si la lutte contre la pandémie de Covid-19 a conduit à louer l'effort réalisé par les personnels de santé, elle a aussi mis en évidence la persistance d'une crise de l'hôpital public. Quelle est la portée des réformes successives pour endiguer les départs de personnel dans un contexte d'économies budgétaires et de financements jugés insuffisants ?

24 avril 1996 Création de l'ONDAM, fixé chaque année par la LFSS.

Novembre 2002 Annonce du plan « Hôpital 2007 », mettant en place la tarification à l'activité (T2A).

Février 2007 Annonce du plan « Hôpital 2012 », accompagnant les restructurations hospitalières.

14 novembre 2019 Annonce du plan d'urgence (« Ségur ») de la santé.

1er juillet 2022 Adoption de mesures d'urgence pour l'hôpital.

La triple crise structurelle de l'hôpital public : les moyens, le personnel et le sens

La crise de l'hôpital public est d'abord celle de ses ressources, tant humaines que matérielles. La détermination du montant de l'objectif national de dépenses d'assurance (ONDAM) a ainsi conduit à limiter la progression des dépenses par rapport à leur évolution spontanée : en 2018, l'ONDAM a été fixé à +2 %, alors que, sans mesures de restriction, le budget des hôpitaux aurait augmenté de 4 %. Les économies correspondantes ont été comprises entre 1 et 1,5 milliard d'euros par an entre 2016 et 2020. Après une croissance exceptionnelle du fait des dépenses liées à la Covid entre 2020 et 2022, le budget des hôpitaux devrait croître de 2,3 % à 2,4 % par an, soit un rythme comparable à celui observé avant la crise sanitaire – alors que la pandémie avait ouvert la perspective d'une nouvelle priorité accordée à la santé publique.

Par ailleurs, environ 80 000 lits ont été fermés dans les hôpitaux publics entre 2000 et 2020 (soit 25 % du nombre total de lits), ce qui traduit notamment un recours accru à la médecine de ville. Toutefois, les lits en réanimation et en soins intensifs tendent à augmenter. Pendant la crise liée à la Covid, le gouvernement avait annoncé la création de 4 000 lits, suivant la demande, pour faire face à l'afflux de patients. En pratique, et selon les données disponibles en 2022, les fermetures de lits se sont pourtant poursuivies en 2020, les pénuries de personnel se traduisant par la fermeture de 20 % des lits en octobre 2021 selon le conseil scientifique Covid-19.

En France, les effectifs du personnel hospitalier, après avoir fortement augmenté entre 2000 et 2010, ont baissé entre 2010 et 2018, ces évolutions étant inverses à celles enregistrées en Allemagne, par exemple.

Évolution du nombre de personnes travaillant dans les hôpitaux en France et en Allemagne depuis 2000

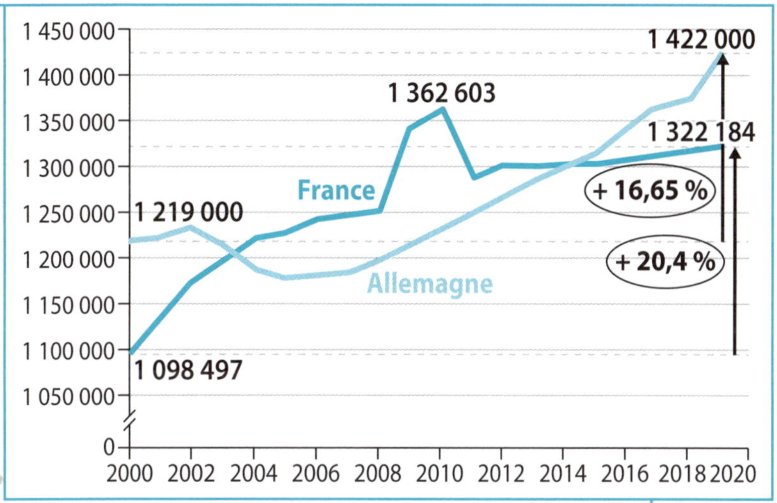

Source : Sénat, OCDE.

Le personnel hospitalier dénonce des conditions de travail très pénibles, du fait notamment des permanences et des heures de nuit et de week-end et de rythmes particulièrement intenses, entraînant un épuisement et un nombre élevé d'arrêts maladie. Dans ce contexte, le niveau des salaires n'est pas suffisamment attractif : en 2018, les rémunérations étaient inférieures au salaire moyen (soit 1 940 euros nets) pour les aides-soignants (qui percevaient en moyenne 1 805 euros net), et un peu supérieures pour les infirmiers (dont la rémunération atteignait 2 339 euros net). La diminution des effectifs moyens de l'hôpital public depuis 2015 porte sur les emplois autres que ceux de médecins. À l'automne 2021, d'après le gouvernement, 1 300 élèves infirmiers avaient démissionné après leur premier stage à l'hôpital, pendant la pandémie.

La crise du personnel des hôpitaux, antérieure, traduit aussi une crise du sens que ces derniers donnent à leur métier, les tâches administratives et une logique comptable prenant le pas sur la mission de soigner. Les revendications portent tant sur la capacité à mieux exercer leur profession que sur une hausse des rémunérations, traduisant une demande de reconnaissance insatisfaite après la crise liée à la pandémie, pendant laquelle les personnels médicaux ont été très fortement sollicités et exposés. Ils expriment également la crainte que les hôpitaux privés soient privilégiés par les patients par rapport aux établissements publics souffrant d'un manque d'investissements.

Rémunération des infirmiers à l'hôpital par rapport au salaire moyen (en 2019, ou année la plus proche)

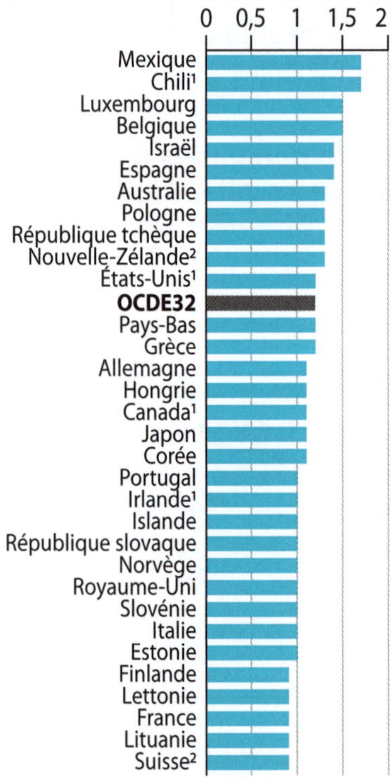

1. Les données se rapportent uniquement au personnel infirmier de niveau supérieur au Canada, au Chili, aux États-Unis et en Irlande (d'où une surestimation). 2. Les données pour la Nouvelle-Zélande et la Suisse incluent le personnel infirmier de niveau intermédiaire, qui a des qualifications et des revenus inférieurs.

Source : OCDE.

▸ Les mesures du « Ségur de la santé » insuffisantes pour enrayer la crise de l'hôpital public

Annoncé le 14 novembre 2019 par Emmanuel Macron depuis Épernay et finalisé en juillet 2020, le plan d'urgence pour l'hôpital (ou « Ségur de la santé », du nom de l'avenue où est installé le ministère) a conduit à programmer 19 milliards d'investissement sur cinq ans, à revaloriser (à compter d'avril 2022) de 183 euros net par mois la rémunération des personnels sociaux et médico-sociaux des hôpitaux publics et à prévoir le recrutement de 15 000 soignants (7 500 sur des postes vacants et 7 500 par création de postes). Par ailleurs, fin 2021, une prime de 100 euros a été décidée pour les infirmiers des services de soins critiques.

Ces efforts ont toutefois été jugés insuffisants : dès janvier 2020, plusieurs centaines de chefs de service ont démissionné de leurs fonctions en refusant de participer aux négociations à venir du Ségur de la santé. Fin 2021, la Fédération hospitalière de France (FHF) chiffrait le déficit d'aides-soignants et d'infirmiers à 25 000 postes – le syndicat des infirmiers avançant, pour sa part, le chiffre de 60 000 postes.

Parallèlement, le *numerus clausus*, qui tendait à limiter le nombre d'étudiants accédant à la deuxième année d'études de médecine, a été supprimé en 2021.

D'autres pistes envisagées, notamment pour faire face à la crise des urgences

Les demandes des hôpitaux et des personnels se fondent sur une augmentation plus substantielle des moyens.

Afin de mieux orienter vers les urgences les patients ayant réellement besoin d'y recourir, le rapport de l'urgentiste François Braun, ensuite devenu ministre de la Santé et de la Prévention, remis le 30 juin, a formulé des propositions dont plusieurs ont été immédiatement suivies d'effet – notamment la gestion du numéro d'urgence (le 15), afin de permettre la prise en charge la plus adaptée aux besoins.

L'instauration de la tarification à l'activité, consistant à fixer des tarifs pour des groupes homogènes de patients, a historiquement permis de mieux adapter le budget des hôpitaux en fonction du nombre d'actes pratiqués. Sa part dans le financement a augmenté jusqu'à représenter près des deux tiers des ressources des hôpitaux.

Mais elle a introduit des critères de rentabilité fondés sur la recherche d'une hausse de l'activité déconnectée des besoins de la population, tandis que les tarifs sont établis de manière à respecter l'ONDAM, et non en fonction des besoins des patients. Devenu ministre de la Santé et de la Prévention, François Braun a convenu du caractère insuffisant de la T2A pour définir les moyens des hôpitaux, et son évolution est à l'ordre du jour, sans que les modalités exactes – ni même les pistes d'évolution – ne soient précisées à ce stade.

Mise en perspective

Dans un entretien donné au *Quotidien du médecin* fin août 2022, François Braun observait que la catastrophe annoncée des urgences à l'été 2022 n'avait pas eu lieu. Mais si la « *mission flash* » (réalisée en seulement un mois) sur la crise des urgences, annoncée par E. Macron lors d'une visite à l'hôpital de Cherbourg le 31 mai 2022, a conduit le gouvernement à annoncer que les 41 mesures préconisées seraient toutes suivies, il est attendu une réponse plus durable à la crise structurelle que connaît l'hôpital public. À cet égard, la T2A paraît sur la sellette, mais le retour aux méthodes antérieures (à savoir le budget global des hôpitaux) n'apparaît pas adapté pour autant.

Le procès des attentats du 13-Novembre : un moment de justice inédit

par Fabrice Senechal

À la suite des attentats du 13-Novembre 2015, ayant entraîné la mort de 131 personnes, un procès exceptionnel s'est ouvert du 8 septembre 2021 au 29 juin 2022 pour juger 20 auteurs et complices. Afférant à un épisode traumatique de la mémoire collective française, ce procès entre dans l'histoire. Dès lors, dans quelle mesure le procès des attentats du 13-Novembre est-il inédit ?

▸ Un procès en tous points hors normes

La nuit du 13 novembre 2015, des attaques-suicides, des fusillades et une prise d'otage sont commises dans Paris et Saint-Denis. Ces attentats constituent l'épisode terroriste djihadiste le plus meurtrier en France depuis le début des attaques terroristes relevant de la mouvance djihadiste sur le territoire national dans les années 1980. Ils sont menés par trois commandos, dont le seul membre survivant est le Français Salah Abdeslam.

La traque qui suit les attentats mène à l'arrestation, en mars 2016, du terroriste français et des 19 autres accusés. Six ans après, un procès inédit s'ouvre devant la cour d'assises spéciale de Paris. Considéré comme la plus grande audience criminelle jamais organisée, ce procès se distingue par les chiffres qui le caractérisent : quatre ans d'enquête judiciaire, 50 millions d'euros d'aide juridictionnelle, 149 jours de procès, 327 avocats pour 1 800 parties civiles et 28 avocats français pour 20 accusés.

Après deux ans de préparation, et eu égard à l'envergure des dossiers, le procès se déroule dans une configuration « grand procès » avec la construction d'une salle d'audience dédiée dans l'enceinte de l'ancien palais de justice sur l'île de la Cité à Paris et de 14 salles annexes pouvant accueillir 2 000 personnes. Par ailleurs, 300 témoins sont appelés pour déposer leur témoignage – dont l'ancien président de la République François Hollande. En définitive, les moyens inédits alloués par le ministère de la Justice (estimés à 10 millions d'euros), couplés à la temporalité longue de ce procès, démontrent l'ampleur de l'onde de choc générée par cet épisode tragique de l'histoire collective française. Au nom de l'histoire et en vertu de la loi Badinter de 1985, les débats sont enregistrés au titre des archives historiques nationales.

Une salle d'audience hors normes à la hauteur d'un procès inédit

▸ Une dimension symbolique et émotionnelle

Pour comprendre le caractère hors normes de ce procès, il faut avant tout appréhender l'ardente soif de justice réclamée par les rescapés, les familles des victimes et la société. En effet, selon une étude publiée en 2018 par le Centre de recherche pour l'étude et l'observation des conditions de vie (CREDOC), plus de 70 % des Français citent encore spontanément les attentats du 13-Novembre comme ceux les ayant le plus marqués depuis l'an 2000. Ce procès représente un moyen de panser une plaie encore vive six ans après.

Cependant, au-delà de cette réalité, la justice ne peut se permettre de fléchir devant le poids émotionnel du dossier. C'est le sens de la déclaration du magistrat Jean-Louis Périès, président du procès, à l'ouverture de ce dernier : « *Ce qui importe, c'est aussi jus-*

PARTIE 4

tement le respect de la norme, le respect des droits de chacun, à commencer par les droits de la défense. » Le poids de la souffrance des victimes n'est pas nié par les magistrats, mais il ne peut être la boussole guidant une décision juridique. La cour doit donc dépasser le débat public pour examiner, avec rigueur et lucidité, la nature des accusations soulevées contre les accusés.

Cet impératif explique pourquoi, malgré la dureté des faits, la cour diffuse les images et des enregistrements audio de l'attaque au Bataclan. Cette séquence, où s'opposent un public et des parties civiles fébriles face à des magistrats impassibles, illustre à elle seule l'unicité juridique et morale de ce procès. La cour veut également comprendre la réflexion de Salah Abdeslam qui, sur les conseils de ses avocats Mes Martin Vettes et Olivia Ronen, finit par sortir de son mutisme. Il expose ainsi « *sa vérité* » en affirmant avoir renoncé à faire sauter sa ceinture explosive dans un bar du 18e arrondissement par « *humanité* ».

Néanmoins, les pleurs et les regrets de Salah Abdeslam n'ont su atténuer sa peine. Éclairée par les dépositions, les plaidoiries et les réquisitoires, la cour rend son verdict : les 19 accusés sont retenus coupables des infractions qui leur sont reprochées et la perpétuité incompressible est prononcée contre Salah Abdeslam. La condamnation de ce dernier a une dimension particulièrement symbolique pour les victimes car, au-delà d'avoir été prononcée contre le seul survivant des commandos terroristes, elle est la plus lourde peine existant dans le Code pénal français.

Les accusés jugés durant le procès du 13-Novembre

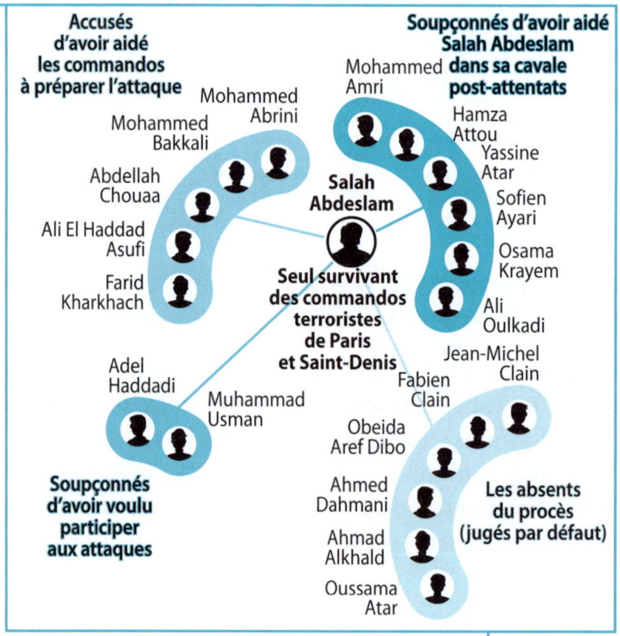

Source : D'après francetvinfo.fr.

▸ Un verdict parfois décrié

Les condamnations prononcées contre les accusés suscitent de vives contestations de la part de certains avocats de la défense. Le 18 juillet 2022, 11 d'entre eux publient une tribune dans *Le Monde* dénonçant un procès qui n'a pas été exemplaire et où « *les droits de la défense ont été malmenés* ». Le point de cristallisation majeur est la condamnation prononcée contre Salah Abdeslam. En effet, le Parquet national antiterroriste (PNAT), en tant que requérant, a préparé une stratégie argumentative fondée sur la construction juridique de la scène indivisible de crime. En cela, le PNAT considère que « *chacun des terroristes présents à Paris et à Saint-Denis doit être regardé comme coauteur de l'ensemble des attentats commis le 13 novembre 2015, sans distinction de la cible affectée à chacun d'eux* ». Les auteurs de la tribune estiment précisément que cette stratégie réquisitoire du PNAT était juridiquement contestable et qu'ils étaient légitimes à vouloir l'infléchir. Plus globalement, deux approches et visions se sont donc confrontées lors de ce procès. Face à l'approche quasi monolithique du PNAT, la défense a plaidé pour une logique de singularisation des 20 cas présentés devant la cour. Elle voulait s'assurer que le principe fondamental d'individualisation de la peine soit respecté. Or, une partie de la défense estime que la cour l'a bafoué.

Néanmoins, il convient de nuancer cette accusation car les 16 autres avocats de la défense estiment que les peines prononcées sont au contraire intelligentes et précises. La défense de Salah Abdeslam – fondée sur une nuance de son rôle et le fait qu'il n'ait pas enclenché sa ceinture explosive – s'est heurtée à son inconsistance et aux preuves présentées. La cour a prononcé des peines qui, pour la majorité, sont inférieures aux réquisitions du PNAT. En définitive, ces débats nourris témoignent de la centralité majeure de ce procès. Il a été un symbole d'union nationale et a été présenté par la presse comme un moment rare de justice et d'humanité pour les victimes.

Mise en perspective

Lors d'une interview donnée à l'émission *Le Quotidien* le 6 juin 2022, l'avocate de Salah Abdeslam, Me Olivia Ronen, a déclaré que l'accusé était « *quelqu'un de très humain, avec qui on peut discuter* ». À la suite de ses propos, une vive polémique s'est déclenchée, dénonçant une déclaration jugée indécente. Cette polémique a mis en relief le débat récurrent de la légitimité, pour les accusés aux causes perdues, de bénéficier d'une défense. En effet, une indignation similaire avait été soulevée contre feu Me Jacques Vergès, qui a notamment défendu l'ancien nazi Klaus Barbie et le terroriste Carlos. Surnommé « *l'avocat du diable* », il a toujours mis un point d'honneur à ce que ses clients soient fidèlement représentés, sans sympathie ni attendrissement, pour que l'État de droit puisse être respecté et perdurer.

Le maintien de l'ordre à la française : quel bilan après les événements du Stade de France ?

par Jérôme Calauzènes

Le 20 juillet 2022, Didier Lallemant quitte ses fonctions de préfet de police de Paris « *avec la fierté du devoir accompli* », mais tout en regrettant, dans un courrier adressé aux agents de la Préfecture, « *l'échec du Stade de France* ». Que s'est-il passé au Stade de France le 28 mai 2022 ? En quoi cet événement questionne-t-il le système du maintien de l'ordre en France ? Dans quelle mesure existe-t-il une spécificité du maintien de l'ordre en France par rapport aux autres démocraties ?

▸ Le maintien de l'ordre en France, une histoire complexe

Le site viepublique.fr définit le maintien de l'ordre comme « *l'ensemble des opérations de police administrative et judiciaire mises en œuvre par des forces de sécurité à l'occasion des manifestations sur la voie publique* ». Le but est d'assurer la sécurité des personnes et des biens tout en permettant l'exercice de la liberté de manifester. Cela est traditionnellement le rôle des CRS (compagnies républicaines de sécurité) et des EGM (escadrons de gendarmerie mobile).

En 1921, le gouvernement décide de retirer à l'armée le contrôle des manifestants et des foules. Non seulement ses méthodes sont jugées trop violentes, mais on a aussi peur que les jeunes conscrits pactisent avec les manifestants. Dès 1944, on crée aussi les CRS au sein de la police.

Dans les années 1960, les affrontements entre police et manifestants sont très violents. La police applique une doctrine favorisant le contact, utilise des matraques, ce qui provoque de graves blessures, par exemple lors de la répression des manifestations en faveur du FLN en octobre 1961 et en février 1962. C'est pourquoi, à la fin de la décennie, face aux contestations étudiantes et ouvrières, la France tente de maîtriser la répression : évitement de l'usage de la force et des coups, maîtrise de la violence des policiers. En 1968, le préfet de police Maurice Grimaud défend une nouvelle approche du maintien de l'ordre qui s'appuie sur trois principes : l'utilisation de forces professionnelles, un emploi proportionnel de la force et l'évitement de la confrontation.

Le recours aux armes non létales en France (2009-2018)

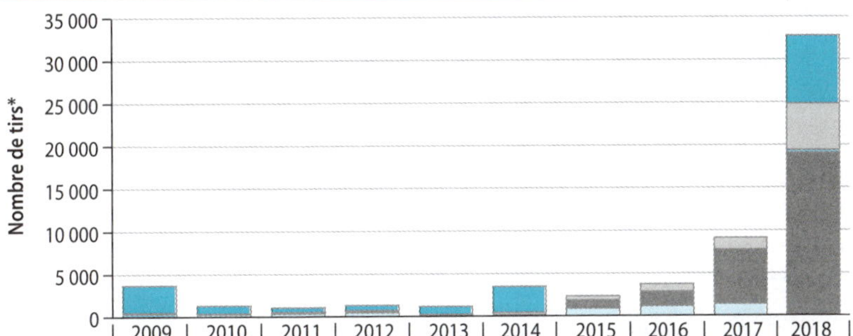

	2009	2010	2011	2012	2013	2014	2015	2016	2017	2018
Pistolet à impulsion électrique (PIE)	0	288	350	442	0	0	870	1 166	1 399	0
Balles en caoutchouc	40	14	132	235	96	145	1 027	1 705	6 357	19 071
Grenades lacrymogènes instantanées F4 (GLI-F4)	334	0	0	0	58	0	0	0[1]	0	339[2]
Grenades à main de désencerclement (GMD)	109	67	42	24	63	266	456	866	1 367	5 420[2]
Grenades lacrymogènes	3 230	929	538	606	936	3 092	0	0[1]	0	7 940[2]

* Chiffres officiels de l'IGPN, parfois incomplets (case indiquant 0).
1. Chiffres particulièrement sujets à caution.
2. Chiffres pour la seule journée du 1er décembre 2018.

Source : IGPN.

Les années suivantes oscillent pourtant encore entre violence et retenue. Pendant les années 1970, la confrontation semble de mise à cause de l'irruption de casseurs dans les manifestations. Les voltigeurs motoportés sont créés en 1969 à cet effet, mais ils sont dissous en 1986, à la suite de la mort de Malik Oussekine lors d'une manifestation étudiante. Le principe de la mise à distance est à nouveau réaffirmé.

L'année 2005 constitue une nouvelle rupture dans le cadre des violences urbaines. La police utilise de nouvelles techniques et de nouvelles armes (comme les *flash-balls*, lanceurs de balles en caoutchouc) et la doctrine de 1968 est abandonnée.

▸ Un débat relancé, des Gilets jaunes à la finale de Ligue des champions

Les manifestations contre la loi Travail, en 2016, dans un contexte de risque terroriste accru, et celles des Gilets jaunes en 2018-2019 marquent un changement. Il y a moins d'encadrement par les organisations syndicales (et donc moins d'interlocuteurs), un moindre respect des règles traditionnelles (itinéraires prévus, service d'ordre, cortège de tête spontané) et plus d'infiltration par des casseurs comme les *black blocs*. La police utilise de nouvelles réponses comme la technique de la « nasse », qui consiste à entourer les manifestants et à les retenir dans un périmètre donné. L'utilisation des LBD (lanceurs de balles de défense) ainsi que des grenades de désencerclement est aussi contestée.

D'un côté, les manifestants dénoncent des violences répétées de la part des forces de l'ordre (notamment lors des manifestations des Gilets jaunes où l'on a dénombré 2 500 blessés du côté des manifestants, dont 24 personnes éborgnées et 5 mains arrachées, et 1 800 du côté des forces de l'ordre). De l'autre, les policiers et gendarmes estiment devenir des cibles pour les manifestants les plus violents.

Une augmentation des violences contre les policiers

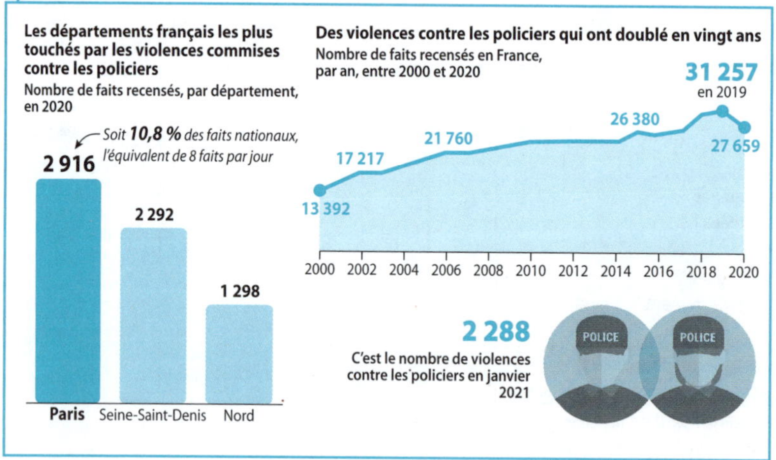

Source : data.gouv.fr.

Les événements qui se sont produits au Stade de France en marge de la finale de la Ligue des champions le 28 mai 2022 ont renouvelé la polémique. Non seulement le match a été retardé de 36 minutes, mais des supporters ont été refoulés à coups de gaz lacrymogènes, alors que d'autres ont été volés et que certaines personnes ont pu rentrer avec des faux billets. Le contexte était cependant particulier : à cause de la guerre en Ukraine, la finale qui devait avoir lieu à Saint-Pétersbourg a été déplacée à Saint-Denis fin février. De plus, une grève sur la ligne du RER B a déversé les flots de supporters vers le RER D, ce qui a créé des goulots d'étranglement. Le bilan se porte à 105 interpellations et 39 personnes placées en garde à vue. La France a été critiquée à l'international pour sa mauvaise gestion du maintien de l'ordre.

▸ Des réponses gouvernementales qui restent timides

En septembre 2020, le ministère de l'Intérieur a publié un schéma national du maintien de l'ordre (SNMO) pour lui définir un cadre d'exercice. Dans sa décision du 10 juin 2021, le Conseil d'État a cependant annulé certains points comme l'encerclement des manifestants ou l'obligation pour les journalistes de s'éloigner en cas d'ordre de dispersion. Une nouvelle version de ce SNMO a donc été publiée en décembre 2021 pour en tenir compte. Dans un rapport du 20 janvier 2021, les députés insistent sur l'équilibre subtil à trouver entre la protection des libertés fondamentales, et notamment le droit de manifester, la préservation de l'intégrité physique des manifestants, la défense des personnes et des biens qui pourraient être victimes d'un trouble à l'ordre public et la préservation de ceux qui sont en charge de l'ordre public.

Dans le cadre du Beauvau de la sécurité, voulu par E. Macron en 2021, Gérald Darmanin a présenté en septembre 2022 un projet de loi d'Orientation et de Programmation du ministère de l'Intérieur (LOPMI) au Conseil des ministres. La hausse du budget du ministère de 15 milliards d'euros permettra notamment la professionnalisation de la gestion de crise et la création de 11 nouvelles unités de forces mobiles (UFM) en vue de la Coupe du monde de rugby en 2023 et des jeux Olympiques de 2024. Le texte confie la gestion des crises graves (cybersécurité, santé, environnement…) aux préfets des départements. L'absence de majorité absolue à l'Assemblée nationale pour Renaissance, le parti d'E. Macron, laisse cependant planer le doute sur sa possible adoption.

La nomination de Laurent Nuñez, coordonnateur national du renseignement et de la lutte contre le terrorisme, à la tête de la préfecture de police annonce aussi peut-être quelques changements de ton.

Mise en perspective

Sébastian Roché, sociologue et auteur d'un ouvrage intitulé *De la police en démocratie*, paru en 2016 aux éditions Grasset, explique que le problème est systémique : la doctrine brutale enseignée aux forces de l'ordre dans le cadre de leur formation irrigue l'ensemble du corps, depuis le commandement. L'auteur affirme que la France pourrait s'inspirer de nombre de modèles européens pour transformer sa police, comme le Royaume-Uni, la Belgique ou l'Allemagne, où l'on a réussi à mettre sous contrôle les dérives des supporteurs grâce, notamment, à la mise en place de contacts réguliers entre les clubs et les autorités. Développer la communication policière permet aussi la mise en place de mécanismes de désescalade, conclut-il.

La révocation du droit à l'avortement : des États-Unis à l'Europe ?

par Glen Grainger

Le vendredi 24 juin 2022, la Cour suprême des États-Unis révoque l'arrêt *Roe vs Wade*, qui protégeait, *de facto*, depuis 1973, le droit des femmes à avorter. L'événement remet en question la pérennité de certains droits qui semblaient être acquis après de longues luttes civiques. La situation américaine est-elle réversible ? Quant à l'Europe, dans quelle mesure sera-t-elle entraînée par une telle vague conservatrice ?

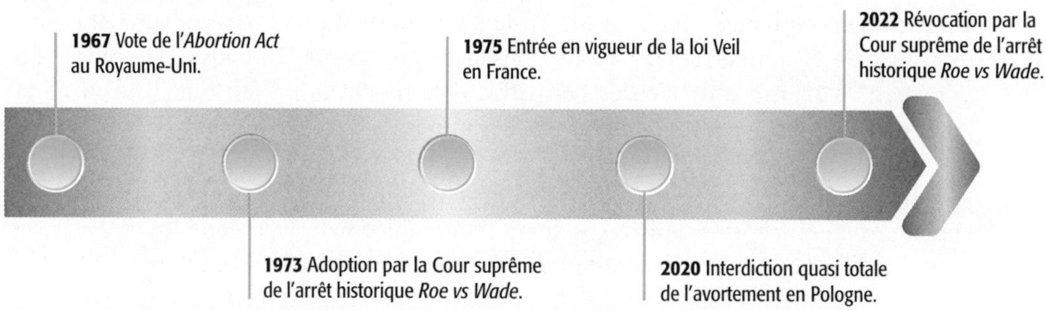

▸ L'avortement, un combat de longue date aux États-Unis et en Europe

Depuis la fondation des États-Unis, en 1776, jusqu'aux années 1880, l'avortement faisait l'objet de peu de controverses. Ni criminelle ni légale, la pratique en était assez courante, en particulier lors des conceptions hors mariage. À la fin du XIXe siècle, plusieurs facteurs conduisirent les États à légiférer contre cette pratique. La baisse du taux de natalité au sein des couples mariés fut décisive, à tel point qu'à la fin des années 1960 presque tous les États considéraient l'avortement comme un délit.

Plusieurs affaires sanitaires et initiatives individuelles firent évoluer la situation au début des années 1970, jusqu'à l'arrêt historique de la Cour suprême *Roe vs Wade* du 22 janvier 1973, des noms de Jane Roe (pseudonyme de Norma McCorvey) et Henry Wade, procureur de Dallas au Texas. En 1969, Norma McCorvey, enceinte pour la troisième fois à 21 ans, souhaitait avorter pour raisons financières. Ses deux avocats attaquèrent l'État du Texas, démontrant l'injustice dont elle était victime par rapport à des femmes plus aisées qui pouvaient se rendre dans un autre État pour avorter. Le long procès aboutit à la reconnaissance de l'avortement comme droit constitutionnel. Selon *Roe vs Wade*, jusqu'à la fin du premier trimestre, la femme enceinte est entièrement libre d'avorter ; au cours du deuxième trimestre, l'État peut autoriser l'avortement pour préserver la santé de la femme.

En Europe occidentale, le droit à l'avortement se généralise au même moment. Au Royaume-Uni, l'*Abortion Act* est voté en 1967. Mais comme aux Pays-Bas, au Luxembourg et en Finlande, la femme doit se mettre d'accord avec son médecin. Dans les faits, la pratique de l'interruption volontaire de grossesse (IVG) y est toujours facilitée. En France, le combat de Simone Veil se solde, en 1975, par une première loi majeure facilitant l'IVG.

Les pays du sud de l'Europe rendent l'avortement légal dans les années 1980, mais l'application de la loi se heurte à plusieurs obstacles, dont la clause de conscience des médecins pour des motifs religieux, en vigueur en Espagne, au Portugal et en Italie. Jusque dans les années 2010, les IVG se pratiquent donc essentiellement dans le secteur privé. À Malte, l'avortement est complètement interdit.

L'URSS, devenue la Russie, possède historiquement une politique favorable à l'avortement, même si le modèle de la planification familiale domine depuis les années 2010. Dans les autres pays de l'Est, à partir des années 1990, le droit à l'avortement fait l'objet de législations beaucoup plus strictes, comme en Hongrie ou en République tchèque. Depuis 2020, en Pologne, l'IVG est devenue presque totalement interdite.

▸ Une remise en cause brutale aux États-Unis en 2022

Les États-Unis sont scindés entre partisans de l'avortement (*pro-choice* : « pour le choix » de la femme) et opposants (*pro-life* : « pour la vie » du fœtus). Alors que l'opinion *pro-choice* augmente des années 1970 aux années 2010, le taux d'avortement par femme en âge de procréer ne cesse de décroître, d'un pic de 30 pour 1 000 en 1980 à 11,3 pour 1 000 en 2018, en raison notamment de la baisse du taux de natalité et du vieillissement de la population. Les *pro-life* se concentrent dans le Mississippi et les États alentour, qui forment la *Bible Belt*, où le protestantisme conservateur domine. L'éducation sexuelle n'y repose que sur l'abstinence.

En Europe, le même profil traditionnaliste, souvent religieux, caractérise les opposants à l'IVG. Avorter, selon eux, c'est tuer. La vie commence, pour certains, dès la formation d'une cellule-œuf, avant la transformation en embryon puis en fœtus.

Dans le camp favorable au droit à l'avortement, deux principes fondamentaux différencient les stratégies européenne et américaine. Dans le premier cas, les mouvements féministes soulignent une nécessité humanitaire et sanitaire. Aux États-Unis, l'argumentation repose sur les libertés individuelles.

Pendant cinquante ans, la droite religieuse américaine a mené une lutte méthodique contre l'avortement, la plus grande association étant la *National Right to Life Committee*.

Fin 2021, l'État du Mississippi adresse un recours à la Cour suprême pour restreindre le droit à l'avortement dans sa juridiction à quinze semaines de grossesse. Le 24 juin 2022, la Cour suprême examine le recours puis vote la révocation de l'arrêt *Roe vs Wade*, par 6 voix contre 3. Au cours de son mandat, Donald Trump était parvenu à faire entrer trois magistrats ultra-conservateurs dans cette institution majeure, ce qui a permis de faire pencher la balance en ce sens. Désormais, les États sont libres de définir leur propre politique relative à l'avortement, ce qui signe une immense victoire des *pro-life*.

Leur lutte ne s'arrête cependant pas là, puisque le mouvement cherche à rallier à son idéologie un maximum d'États. Surtout, se profile l'interdiction totale au niveau fédéral. Actuellement, 18 États sont en train d'interdire l'IVG, alors que 21 États – dont le Vermont, le Maryland, la Californie et Washington – ont voté des lois pour protéger le droit à l'avortement.

Statut du droit à l'avortement dans chaque État américain

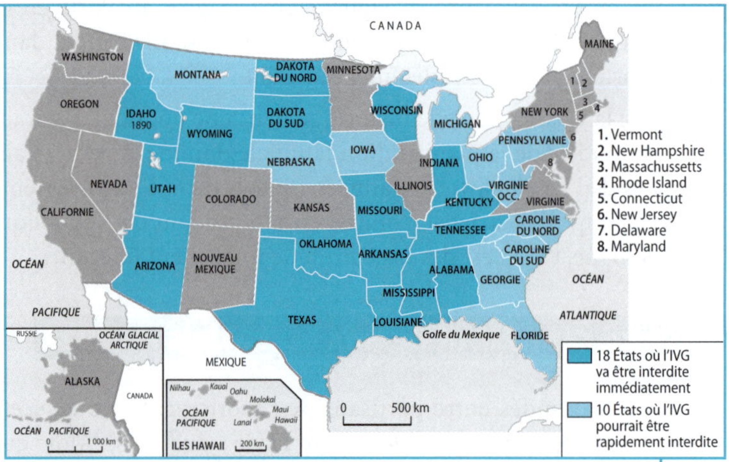

Source : *Le Monde.*

▸ Réactions et conséquences : entre ferveur et tollé

La révocation de l'arrêt *Roe vs Wade* a suscité de vives réactions aux États-Unis. D'un côté, les responsables religieux et conservateurs s'en sont réjouis. Notamment, l'ancien vice-président républicain, Mike Pence, déclare sur Twitter : « *La vie a gagné.* » D'un autre côté, plusieurs sondages montrent que les Américains réprouvent le verdict. Par exemple, selon une enquête de CBS News, 59 % de la population considère la révocation comme une régression dans l'histoire de l'humanité.

Les réactions en Europe ont été majoritairement hostiles à la révocation de l'arrêt *Roe vs Wade* aux États-Unis. De nombreuses manifestations ont éclos en Europe de l'Ouest et du Nord. La plupart des dirigeants ont déploré une régression dans les droits de l'Homme. Le 7 juillet 2022, le Parlement européen demande d'inscrire l'avortement parmi les droits fondamentaux de l'Union européenne.

Force est de constater cependant que les forces pro-vie et pro-choix se développent toutes deux. La Finlande prévoit d'assouplir ses conditions d'accès à l'avortement, quand l'Allemagne abroge une loi de 1933 punissant la publicité de l'IVG. En France, la majorité des responsables politiques se battent pour faire inscrire l'avortement comme droit constitutionnel. Cependant, la situation américaine renforce la position des médecins objecteurs de conscience en Espagne ou en Italie, historiquement nombreux.

Évolution des taux d'avortement dans le monde entre 1990 et 2014

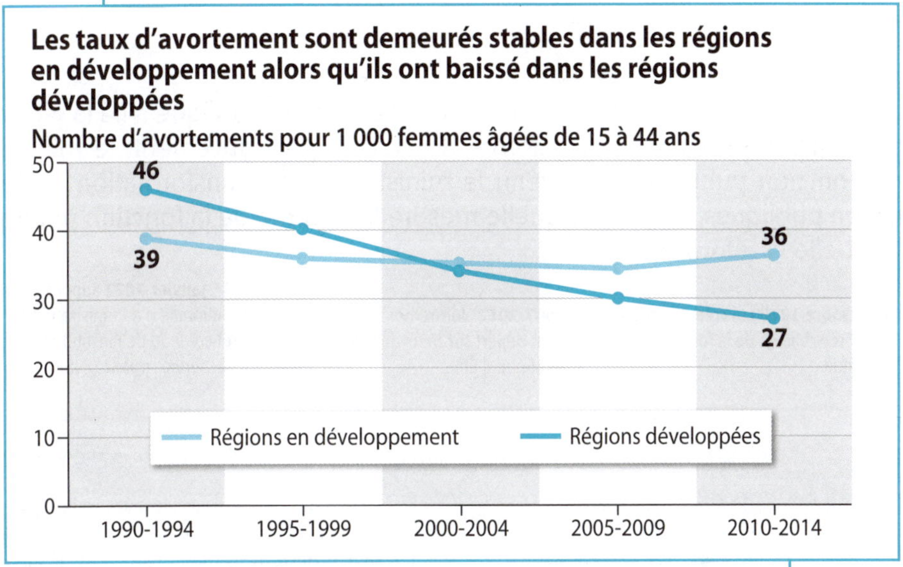

Source : osf.io.

Mise en perspective

En 1974, Simone Veil est appelée à la tête du ministère de la Santé par le président de la République Valéry Giscard d'Estaing et son Premier ministre, Jacques Chirac, pour légiférer sur l'IVG. Non sans embûches, elle présente un projet de loi le 26 novembre 1974, dans un discours devenu célèbre. Après 25 heures de débats face à une Assemblée essentiellement constituée d'hommes, qui s'adonnent à des intimidations et à des insultes antisémites et sexistes, le texte est adopté. Il entrera en vigueur le 17 janvier 1975. Toutefois, valable seulement pour cinq ans, il imposait aux femmes une série d'entretiens accablants avant d'avoir accès à l'IVG. Il a fallu plusieurs autres étapes pour que le droit à l'avortement prenne sa tournure actuelle : remboursement de l'IVG en 1982, délit d'entrave en 1993, IVG possible jusqu'à douze semaines de grossesse en 2001 et, enfin, disparitions respectives de la notion de « *détresse* » en 2014 et du « *délai de réflexion* » en 2016.

La réforme de la fonction publique : levier pour la modernisation de l'État

par Benoît Quennedey

La loi du 6 août 2019 de transformation de la fonction publique a lié la réforme de la fonction publique et la réforme de l'État. Significativement, le ministère de la Fonction publique est devenu le ministère de la Transformation et de la Fonction publiques, mais dans quelle mesure la réforme de la fonction publique permet-elle la réforme de l'État ?

- **19 octobre 1946** Loi créant le premier statut républicain de la fonction publique.
- **1983-1986** Adoption des lois formant l'actuel statut général de la fonction publique.
- **2007-2012** Non-remplacement d'un départ sur deux dans la fonction publique d'État.
- **6 août 2019** Loi de transformation de la fonction publique (TFP).
- **1er janvier 2022** Suppression de l'École nationale d'administration (ENA) et création de l'Institut national du service public (INSP).
- **1er juillet 2022** Majoration de 3,5 % du point d'indice de la fonction publique, pour compenser l'inflation.

▸ Les règles du statut de la fonction publique et la spécificité du service public

Conformément aux règles relatives au statut de la fonction publique, les fonctionnaires sont normalement recrutés par concours, afin de garantir l'égalité d'accès à l'emploi. Ils occupent des emplois répondant à des besoins permanents du service public, dans l'une des trois fonctions publiques : d'État, territoriale ou hospitalière.

Le fonctionnaire relève d'un corps ou d'un cadre d'emplois au sein duquel il obtient un grade. Le grade traduit la position du fonctionnaire dans la hiérarchie administrative. En cas de suppression de son emploi, le fonctionnaire sera ainsi nommé à un autre emploi, compte tenu de son grade. Au grade correspond un indice qui détermine le traitement, tendant à assurer une égalité entre agents publics d'un même corps.

L'introduction de la démarche de performance dans les finances publiques de l'État, notamment depuis l'entrée en vigueur de la loi organique du 1er août 2001 relative aux lois de finances (LOLF), a apporté une souplesse accrue aux gestionnaires publics : elle implique en particulier une plus grande individualisation des carrières, par l'avancement et le cas échéant des sanctions disciplinaires en cas de faute.

▸ La loi du 6 août 2019 : un nouveau cadre, modifiant les droits et obligations des fonctionnaires

Les fonctionnaires disposent traditionnellement de droits (droits matériels, dont le droit à rémunération, droits sociaux et droit à congé ; liberté d'expression et liberté syndicale ; droit de grève ; protection fonctionnelle) et d'obligations d'ordre déontologique (se consacrer exclusivement à leurs fonctions ; obéir ; être impartiaux ; être neutres ; faire preuve de discrétion et respecter le secret professionnel).

La loi de transformation de la fonction publique (TFP) du 6 août 2019 a également assoupli les règles d'accès à la fonction publique, favorisant le recours à des postes contractuels, y compris pour l'encadrement supérieur, ainsi que les départs du secteur public en consacrant un régime nouveau de rupture conventionnelle. Elle favorise la mobilité professionnelle. Elle a prévu que des lignes directrices de gestion fixent dorénavant les orientations générales relatives aux mutations et aux mobilités dans la fonction publique de l'État, alors que les promotions reposaient auparavant essentiellement sur l'ancienneté. Des droits nouveaux ont été consacrés, notamment pour l'égalité homme-femme et au profit des personnes handicapées, en renforçant la lutte contre le harcèlement (moral et sexuel) et contre les discriminations.

Opinion des agents de la fonction publique sur la suppression du statut de fonctionnaire à la faveur de celui de contractuel

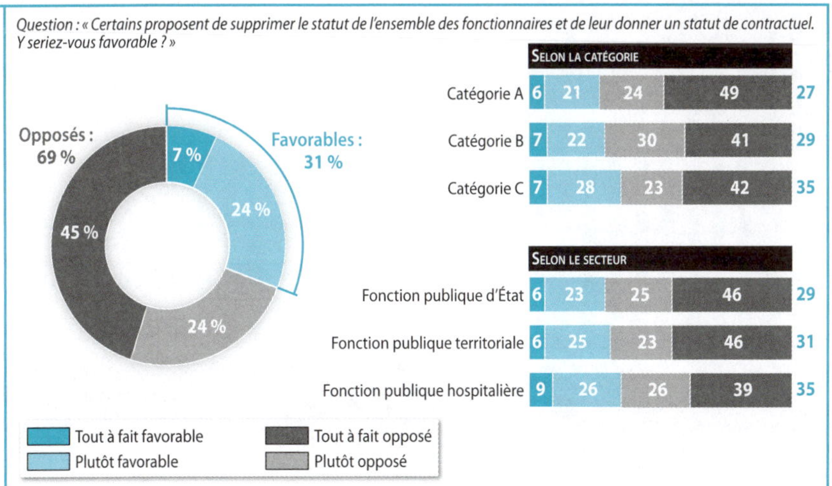

Source : Ipsos.

La loi TFP a introduit par ailleurs un service public minimal en cas de grève pour certains services publics territoriaux et imposé la mise en place des 35 heures (soit un minimum de 1 607 heures travaillées par an) dans les collectivités locales qui dérogeaient à cette règle.

▸ Les enjeux de gestion de la fonction publique : la question essentielle du nombre d'agents publics

Certaines dispositions de la loi TFP ont cristallisé les critiques, notamment des organisations syndicales, attachées au maintien du statut comme élément garantissant la qualité du service public.

Au-delà des questions statutaires liées à la fonction publique, le nombre et la situation des 5,6 millions d'agents publics apparaissent comme un sujet de débats. Après une diminution du nombre d'agents publics de l'État entre 2007 et 2012 sous l'effet du non-remplacement d'un départ à la retraite sur deux, les effectifs de la fonction publique – proportionnellement un peu plus élevés en France (22 %) que dans la moyenne de l'OCDE (18 %) – se sont globalement stabilisés, ce qui se traduit par un renforcement des effectifs dans des secteurs jugés prioritaires : enseignement, justice (souffrant de sous-effectifs par rapport aux autres pays industrialisés), sécurité intérieure. Le nombre de fonctionnaires renvoie à la question du champ des missions de l'État et du service public. La lutte contre la Covid-19 a rappelé l'importance des moyens humains du service public de la santé pour combattre la pandémie.

La part de l'emploi public dans l'emploi total dans les pays de l'OCDE (2019)

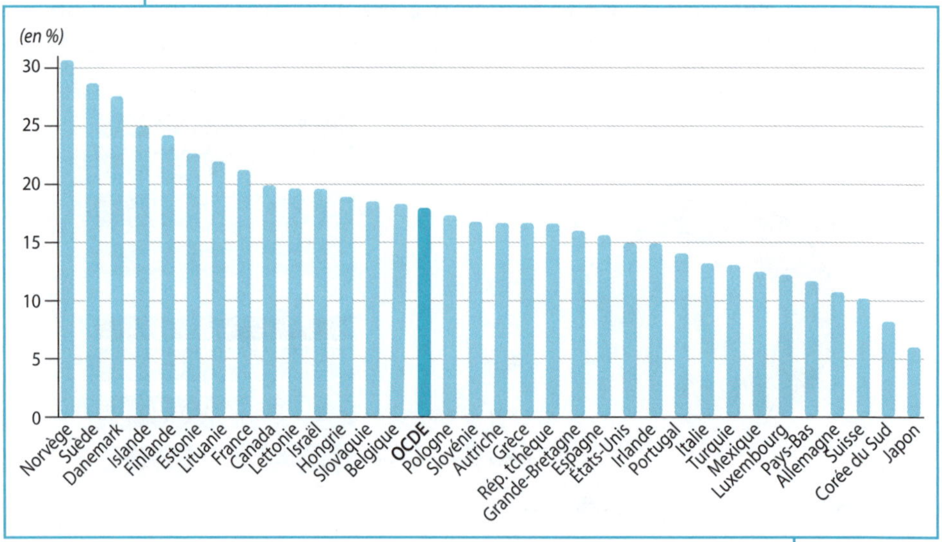

Source : OCDE.

Cependant, l'évolution du nombre d'agents publics et de la masse salariale (représentant un tiers des dépenses de l'État) apparaît aussi comme un déterminant essentiel pour la maîtrise des finances publiques, dans un contexte d'augmentation des déficits publics. L'équilibre entre efficacité et coût est donc délicat à trouver.

Par ailleurs, la spécificité de la fonction publique fait parfois débat pour des questions de justice sociale. Les différences de droits avec les salariés du secteur privé portent notamment sur le calcul de la retraite : pour les fonctionnaires, il prend en compte le salaire indiciaire brut mensuel des six derniers mois, alors que ce sont les vingt-cinq meilleures années qui sont retenues pour les salariés du secteur privé. La rémunération moyenne des agents du secteur public, plus élevée que celle des salariés du secteur privé (en moyenne, 2 170 euros par agent et par mois dans la fonction publique territoriale), s'explique par une différence de niveau de diplôme et de qualification.

La politique salariale de l'État a toutefois un effet d'entraînement pour l'ensemble des salariés. À cet égard, la revalorisation de 3,5 % du point d'indice de la fonction publique le 1er juillet 2022 a fait débat, car elle ne compense pas entièrement l'inflation (alors estimée à plus de 6 % sur un an).

La rémunération et les avantages sociaux accessoires constituent un élément d'attractivité de la fonction publique, alors qu'est observée une pénurie de candidats pour certains concours, notamment de l'enseignement (à hauteur de 4 000 postes pour les concours organisés en 2022), ayant pour conséquence de ne pas pourvoir tous les postes et d'obliger à recourir à l'embauche de personnels contractuels.

Mise en perspective

Alors que les débats sur la réforme de la fonction publique traduisent des options politiques souvent tranchées, la réforme de la haute fonction publique apparaît plus consensuelle au regard des attentes de l'opinion publique en matière d'exemplarité. À cet égard, la suppression de l'ENA à compter du 1er janvier 2022 (et son remplacement par l'INSP) a pour objectif d'assurer une plus grande ouverture de l'encadrement supérieur de l'État à des profils variés, de décloisonner ses corps les plus prestigieux en assurant une formation transversale aux valeurs communes du service public et de supprimer l'accès direct aux grands corps (Conseil d'État, Inspection générale des finances, Cour des comptes) à la sortie de l'école.

ZOOM SUR… « iel ». La polémique tout sauf neutre sur le pronom non binaire

par Alice Volkwein

Quand les éditions Le Robert décident fin 2021 d'intégrer le pronom « iel » dans l'édition en ligne, la polémique est particulièrement virulente. S'agit-il d'une opération de communication, d'un acte militant ou de la simple prise en compte d'un nouvel usage du français ?

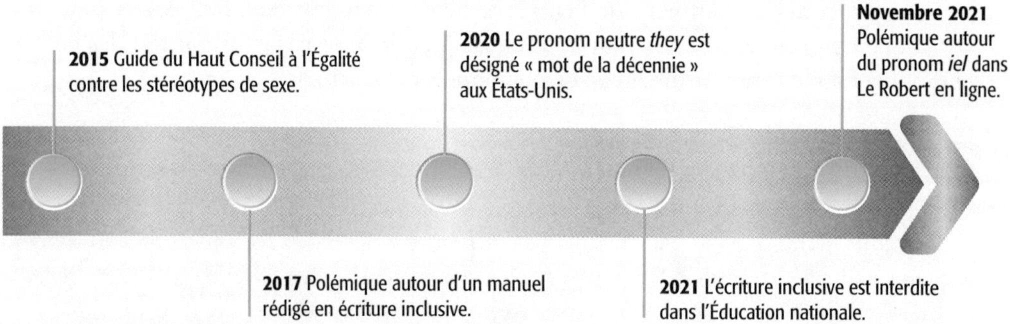

▸ Petit pronom, grandes polémiques

À la rentrée 2021, Le Robert a annoncé que le pronom « iel », contraction du masculin « il » et du féminin « elle », allait entrer dans son dictionnaire en ligne *Dico en ligne Le Robert*. « Iel(s) » y est défini comme un « *pronom personnel sujet de la troisième personne du singulier et du pluriel, employé pour évoquer une personne quel que soit son genre* ».

Ce néo-pronom est surtout utilisé par et pour les personnes « non binaires », ne s'identifiant ni au genre féminin ni au genre masculin. Le débat est pourtant très virulent jusque dans les rangs de la majorité présidentielle. Le député de l'Indre, François Jolivet, LREM à l'époque, mène campagne contre un acte « *militant* ». Selon lui, Le Robert, en tant que « *référence scolaire* », outrepasse ici sa fonction. Sur la même ligne, Jean-Michel Blanquer dénonce immédiatement cette initiative. À l'opposé, Élisabeth Moreno, ministre chargée notamment de l'Égalité des chances et de la Diversité, désavoue publiquement son collègue, estimant que l'initiative n'a rien de choquant.

Hors gouvernement, les fronts sont clairs entre rejet souvent indigné dans les milieux conservateurs, comme à l'extrême droite, et accueil positif à gauche, dans les milieux transgenres, où l'on salue une avancée « *historique* » attendue depuis longtemps, mais aussi dans la jeunesse. Selon un sondage Ifop paru en 2020, 22 % des 18-30 ans déclarent ne pas se reconnaître dans le schéma « fille ou garçon ».

▸ Opération marketing, acte militant ou réponse à un besoin ?

Les enjeux de la polémique sont multiples. Pour ses détracteurs, l'introduction d'un pronom supplémentaire non genré entraînerait au niveau des accords une complexité nuisible à l'apprentissage de la langue, notamment pour les élèves les plus en difficulté. Au-delà, c'est la langue française elle-même qui serait en danger. Il faudrait en effet lire dans l'emploi d'« iel » une anglo-saxonisation de la langue par l'imitation de l'anglais qui possède, lui, un genre neutre. Le débat est fortement idéologique. « Iel » est ainsi perçu par ses détracteurs comme une menace pour la culture française car il est assimilé au « wokisme ». Ce courant, venu des États-Unis, défendant une lutte radicale contre les injustices sociales, politiques, racistes et de genre, suscite de nombreux débats en France où il est perçu par certains comme un danger. Enfin, plusieurs voix s'interrogent sur les raisons et la stratégie du dictionnaire, dénonçant un coup marketing destiné à susciter un regain d'intérêt pour l'ouvrage.

Le dictionnaire se défend d'avoir agi par militantisme ou stratégie. « *"Iel" répond à un besoin* », selon la directrice éditoriale du Robert, Marie-Hélène Drivaud. L'emploi du terme est certes minoritaire, comme précisé dans la définition, mais son usage croît fortement. Dans les universités, où la transidentité est reconnue depuis 2019, l'intérêt pour les formes neutres, dont « iel », est ainsi très marqué.

▸ Genres et trouble dans la langue française

Ces débats sur le pronom « iel » ne sont qu'un nouveau chapitre des débats sur les questions de genre, et plus particulièrement de leur inscription dans la langue.

Bien que ce soit une Française, Simone de Beauvoir, qui, dès 1949, avec *Le Deuxième Sexe* et le célèbre « *on ne naît pas femme, on le devient* », ait posé les jalons d'une réflexion sur le caractère construit des identités de genre, les études dédiées au genre se sont développées plus tard en France qu'ailleurs, dans les années 2000, avec la version française du livre de Judith Butler *Trouble dans le genre*. Le concept même de « genre », largement employé, reste controversé dans les milieux conservateurs, et les évolutions sociétales sont plus lentes qu'outre-Rhin, où un troisième genre « divers » a été reconnu à l'état civil dès 2018.

À cela s'ajoute une sacralisation de la langue typiquement française. Alors que le pronom neutre *they*, utilisé en anglais par les personnes refusant les catégories homme/femme, a été élu mot de la décennie 2010-2019, le moindre changement suscite des craintes pour le français. Cela joue fortement dans les débats autour de l'écriture inclusive, récurrents depuis 2015. Mais cette sacralisation de la langue française n'empêche pas pour autant son évolution. C'est le propre d'une langue vivante d'évoluer et de suivre les changements de la société.

Concentration des médias et contrôle de l'information par des milliardaires

par Benoît Quennedey

Le 31 mars 2022, les conclusions du rapport de la Commission d'enquête du Sénat sur la concentration des médias en France ont été présentées lors d'une conférence de presse. Elles reflètent les inquiétudes des opinions publiques, en France et à l'étranger, sur la possibilité que ce mouvement porte atteinte à la liberté d'informer, au profit notamment d'une poignée de milliardaires qui influenceraient le contenu des médias.

- **1979** Formation de News Corporation Limited (devenue News Corporation) par l'Américain Rupert Murdoch, premier groupe de médias au monde.
- **16 avril 1987** Privatisation de TF1, acquise par le groupe Bouygues.
- **Octobre 2018** Daniel Kretínský détient 49 % des actions de la société actionnaire du quotidien *Le Monde*.
- **Juin 2022** Après une OPA, Vivendi (contrôlé par Vincent Bolloré) détient 57,35 % du capital du groupe Lagardère.
- **Octobre 2022** Elon Musk rachète Twitter.

▸ La concentration de la presse, un phénomène ancien mais tendant à s'accélérer

La question de la concentration des médias est distincte de celle de la détention de leur capital par des milliardaires. Sans que ce phénomène soit propre à la France ni à l'ère numérique (qui s'est traduite par l'émergence de nouveaux médias sur Internet), 90 % des grands médias français appartiendraient à 9 milliardaires. Si cette assertion, issue notamment des travaux de Julia Cagé et Benoît Huet (*L'information est un bien public*), doit être nuancée dans un paysage qui évolue, elle rend cependant compte de la tendance à la concentration de la plupart des grands médias (à l'exception notable de la presse quotidienne régionale) au profit de quelques groupes financiers, souvent contrôlés par des milliardaires : 11 milliardaires détiennent en France 57 % du capital de la télévision généraliste et 81 % de celui de la presse quotidienne nationale généraliste.

Ces évolutions interrogent les politiques publiques : soit l'on considère que les médias relèvent, dans une économie de marché, d'un secteur économique comme les autres devant être soumis à des impératifs de rentabilité, soit l'on met en avant une spécificité (à l'instar de l'exception culturelle) qui justifie notamment des mesures anti-concentration et de contrôle spécifique des fusions – acquisitions, d'autant plus que les médias constituent un contre-pouvoir. Cette approche d'une économie régulée par l'État est de fait privilégiée en France et en Europe, y compris sur les contenus. Le contrôle est ainsi opéré en France par une autorité administrative indépendante, l'Autorité de régulation de la communication audiovisuelle et numérique (Arcom), ayant succédé en 2022 au Conseil supérieur de l'audiovisuel (CSA).

Les 11 milliardaires français présents dans le secteur des médias en février 2022

Qui possède quoi ?

Xavier Niel
13e fortune de France en 2021
(8 milliards d'euros)
Entreprises : Free, Njj
Médias : *Le Monde, M le magazine, Télérama, La Vie, La Provence, Nice-matin, Courrier international, L'Obs*

Bernard Arnault
1re fortune de France en 2021
(157 milliards d'euros)
Entreprise : LVMH
Médias : *Aujourd'hui en France, Le Parisien, Les Echos, Radio classique, Challenges*

Patrick Drahi
10e fortune de France en 2021
(13 milliards d'euros)
Entreprise : Altice
Médias : *RMC, BFM TV, L'Express*

Alain Weill
343e fortune de France en 2021
(300 millions d'euros)
Média : *L'Express*

Claude Perdriel
343e fortune de France en 2021
(300 millions d'euros)
Média : *Challenges*

François Pinault
5e fortune de France en 2021
(41,5 milliards d'euros)
Entreprises : Kering, Artémis
Média : *Le Point*

Vincent Bolloré
14e fortune de France en 2021
(8,2 milliards d'euros)
Entreprises : Bolloré, Vivendi
Médias : *Canal+, CNews, C8*

Famille Dassault
6e fortune de France en 2021
(26,6 milliards d'euros)
Entreprise : Groupe Dassault
Médias : *Le Figaro, Le Figaro magazine*

Arnaud Lagardère
311e fortune de France en 2021
(330 millions d'euros)
Entreprise : Lagardère
Médias : *Paris match, Le Journal du dimanche, Europe 1*

Martin Bouygues
41e fortune de France en 2021
(3,2 milliards d'euros)
Entreprise : Bouygues
Médias : *TF1, LCI, TMC*

Iskandar Safa
97e fortune de France en 2021
(1,1 milliard d'euros)
Entreprise : Privinvest
Média : *Valeurs actuelles*

Daniel Kretinsky
705e fortune mondiale en 2022
(3,5 milliards d'euros)
Entreprise : Czech Media Invest
Médias : *Le Monde, Marianne, Elle*

Famille Mohn
715e fortune mondiale en 2019
(2,7 milliards d'euros)
Entreprise : Bertelsmann
Médias : *M6, RTL*

Source : *Libération.*

▸ Deux cas significatifs : le rachat de Lagardère par Vivendi et l'OPA sur Twitter d'Elon Musk

Le groupe Vivendi (possédant déjà Canal+ et CNews), dont le conseil de surveillance est dirigé par Vincent Bolloré depuis juin 2014, est devenu majoritaire dans le capital de Lagardère (*Paris Match*, *Le Journal du dimanche*, Europe 1…) en juin 2022 (à hauteur de 57,35 %) et détenteur de 47,33 % des droits de vote (après accord des autorités de la concurrence), à la suite d'une offre publique d'achat (OPA) amicale déposée en février 2022.

Cette acquisition vise à positionner Vivendi comme un leader mondial dans le secteur des médias, des contenus et de la communication. Le rapprochement des deux sociétés a posé des difficultés de concentration dans le secteur de l'édition : après une discussion avec les régulateurs européens, Vivendi a choisi de céder Editis pour conserver Hachette, plus développé à l'international.

Interrogé par la commission d'enquête du Sénat sur la concentration des médias en France et cette opération sur Lagardère, Vincent Bolloré a indiqué être uniquement motivé par des intérêts financiers.

S'agissant de Twitter, la proposition de rachat effectuée par Elon Musk en début d'année 2022 – pour un montant de 44 milliards de dollars – a été justifiée par ce dernier par la volonté de garantir la liberté d'expression du réseau social, en dénonçant, d'un point de vue libertarien, une régulation du contenu du réseau social dont le P.-D.G. de Tesla et SpaceX est un grand utilisateur, y compris pour assurer la promotion de ses sociétés.

Le milliardaire américain a cependant déclaré renoncer à cette acquisition en juillet 2022, en déplorant une proportion trop élevée de faux comptes. Cette volte-face n'a toutefois pas été acceptée par les propriétaires de Twitter, et une bataille juridique s'est engagée sur la poursuite ou non de l'opération lancée par E. Musk qui rachète finalement Twitter en octobre.

▸ Les enjeux : le pluralisme des médias et l'indépendance éditoriale

La formation d'oligopoles est une tendance naturelle dans une économie de marché. Ses bénéficiaires dans le secteur des médias la justifient par la nécessité, dans une économie mondialisée, de constituer des « *champions nationaux* », alors que les nouveaux médias d'Internet apparaissent dominés par des entreprises américaines.

Par ailleurs, pour les médias traditionnels – et singulièrement les journaux généralistes payants –, la baisse de la diffusion ou des audiences (dans un paysage télévisuel et radiophonique ayant tendance à s'émietter) entraîne une diminution de la profitabilité, alors même que les quotidiens de la presse nationale sont perçus avec la radio comme offrant l'information la plus fiable, irriguant largement les autres médias. Les politiques d'aides publiques, en particulier à la presse généraliste, apparaissent alors insuffisantes pour maintenir la rentabilité de ces titres.

Baromètre 2021 de la crédibilité des médias

Source : VisActu, *La Croix*.

Mais la constitution de grands groupes financiers, dont la priorité est le retour sur investissement, fait courir le risque d'une homogénéisation de l'information (les mêmes journalistes passant d'un média à un autre indépendamment de sa ligne éditoriale) et surtout de pressions, directes ou indirectes, au regard des intérêts des détenteurs du capital des médias et des opinons politiques des milliardaires à tendance libérale ou conservatrice, même si les propriétaires mettent en avant leur respect de la ligne éditoriale de chacun des médias. Par exemple, à la veille du second tour de l'élection présidentielle en avril 2022, la société des rédacteurs du magazine *Marianne* a dénoncé une intervention directe, selon elle, de l'actionnaire principal du journal, Daniel Křetínský, à la une du magazine en faveur du candidat E. Macron. De même, le rachat de Twitter par E. Musk, réputé avoir une gestion personnelle et autoritaire de ses sociétés, et soutien du parti républicain, suscite des inquiétudes quant à la neutralité du réseau social – E. Musk ayant pour sa part déploré la fermeture du compte Twitter de l'ancien président D.Trump.

Mise en perspective

L'homme d'affaires et magnat des médias Rupert Murdoch a déclaré que « *le monde change à une vitesse folle. Le fort ne battra plus le faible. Dorénavant ce sera le rapide qui battra le lent* ». Dans le secteur des médias soumis à des évolutions technologiques majeures depuis la révolution Internet, les opérations de rachat dans les médias obéissent à des logiques financières rapides qui visent également à diversifier les supports. Or Internet a estompé la frontière entre le récepteur (à la fois consommateur et citoyen) et le producteur de contenu des médias en ligne. À cet égard, le succès des influenceurs témoigne de la possibilité d'ouvrir des brèches dans une tendance à la concentration des médias, ce qui est un facteur de pluralisme – mais pose d'autres questions d'ordre professionnel et déontologique, et constitue aussi un vecteur du développement des fausses informations (*fake news*).

Agression contre Salman Rushdie : la liberté d'expression toujours menacée

par Jérôme Calauzènes

Le 12 août 2022, alors qu'il s'apprêtait à prendre la parole lors d'une conférence à l'institution Chautauqua, lieu symbole de la tolérance religieuse, dans l'État de New York, Salman Rushdie a été poignardé par un Américain de 24 ans, Hadi Matar. Si l'écrivain est désormais sur la voie du rétablissement, ce n'est pas la première fois qu'il est la cible des islamistes radicaux. Dans quelle mesure cet événement témoigne-t-il du fait que la liberté d'expression est toujours menacée ?

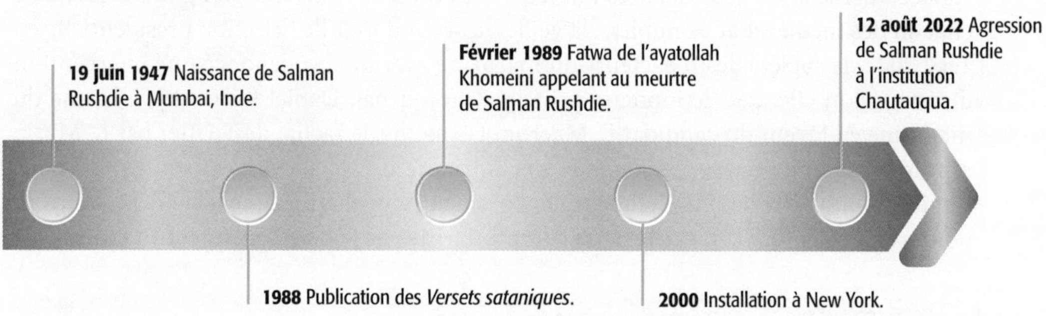

▸ Salman Rushdie, l'auteur des *Versets sataniques*

Né en 1947 à Mumbai, en Inde, dans une famille musulmane laïque de la bourgeoisie, Salman Rushdie part à 13 ans vivre au Royaume-Uni. Il accède à la notoriété en 1981 avec la parution des *Enfants de minuit*, roman écrit en anglais pour lequel il reçoit le Booker Prize. Il publie ensuite d'autres œuvres avant de faire paraître, en 1988, *Les Versets sataniques*.

Ce quatrième roman déclenche une très vive réaction au sein de la communauté musulmane. Il raconte les pérégrinations de deux personnages principaux, Gibreel Farishta et Saladin Chamcha. Se retrouvant dans un vol à destination de Londres, ils sont les seuls survivants d'un attentat terroriste. L'ouvrage est entrecoupé de récits, réels ou hypothétiques, de la vie du prophète Mahomet et relate notamment l'épisode connu sous le nom de « la prédication des versets sataniques ». Alors qu'il tente d'établir le monothéisme à La Mecque, le prophète aurait été en butte à l'hostilité de certains notables polythéistes. Il aurait alors autorisé le culte d'autres divinités avant de se rétracter. Cette action aurait été inspirée par le diable et est d'ailleurs citée par de nombreuses sources de la tradition musulmane.

Cependant, cette version est fortement critiquée par certains courants de l'islam qui n'en reconnaissent pas l'authenticité. C'est pourquoi la publication du roman déclenche une vague d'indignation dans le monde, certains y voyant un acte blasphématoire. Plusieurs pays interdisent le livre, à commencer par l'Inde et l'Afrique du Sud, mais aussi la majorité des pays musulmans. En janvier 1989, l'œuvre est victime d'un autodafé à Bradford au Royaume-Uni tandis qu'en février une fatwa (décret émis par une autorité religieuse musulmane) de l'ayatollah Khomeini, guide de la révolution en Iran, réclame l'exécution de Salman Rushdie et de ses éditeurs. L'auteur est accusé de blasphème et d'apostasie (renoncement à une croyance).

D'autres auteurs menacés de mort

Roberto Saviano Écrivain et journaliste italien	**Zineb El Rhazaoui** Écrivaine et journaliste française	**Orhan Pamuk** Écrivain turc, prix Nobel de littérature en 2006	**Kakwenza Rukirabashaija** Écrivain ougandais réfugié en Allemagne	**Taslima Nasreen** Écrivaine bangladaise réfugiée en Inde puis en Europe
• **Menace : multiples tentatives d'assassinat.** • Motif de la menace : *Gomorra*, documentaire de 2006 qui décrit les pratiques de la mafia napolitaine, la Camorra. • Auteur de la menace : mafia napolitaine.	• **Menace : attaque terroriste de 2015 contre le journal,** à laquelle elle échappe car elle se trouvait à Casablanca. Vit depuis sous protection permanente des forces de l'ordre. • Motif de la menace : journaliste à *Charlie Hebdo*. • Auteur de la menace : Al Qaïda Yémen (Chérif et Saïd Kouachi).	• **Menace : menaces de mort.** • Motif de la menace : articles dans lesquels il dénonce les dérives actuelles de son pays comme la montée de l'islamisme, les injustices sociales ou encore le manque de liberté d'expression ; condamnation publique de la fatwa islamique lancée contre Salman Rushdie ; aveu de responsabilité de la Turquie dans les massacres des Kurdes et le génocide arménien. • Auteur de la menace : autorités turques.	• **Menace : emprisonné, torturé** ; séjours en détention, *« inhumains et dégradants » (Banana Republic: Where Writing is Treasonous)*. • Motif de la menace : critique du fils du président Yoweri Museveni ; *The Greedy Barbarian* qui décrit un pays imaginaire gangréné par la corruption. • Auteur de la menace : régime ougandais, notamment la famille du président.	• **Menace : fatwa.** • Motif de la menace : *Lajja* (La Honte), roman dans lequel elle dénonce les représailles exercées sur la minorité hindoue bangladaise. • Auteur de la menace : fondamentalistes islamiques, en 1993.

▸ Un écrivain sous le coup de menaces permanentes

D'autres critiques ont été soulevées, y compris de la part de l'Occident. Jacques Chirac, à l'époque maire de Paris, a déclaré n'avoir « *aucune estime pour* [Salman Rushdie] *ni pour les gens qui utilisent le blasphème pour se faire de l'argent.* [...] *Quand on déchaîne l'irrationnel, il ne faut pas s'étonner de la suite des choses. Je ne réclame pas la censure, mais le viol des consciences est inadmissible* ».

De nombreuses violences ont été commises à travers le monde à la suite de cette publication : attentats contre des librairies qui proposaient le roman, assassinats (du traducteur japonais de Rushdie notamment) ou tentatives d'assassinat (contre des éditeurs ou d'autres traducteurs).

Après la mort de Khomeini, en 1989, Rushdie tente de désamorcer le conflit en publiant en 1990 un essai intitulé *De bonne foi.* Il publie également des excuses affirmant son respect de l'islam. Mais si en 1998 le gouvernement iranien lève officiellement la fatwa énoncée contre lui, la menace de mort n'a pas pour autant disparu et les tensions autour de sa personne ne sont pas réglées. Ainsi, en 2016, 40 groupes médiatiques publics en Iran se sont regroupés pour réunir 600 000 dollars afin d'augmenter la prime sur la tête de l'écrivain, aujourd'hui de 3 millions. C'est la raison pour laquelle il a longtemps vécu caché, sous protection policière très rapprochée, au Royaume-Uni. Il a ensuite acquis la nationalité américaine et vit à New York depuis 2000.

C'est dans ce contexte que s'est produit le récent attentat contre lui. Le 12 août 2022, alors qu'il participait à une conférence sur le rôle des « États-Unis comme asile pour les écrivains et autres artistes en exil et comme foyer pour la liberté créative », il reçoit plusieurs coups de poignard. Transporté en hélicoptère à l'hôpital, l'écrivain de 75 ans semble désormais tiré d'affaire même s'il garde plusieurs séquelles (perte de la vue d'un œil et main handicapée). L'assaillant est un jeune homme de 24 ans, habitant l'État voisin du New Jersey et d'origine libanaise (il est issu d'un village qui reste le fief du Hezbollah). Arrêté et placé en détention, il aurait affiché des sympathies pour le régime iranien. Lors de son audience de mise en accusation, il a pourtant plaidé non coupable pour le motif d'agression et tentative d'assassinat.

▸ Une condamnation plus massive sans être unanime

Salman Rushdie est devenu, dès les années 1990, un symbole de la liberté d'expression. En 1993, à la suite d'une vague d'assassinats d'écrivains en Algérie, il contribue à la création du Parlement international des écrivains, une organisation dédiée à la protection de la liberté d'expression des auteurs. Il a également toujours mis en garde contre les dérives de l'islam. Dans une interview au *Nouvel Observateur*, en juin 2017, il déclare : « *Il faut arrêter l'aveuglement stupide face au djihadisme qui consiste à dire que cela n'a rien à voir avec l'islam.* » Après son agression, la philosophe Anna Bonalume écrit ainsi dans une tribune au *Monde*, le 14 août 2022 : « *Ce qu'incarne Salman Rushdie, c'est la liberté d'expression face à l'islamisme et aux fondamentalismes, et il l'a payée à plusieurs titres.* »

L'agression de 2022 a entraîné un soutien beaucoup plus large au profit de l'écrivain, contrairement aux années 1990, notamment de la part des États et des personnalités occidentales. E. Macron a ainsi affirmé que la France se tenait « *à ses côtés* » et que « *son combat est le nôtre, universel* ». « *Rien ne justifie une fatwa, une condamnation à mort* », s'est indigné *Charlie Hebdo*, journal auquel Salman Rushdie avait exprimé sa « *solidarité* » après l'attentat de janvier 2015.

Certains États ont pourtant pris plus de distance. L'Inde a gardé le silence, alors qu'elle avait été le premier pays à interdire *Les Versets sataniques* en 1988. L'Iran, tout en démentant tout lien avec l'assaillant, ne condamne pas l'acte.

Quoi qu'il en soit, cette agression a surtout contribué à faire augmenter les ventes des ouvrages de Salman Rushdie et donc, paradoxalement, à accroître la diffusion de ses idées.

La liberté de la presse dans le monde en 2019

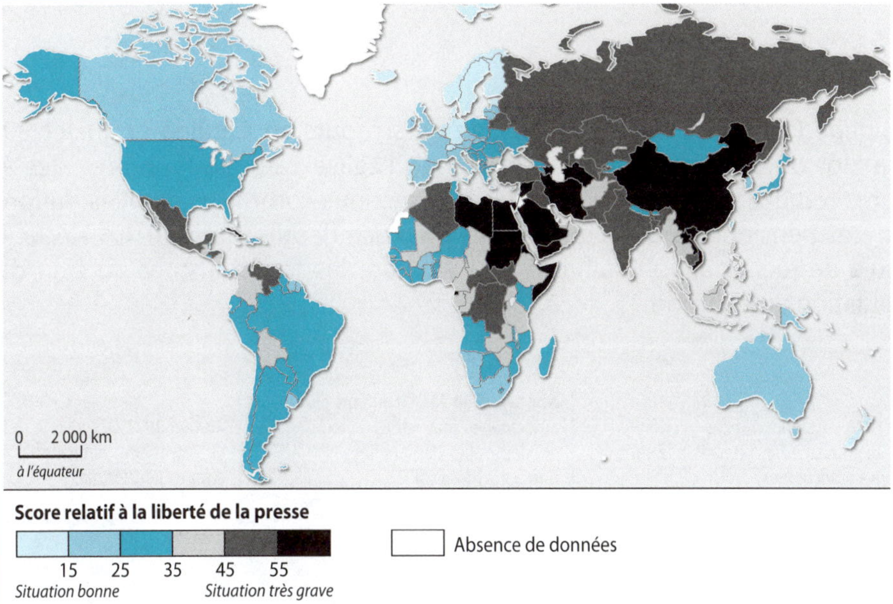

Source : Reporters sans frontières.

Mise en perspective

L'Iran tente de déployer sa puissance, notamment au Moyen-Orient, via l'action de groupes armés qu'il utilise comme « proxys ». Il s'agit de soutenir des acteurs non étatiques, partenaires de circonstance ou créés par Téhéran. Le principal architecte de cette stratégie est la force Al-Qods, dont la tâche est de coordonner et d'appuyer l'action des milices. D'autres groupes, comme le Hezbollah libanais ou l'Organisation Badr irakienne, ont aussi pris un rôle actif dans la structuration du réseau paramilitaire iranien au Moyen-Orient. Après avoir connu des victoires indéniables en Syrie et en Irak face à l'État islamique, le réseau iranien est aujourd'hui mis face à des défis inédits tels que l'intervention saoudienne au Yémen ou l'opposition avec les États-Unis.

L'Église et les Premières Nations du Canada : vers une réconciliation ?

par Valérie Morin

Le pape François a réalisé un voyage de six jours au Canada en juillet 2022. Cela clôt un long processus d'excuses de l'Église catholique auprès des Premières Nations de ce pays à la suite des exactions commises par l'institution au sein des pensionnats autochtones mis en place depuis la fin du XIXe siècle. Ces gestes de réconciliation suffiront-ils à éteindre les traumatismes au sein de la population autochtone ?

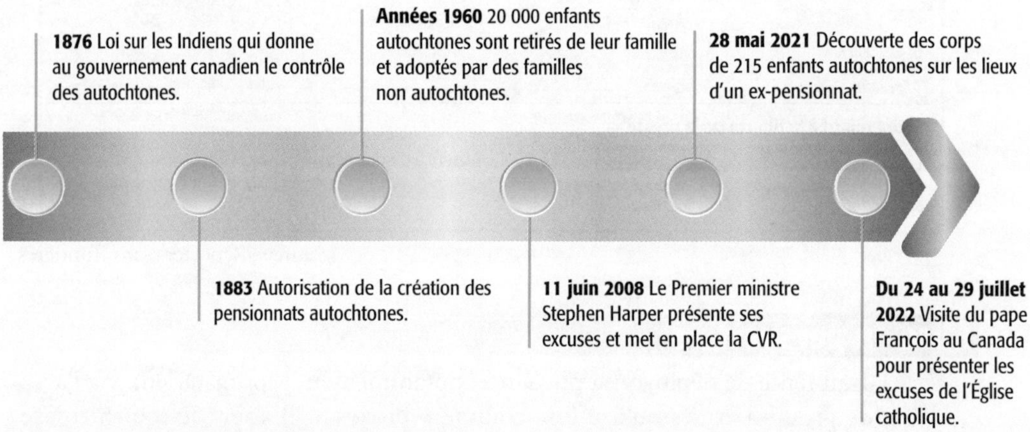

▸ Une visite papale attendue

Du 24 au 29 juillet, le pape François s'est rendu en visite officielle au Canada. Ce voyage avait pour but de demander à nouveau pardon aux populations autochtones pour les mauvais traitements subis dans des pensionnats gérés en majorité par des congrégations catholiques. Des excuses officielles avaient déjà été présentées par le prélat le 1er avril 2022. Cette fois, c'est un véritable « *pèlerinage pénitentiel* » qu'il a réalisé, passant par l'Alberta, puis Québec et enfin Iqaluit, dans l'archipel arctique. Il a souhaité y « *rencontrer et embrasser les peuples autochtones* » pour demander pardon pour les sévices infligés aux quelque 150 000 enfants autochtones inscrits de force dans plus de 130 pensionnats, subventionnés par l'État, mais administrés en majorité par l'Église catholique. Ils y ont été coupés de leur famille, de leur langue et de leur culture, et souvent victimes de violences, parfois sexuelles.

En 1876, la loi sur les Indiens avait donné au gouvernement canadien le contrôle des vies et du sort des Premières Nations. En 1883, la création du système des pensionnats indien eut pour but d'arracher les enfants à leurs parents, de « *tuer l'Indien dans le cœur des enfants* », et d'en faire de « *bons petits Canadiens* » comme l'affirmait alors le Premier ministre J. A. Macdonald. Jusqu'à 6 000 enfants y laissèrent la vie.

Pensionnats autochtones au Canada : les chiffres clés

150 000
Nombre estimé d'enfants autochtones envoyés dans les pensionnats.

6 000
Nombre estimé d'enfants autochtones morts dans les pensionnats.

Plus de 130
Pensionnats à travers tout le Canada de 1831 à 1996.

L'Institut mohawk de Brantford, en Ontario, a accueilli ses premiers pensionnaires en 1831.

Le pensionnat Gordon à Punnichy, en Saskatchewan, est le dernier à avoir fermé ses portes, en 1996. Il s'agissait du dernier pensionnat indien financé par le gouvernement fédéral au Canada.

Source : L'Encyclopédie canadienne.

Néanmoins, plusieurs représentants des communautés autochtones n'ont pas manqué de dire que ces excuses demeurent « *incomplètes* » si le pape ne condamne pas l'institution elle-même, mais seulement ses membres. Murray Sinclair, le président de la Commission de vérité et réconciliation (CVR) a de même « *déploré que les excuses du pape soient seulement centrées sur l'action individuelle de membres de l'Église sans mettre en lumière le rôle de l'Église comme institution dans le système des pensionnats* ».

▸ Un long processus de réconciliation

À l'issue du voyage papal au Canada, la question lancinante demeure de savoir si la réconciliation et la paix tant réclamées et souhaitées seront atteintes dans un avenir proche ou non. Nombre de représentants des populations autochtones ont, certes, salué les excuses exprimées par le pape, mais soulignent que l'aboutissement vers la réconciliation est encore long. Ce processus a commencé tardivement, en 2008, avec les excuses officielles faites par le Premier ministre Stephen Harper au nom du gouvernement du Canada pour le rôle du pays dans le système des pensionnats autochtones.

Elles ont été suivies de la mise en place de la CVR, qui a publié son rapport en 2015 après avoir auditionné des milliers de témoins. Il qualifie le traitement par le Canada des peuples autochtones de « *génocide culturel* ». En plus de versements financiers comme compensation aux survivants, il prévoit la mise en place de 94 « *appels à l'action* » destinés à « *revitaliser les relations entre les peuples autochtones et la société canadienne – la réconciliation est l'objectif. C'est un objectif qui prendra l'engagement de plusieurs générations* ». Cette volonté de réconciliation fait suite aux 37 963 demandes d'indemnisation reçues par le secrétariat d'adjudication des pensionnats autochtones pour les agressions sexuelles et physiques graves subies dans ces institutions. Un Centre national pour la vérité et la réconciliation a aussi ouvert à Winnipeg. Il comprend des archives permanentes et les témoignages reçus par la CVR durant des années d'audition. En 2017, le gouvernement fédéral annonce un règlement de 800 millions de dollars canadiens pour les survivants de la « *rafle des années soixante* ». La même année, le Premier ministre Justin Trudeau présente des excuses aux survivants des pensionnats de Terre-Neuve-et-Labrador, qui avaient été exclus du processus de la CVR et des versements compensatoires car ils n'appartenaient pas au Canada à l'époque.

Un traumatisme qui marque encore la société canadienne

La découverte de 215 corps d'enfants autochtones à proximité de l'ancien pensionnat de Kamloops (Colombie-Britannique) en mai 2021 a relancé le débat sur les souffrances des peuples autochtones contraints par la politique d'assimilation du Canada. L'ensemble de ces mesures assimilatoires a eu des conséquences dévastatrices pour les individus, et les difficultés rencontrées dans les communautés aujourd'hui relèvent du concept de « traumatisme historique ».

Les impacts négatifs des pensionnats ne se limitent en effet pas aux ex-pensionnaires autochtones, mais touchent également leurs descendants. On parle de « transmission intergénérationnelle » du trauma, comme l'ont vécue d'autres populations, les survivants de la Shoah par exemple. Le fait que les pensionnaires aient été dépouillés de leur langue, de leurs croyances et de leurs traditions a grandement compromis la transmission intergénérationnelle de la culture autochtone. Aussi, une fois revenus dans leur communauté, plusieurs des enfants issus des pensionnats se sont sentis ou ont été perçus comme des étrangers aux yeux de leurs familles et de leur communauté. Dans ce contexte, il a été difficile pour les survivants de transmettre leurs valeurs à une nouvelle génération qui était déjà confrontée au défi de se construire une identité à mi-chemin entre la culture autochtone et la culture du groupe majoritaire. De plus, le système des pensionnats a conduit à une rupture dans les relations familiales autochtones. Avoir été élevés avec un déficit affectif et éducatif entraîne chez nombre de ces ex-pensionnaires des comportements violents au sein de la famille, violence qui touche majoritairement les femmes. On note aussi une forte proportion à la dépression, aux idées suicidaires, à la toxicomanie ou l'alcoolisme chez cette population.

Type de contact avec la police selon que les répondants sont autochtones ou non autochtones (2014)

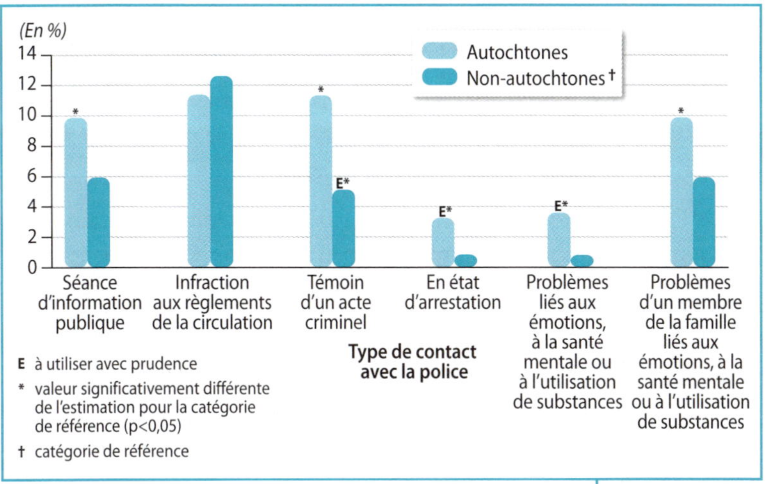

Source : Statistique Canada.

Mise en perspective

L'affaire des pensionnats indiens est contemporaine. Il s'agit d'une histoire vivante qui irradie l'ensemble de la société canadienne et qui va concerner certainement plusieurs générations. Elles devront vivre avec les conséquences des politiques des gouvernements précédents. Le gouvernement canadien a fait le choix de faire reposer les réparations sur une CVR, sur le modèle de l'Afrique du Sud de Nelson Mandela. D'autres pays ont fait reposer la résolution des conflits internes sur ce type de commission. On peut citer l'exemple du Rwanda, à la suite du génocide de 1994, où les commissions – les tribunaux *gacaca* – ont été réactivées. Ils ont permis de libérer la parole entre victimes et bourreaux et d'établir des réparations.

AUTRES FAITS

Vendredi 7 janvier Aux États-Unis, les 3 meurtriers blancs du joggeur noir Ahmaud Arberyn, assassiné en Géorgie en février 2020 après avoir été pourchassé alors qu'il faisait un jogging, sont condamnés à la réclusion à perpétuité.

Jeudi 13 janvier En France, les députés adoptent à l'unanimité une proposition de loi portée par La France insoumise visant à reconnaître l'endométriose comme une affection longue durée.

Samedi 5 février Au Maroc, le petit Rayan, extrait du profond puits dans lequel il était accidentellement tombé 5 jours auparavant, décède malgré les efforts des sauveteurs. Le sort du petit garçon a suscité l'émoi de millions de personnes, bien au-delà des frontières du Maroc.

Samedi 19 février En France, dans le Cantal, une randonneuse de 25 ans décède, victime d'un accident de chasse, ce qui relance le débat sur la chasse, à quelques semaines des élections présidentielles.

Samedi 19 février En France, Jean-Luc Brunel, ancien agent de mannequins mis en examen en décembre 2020 pour viol sur mineurs, est retrouvé pendu dans sa cellule de la prison de la Santé. L'homme était également accusé d'avoir joué un rôle prépondérant auprès de Jeffrey Epstein, milliardaire américain lui aussi accusé de viols sur de jeunes mannequins, et lui aussi retrouvé mort dans sa cellule en 2019.

Samedi 19 mars En France, l'ex-rugbyman argentin Federico Martin Aramburu est tué à Paris par arme à feu par un militant d'extrême droite, ancien militaire et membre du Groupe union défense (GUD), un mouvement d'ultra-droite, Loïk Le Priol.

Lundi 21 mars En France, le militant indépendantiste corse Yvan Colonna, agressé en prison le 2 mars, décède de la suite de ses blessures.

Mardi 19 avril Au Japon, la doyenne de l'humanité Kane Tanaka décède à l'âge de 119 ans.

Samedi 14 mai Aux États-Unis, Payton Gendron, un terroriste suprémaciste blanc de 18 ans, tue 10 personnes dans la ville de Buffalo. Le tueur diffuse son massacre en direct sur la plateforme Twitch.

Lundi 16 mai En France, un rapport publié par le ministère de l'Intérieur révèle une augmentation de 28 %, en 2021, des plaintes pour crimes et délits contre les personnes LGBTQ+.

Mardi 17 mai En Espagne, après d'intenses débats, le gouvernement approuve en Conseil des ministres l'avant-projet de loi de Santé sexuelle et reproductive qui inclut le droit pour les femmes de bénéficier d'un congé menstruel.

Samedi 21 mai En France, le journal *Mediapart* révèle que Damien Abad, ex-patron des députés LR, tout juste nommé ministre des Solidarités, de l'Autonomie et des Personnes handicapées, est mis en cause par 2 femmes pour 2 viols présumés qui seraient survenus en 2010 et en 2011.

MARQUANTS 2022

Mardi 24 mai Aux États-Unis, à Ulvalde (Texas), un homme de 18 ans assassine 21 personnes, dont 19 enfants et 2 enseignantes, dans une école primaire. Il s'agit de la pire tuerie en milieu scolaire depuis la fusillade de Sandy Hook en 2012.

Mercredi 1er juin Aux États-Unis, l'actrice Amber Heard est condamnée pour diffamation contre son ex-conjoint Johnny Depp à l'issue d'un procès ultramédiatisé de six semaines durant lequel l'actrice a été la cible de menaces de mort et d'une campagne de dénigrement.

Samedi 4 juin À Paris, une jeune femme décède après avoir reçu une balle dans la tête tirée par la police. La victime était à bord d'une voiture dont le conducteur est soupçonné de refus d'obtempérer.

Vendredi 17 juin Au Brésil, les corps du journaliste Dom Phillips et du chercheur Bruno Araujo Pereira sont identifiés. Les deux hommes, tués par arme à feu, avaient disparu en Amazonie le 5 juin dans une zone réputée dangereuse du fait des trafics de drogue, de pêche ou d'orpaillage illégal.

Vendredi 24 juin En Norvège, un homme tue 2 personnes et en blesse 21 en tirant sur la foule en plein centre-ville alors que se termine l'Oslo Pride (une semaine de festivités pour promouvoir les droits des personnes LGBTQ+).

Dimanche 26 juin En Turquie, près de 400 personnes, dont des militants et des journalistes, sont arrêtées par la police à Istanbul alors qu'elles participaient à la marche des fiertés LGBTQ+, officiellement interdite depuis 2015 dans la capitale.

Dimanche 26 juin En Afrique du Sud, 21 adolescents décèdent mystérieusement dans un bar clandestin d'East London. Les analyses toxicologiques révèlent la présence de méthanol dans le sang des victimes.

Mardi 5 juillet En France, le ministère des Affaires étrangères annonce le rapatriement sur le territoire national de 35 mineurs français depuis des camps de détention du nord-est de la Syrie. Outre ces mineurs, 16 mères rejoignent également l'Hexagone. Elles sont aussitôt mises en examen et placées en détention provisoire.

Vendredi 8 juillet En France, le Conseil constitutionnel juge constitutionnel le fait d'exclure les hommes transgenres du droit à la PMA.

Mardi 9 août En France, un hommage national est organisé à Paris en faveur des victimes de l'attentat terroriste de la rue des Rosiers le 9 août 1982.

Lundi 5 septembre En France, le procès de l'attentat de Nice s'ouvre à Paris, pour trois mois et demi, en l'absence du principal accusé, abattu le jour des faits. L'auteur de l'attaque, Mohamed Lahouaiej Bouhlel, avait tué 86 personnes sur la promenade des Anglais de Nice le 14 juillet 2016.

QCM

Pour chaque question, une seule réponse est correcte.

1 En quelle année le scandale Orpea a-t-il éclaté ?

❍ a. 2014.
❍ b. 2020.
❍ c. 2022.

2 En quelle année le groupe Orpea a-t-il été créé ?

❍ a. 2000.
❍ b. 2010.
❍ c. 1989.

3 Depuis sa cotation en bourse, par combien la valeur de l'action d'Orpea a-t-elle été multipliée ?

❍ a. 10.
❍ b. 100.
❍ c. 20.

4 Quel coût de revient journalier d'un résident pour la restauration le groupe Korian exigeait-il ?

❍ a. 6,10 euros.
❍ b. 4,35 euros.
❍ c. 5,30 euros.

5 Selon l'ONU, quelle part de la population mondiale les personnes de plus de 65 ans représenteront-elles en 2100 ?

❍ a. 14 % de la population mondiale.
❍ b. 24 % de la population mondiale.
❍ c. 34 % de la population mondiale.

6 Quel est l'indice de fécondité du monde en 2022 ?

❍ a. 1,9.
❍ b. 2,1.
❍ c. 2,3.

7 En Corée du Sud, quelle proportion de retraités vit en dessous du seuil de pauvreté ?

❍ a. 45 %
❍ b. 55 %
❍ c. 65 %

8 Comment appelle-t-on le marché que représentent les personnes âgées ?

❍ a. La *grey economy*.
❍ b. L'*old economy*.
❍ c. La *silver economy*.

9 Quel est le montant de l'augmentation mensuelle des personnels sociaux et médico-sociaux après le Ségur de la santé ?

❍ a. 183 euros. ❍ b. 246 euros. ❍ c. 309 euros.

10 Laquelle de ces pistes n'est pas envisagée par François Braun, nouveau ministre de la Santé, pour résoudre la crise de l'hôpital en France ?

❍ a. Une orientation plus sélective vers les services d'urgence.
❍ b. La remise en cause de l'ONDAM.
❍ c. La suppression de la T2A.

11 Quelle est la profession de François Braun, nouveau ministre de la Santé ?

❍ a. Aide-soignant.
❍ b. Inspecteur général des Affaires sociales.
❍ c. Médecin urgentiste.

12 Combien de lits ont été fermés dans les hôpitaux entre 2000 et 2020 ?

❍ a. 40 000. ❍ b. 80 000. ❍ c. 120 000.

13 Combien d'accusés ont été jugés lors du procès des attentats du 13-Novembre ?

❍ a. 20. ❍ b. 15. ❍ c. 3.

14 Quelle a été la peine infligée à Salah Abdeslam lors de ce procès ?

❍ a. La perpétuité.
❍ b. La perpétuité incompressible.
❍ c. Une peine d'emprisonnement de trente ans.

15 Quelle a été la durée du procès des attentats du 13-Novembre ?

❍ a. 6 ans.
❍ b. 149 jours.
❍ c. 327 jours.

16 Combien de parties civiles se sont constituées pour ce procès ?

❍ a. 1 800. ❍ b. 327. ❍ c. 28.

17 Que signifie le sigle « CRS » ?

❍ a. « Compagnie républicaine de sécurité ».
❍ b. « Compagnie républicaine de sauvegarde ».
❍ c. « Compagnie régulière de sécurité ».

18 **Lors de quel événement sportif la gestion du maintien de l'ordre en France a-t-elle été mise en cause en mai 2022 ?**

- ❍ **a.** La finale de la Coupe d'Europe.
- ❍ **b.** La finale de la Ligue des champions.
- ❍ **c.** La finale du Tournoi des six nations.

19 **Qui a été nommé préfet de police de Paris en juillet 2022 ?**

❍ **a.** Didier Lallemant. ❍ **b.** Laurent Nuñez. ❍ **c.** Anne Hidalgo.

20 **Que prévoit notamment la loi d'orientation et de programmation du ministère de l'Intérieur ?**

- ❍ **a.** La création de 11 unités de forces mobiles (UFM).
- ❍ **b.** La création de 11 unités de police mobiles (UPM).
- ❍ **c.** La création de 11 unités de forces répressives (UFR).

21 **Quel pays européen dispose de la législation la plus sévère à l'égard de l'avortement ?**

❍ **a.** Malte. ❍ **b.** La Hongrie. ❍ **c.** L'Italie.

22 **Quel est l'État central de la *Bible Belt* ?**

❍ **a.** Le Texas. ❍ **b.** Le Vermont. ❍ **c.** Le Mississippi.

23 **Avant 1973, aux États-Unis, quelle était la situation de l'avortement ?**

- ❍ **a.** Il était pratiqué sans être officiellement autorisé.
- ❍ **b.** Il était légal, jusqu'à la révocation de la loi en 1973.
- ❍ **c.** Il était systématiquement considéré comme un délit.

24 **Aux États-Unis, qu'a fait Donald Trump en lien plus ou moins direct avec l'avortement ?**

- ❍ **a.** Il a fait interdire l'avortement.
- ❍ **b.** Il a pris la tête du *National Right to Life Committee.*
- ❍ **c.** Il a fait nommer trois magistrats ultra-conservateurs à la Cour suprême.

25 **Quel est le nom exact de la loi du 6 août 2019 ?**

- ❍ **a.** « Loi de modernisation de la fonction publique ».
- ❍ **b.** « Loi de réforme de l'Etat et des services publics ».
- ❍ **c.** « Loi de transformation de la fonction publique ».

26 **Quel est le nombre d'agents publics en France ?**

❍ **a.** 2,2 millions. ❍ **b.** 5,6 millions. ❍ **c.** 7,1 millions.

27 **Laquelle de ces obligations ne figure pas dans le statut général des fonctionnaires ?**

- ❍ **a.** L'obligation de réserve.
- ❍ **b.** L'obligation de discrétion professionnelle.
- ❍ **c.** L'obligation de neutralité.

28 Quelle est la référence prise en compte pour le calcul des pensions des fonctionnaires ?

- a. Le dernier traitement mensuel.
- b. Le salaire moyen des trois derniers mois.
- c. Le salaire moyen des six derniers mois.

29 Quelle institution de référence a fait entrer le pronom non binaire « iel » dans son dictionnaire ?

- a. Le Larousse.
- b. Le Robert.
- c. L'Académie française.

30 La question du genre neutre se pose-t-elle dans toutes les langues ?

- a. Non, elle ne se pose qu'en français.
- b. Oui, mais elle se pose de façon délicate en français et dans les langues sans neutre.
- c. Oui, elle se pose aujourd'hui de la même manière dans toutes les langues.

31 Quelle est la position de l'Éducation nationale concernant l'écriture inclusive ?

- a. Elle a autorisé l'emploi de l'écriture inclusive.
- b. Elle a interdit l'emploi de l'écriture inclusive.
- c. Elle laisse le choix aux élèves et enseignants sur l'écriture inclusive.

32 Au final, qui décidera si le pronom « iel » se diffuse ?

- a. L'Académie française.
- b. Le ministre de l'Éducation nationale.
- c. L'usage.

33 Quelle est la part des titres détenus par 11 milliardaires dans la part d'audience en France de la télévision généraliste ?

- a. 57 %.
- b. 85 %.
- c. 90 %.

34 Lequel de ces milliardaires n'est pas un investisseur majeur du secteur des médias français ?

- a. Bernard Arnault.
- b. Françoise Bettencourt Meyers.
- c. François Pinault.

35 Quelle a été la principale justification de Vincent Bolloré, devant la Commission d'enquête du Sénat, pour constituer un groupe de médias à l'échelle mondiale en rachetant Lagardère ?

- a. Financer la création française au nom de l'exception culturelle.
- b. Investir dans un secteur financier rentable.
- c. Exercer une influence dans le champ politique.

36 Qui est le principal actionnaire du quotidien *Le Monde* ?

- a. La famille Dassault.
- b. Daniel Křetínský.
- c. Alain Weill.

PARTIE 4

37 **Dans quel pays Salman Rushdie est-il né ?**

❍ **a.** En Inde. ❍ **b.** Au Pakistan. ❍ **c.** Au Bangladesh.

38 **Pour quel ouvrage l'Iran a-t-il émis une fatwa contre lui ?**

❍ **a.** *Les Versets coraniques.*
❍ **b.** *Les Versets sataniques.*
❍ **c.** *Les Versets diaboliques.*

39 **De quelle origine est Madi Hatar, qui a tenté d'assassiner Salman Rushdie en 2022 ?**

❍ **a.** Iranienne. ❍ **b.** Syrienne. ❍ **c.** Libanaise.

40 **Quelle a été la réaction de l'Inde face à l'attentat contre Salman Rushdie ?**

❍ **a.** Elle a condamné l'attentat.
❍ **b.** Elle a soutenu l'assaillant.
❍ **c.** Elle a gardé le silence.

41 **À combien s'élève le nombre d'enfants autochtones concernés par les pensionnats canadiens ?**

❍ **a.** 1 000 000. ❍ **b.** 150 000. ❍ **c.** 6 000.

42 **Quelle était la mission des pensionnats autochtones au Canada ?**

❍ **a.** Donner une « *bonne éducation* » aux autochtones.
❍ **b.** « *Tuer l'Indien dans l'enfant* ».
❍ **c.** Favoriser l'apprentissage de l'anglais.

43 **Dans quel contexte s'inscrit la visite du pape au Canada en 2022 ?**

❍ **a.** Elle fait suite à de nombreuses excuses de l'Église.
❍ **b.** Elle n'a pas de motif réel.
❍ **c.** Les communautés autochtones y sont hostiles.

44 **Qu'implique la « transmission intergénérationnelle » chez les populations autochtones ?**

❍ **a.** Les autochtones souhaitent transmettre leur histoire à leurs descendants.
❍ **b.** Les Canadiens souhaitent inclurent l'histoire des pensionnats dans leur histoire..
❍ **c.** Les impacts négatifs des pensionnats touchent également les descendants.

Corrigé

1c, 2c, 3a, 4b, 5b, 6c, 7a, 8c, 9a, 10c, 11c, 12b, 13a, 14b, 15b, 16a, 17a, 18b, 19b, 20a, 21a, 22c, 23a, 24c, 25c, 26b, 27a, 28c, 29b, 30b, 31b, 32c, 33a, 34b, 35b, 36b, 37a, 38b, 39c, 40c, 41b, 42b, 43a, 44c.

CULTURE ET SPORT

ZOOM SUR… Élisabeth II. Une reine qui a traversé le XXe siècle

par Jérôme Calauzènes

Le 8 septembre 2022, la reine Élisabeth II s'éteint au château de Balmoral en Écosse, après soixante-dix ans de règne. Ses funérailles ont lieu le 19 septembre 2022 dans l'abbaye de Westminster et elle est ensuite inhumée dans la chapelle du roi George V au château de Windsor. C'est son fils aîné qui lui succède, prenant le nom de Charles III. En quoi peut-on parler de « seconde ère élisabéthaine », par référence à l'âge d'or de la première Élisabeth, entre 1558 et 1603 ?

21 avril 1926 Naissance à Londres.

10 décembre 1936 Abdication de son oncle, Édouard VIII. Le père d'Élisabeth, George VI, monte sur le trône.

6 février 1952 Élisabeth II est proclamée reine de Grande-Bretagne et d'Irlande du Nord.

Mai 2011 Première visite en Irlande depuis son indépendance en 1922.

9 avril 2021 Mort du prince Philippe, duc d'Édimbourg, époux de la reine.

8 septembre 2022 Mort d'Élisabeth II à 96 ans.

▸ Une princesse qui n'était pas destinée à régner

Arrière-arrière-petite-fille de la reine Victoria, Élisabeth Alexandra Mary est la fille aînée du duc et de la duchesse d'York, titre donné au deuxième fils du souverain. Son père, le futur George VI, n'est monté sur le trône en 1936 qu'à la suite à l'abdication de son frère aîné, le roi Édouard VIII. Ce dernier renonce en effet à ses droits à la couronne afin de pouvoir épouser Wallis Simpson, une roturière américaine, en instance de divorce de son second mariage.

Élisabeth devient alors première dans l'ordre de succession au trône lorsque son père accède au trône. Elle commence à être préparée à son rôle de future reine à 10 ans. En 1947, elle épouse le prince Philippe de Grèce, devenu duc d'Édimbourg. Ils auront quatre enfants dont Charles, prince de Galles, né en 1948.

Élisabeth devient reine de Grande-Bretagne, d'Écosse et d'Irlande du Nord, cheffe du Commonwealth, gouverneure suprême de l'Église d'Angleterre et commandante en chef des forces armées britanniques à 25 ans, à la mort de son père en 1952. Elle est aussi cheffe de l'État de 14 autres pays du Commonwealth, dont l'Australie, le Canada, les Bahamas et la Papouasie-Nouvelle-Guinée. Son couronnement a lieu en 1953 et devient un véritable événement mondial car il est retransmis à la télévision.

▸ Une reine très populaire, instrument du *soft power* britannique

En tant que souveraine, Élisabeth II a nommé 15 Premiers ministres, mais elle n'avait pas de marge de manœuvre puisque le monarque est obligé de nommer le chef du parti ayant remporté le plus grand nombre de voix aux élections législatives. Elle s'est entretenue avec chacun d'eux chaque semaine.

La reine a accompagné les évolutions de son temps. Face à la transformation de l'Empire britannique en Commonwealth, elle a multiplié les visites dans ces territoires, devenant le premier monarque d'Australie et de Nouvelle-Zélande à visiter ces pays. Au cours de son règne, elle a effectué plus de 170 visites dans les États du Commonwealth. Elle a assisté également à l'entrée puis à la sortie du Royaume-Uni de la construction européenne, à l'abolition de l'apartheid en Afrique du Sud (1991).

Très médiatisée, elle est aussi restée très discrète et a toujours mis un point d'honneur à conserver sa neutralité. Elle n'a donné que très peu d'interviews et ses rares discours, hormis celui des vœux de bonne année, étaient généralement écrits par le bureau du Premier ministre. Très riche (sa fortune personnelle a été estimée à environ 437 millions d'euros) mais humble, traditionaliste mais pragmatique, elle a joué subtilement de ces paradoxes.

Elle a en tout cas été un instrument au service des intérêts britanniques, particulièrement diplomatiques ou économiques.

▸ Une reine dans la tourmente

Dans les années 1990, la monarchie britannique est cependant de plus en plus contestée. La reine est confrontée au divorce de deux de ses enfants, Anne et Andrew, puis à celui du prince Charles et de la très populaire princesse Diana en 1992. Cela relance le débat sur le conservatisme de la maison royale et son impossibilité à accepter les évolutions de son temps.

En 1997, la disparition de Diana, dans un accident de voiture à Paris, suscite une grande émotion populaire, et l'opinion britannique comprend mal l'apparente indifférence de la reine. À ce moment-là, près de 70 % des Britanniques réclament sa démission. De même, en 1992, un incendie ravage le château de Windsor. Les coûts importants de réparation soulèvent la question du financement des travaux, de nombreuses voix cherchant à les faire supporter par la reine. C'est à ce moment-là que la liste civile (subvention annuelle couvrant la plupart des dépenses liées à l'exercice des fonctions officielles du souverain, notamment celles relatives aux salaires du personnel, aux visites d'État…) de la monarchie est réduite et que la reine accepte de payer l'impôt sur le revenu.

Son pragmatisme a, quoi qu'il en soit, consolidé la monarchie britannique puisqu'en 2022 seulement 27 % des Britanniques sont favorables à l'abolition de cette institution. C'est son fils, beaucoup moins populaire, qui lui succède sous le nom de Charles III.

Affaire Druet-Cattelan : qui est l'auteur d'une œuvre d'art ?

par Paul Muthelet

Le sculpteur Daniel Druet revendique dans un procès ouvert en mai 2022 la paternité exclusive de neuf modèles en cire qu'il a exécutés entre 1999 et 2006 à la demande d'un autre artiste, Maurizio Cattelan, qui les a ensuite mis en scène. Ce litige entre le penseur originel d'une œuvre et son créateur a un impact retentissant et pose la question suivante : comment déterminer l'auteur d'une œuvre ?

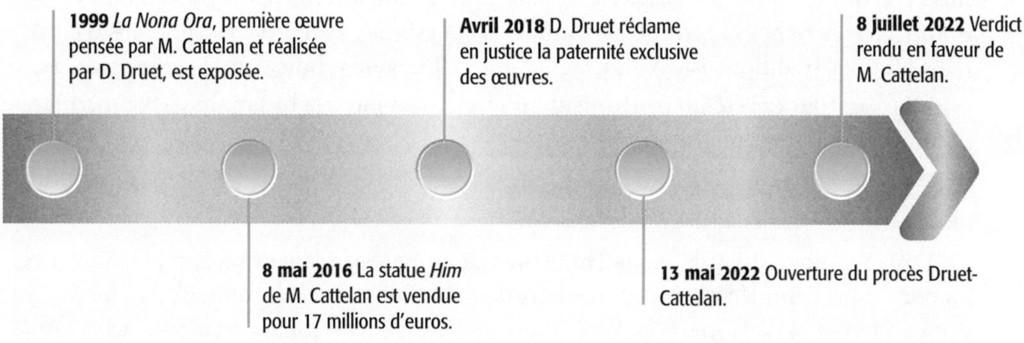

▸ Une collaboration étonnante

Daniel Druet, né en 1941, formé à l'école des Beaux-Arts de Paris, est un sculpteur revendiquant un savoir-faire artisanal, ayant notamment réalisé plusieurs statues de cire pour le musée Grévin à partir de 1973. Maurizio Cattelan est, lui, un artiste contemporain de renommée internationale, né en 1960, et représenté par le galeriste Emmanuel Perrotin à Paris. Tandis que le premier est un artiste « à l'ancienne » à la formation académique, réalisant lui-même ses pièces dans son atelier, le second est un autodidacte en apparence beaucoup plus moderne, provocateur et conceptuel. En dépit de ces différences patentes, les deux travaillent ensemble dès les années 1990. M. Cattelan commande entre autres à D. Druet deux œuvres qui contribuent à le rendre célèbre, la *Nona Ora* et *Him* – cette dernière, exposée en 2001, représente Adolf Hitler en position de prière.

Par la suite, la cote de M. Cattelan monte en flèche, ses œuvres sont collectionnées par François Pinault, et l'œuvre *Him* est vendue aux enchères pour 17 millions d'euros en mai 2016. D. Druet, n'ayant touché que 33 000 euros en moyenne pour chaque pièce et voyant son nom absent des expositions, collections et ventes, intente en avril 2018 un procès à la galerie Perrotin, en demandant à être reconnu comme auteur exclusif de neuf œuvres et à être dédommagé à hauteur de plus de 4 millions d'euros. Il se présente comme le seul à savoir insuffler une telle vie à ses personnages, notamment dans leur regard, et donc à savoir créer de telles œuvres, qui auraient eu un succès bien moindre si elles avaient été réalisées par quelqu'un d'autre. Le procès, ouvert le 13 mai 2022, a un grand retentissement dans le monde de l'art, et pose la question de la notion juridique d'« auteur ».

La qualité d'auteur dans la loi

Selon l'article L. 111-1 du Code de la propriété intellectuelle, « *l'auteur d'une œuvre de l'esprit jouit sur cette œuvre, du seul fait de sa création, d'un droit de propriété incorporelle exclusif et opposable à tous* ». Pour trouver ce qu'est l'« *auteur d'une œuvre* », il faut se référer à l'article L. 113-1, selon lequel « *la qualité d'auteur appartient, sauf preuve contraire, à celui ou à ceux sous le nom de qui l'œuvre est divulguée* ». Le créateur initial d'une œuvre peut donc consentir à laisser quelqu'un d'autre la divulguer, et cette autre personne en deviendra, de droit, l'auteur, en vertu de cette « *présomption de titularité* ». Cependant, si le créateur initial change d'avis et souhaite acquérir la paternité de l'œuvre, il lui est possible de la réclamer en démontrant son apport effectif à la création. Il s'agit là de ce que D. Druet prétend faire en réclamant la paternité exclusive de ces œuvres.

Dans certains cas, la paternité d'une œuvre peut être multiple : c'est ce qu'on appelle l'« *œuvre de collaboration* », définie dans l'article L. 113-2 du Code de la propriété intellectuelle comme « *l'œuvre à la création de laquelle ont concouru plusieurs personnes physiques* ». Quelqu'un réclamant la paternité totale d'une œuvre peut finalement se voir accorder la qualité de coauteur s'il est démontré que les deux parties ont concouru à sa création. Tout dépend en réalité du degré de liberté laissé par le commanditaire au créateur lors de la commande des œuvres. S'il lui a laissé une certaine liberté artistique, il est probable qu'ils obtiennent la qualité de coauteurs. Si cette liberté d'exécution est quasiment totale, le créateur pourra en son droit en revendiquer la paternité exclusive. En revanche, si les précisions techniques fournies par le commanditaire ne laissent aucune marge de manœuvre au créateur, c'est le premier qui va probablement en garder la paternité exclusive, même si celle-ci est contestée par le créateur. C'est donc dans ce contexte juridique assez complexe que le procès évolue, jusqu'à ce que la décision du tribunal soit rendue le 8 juillet 2022.

Fonctionnement simplifié de la qualité d'auteur dans la loi

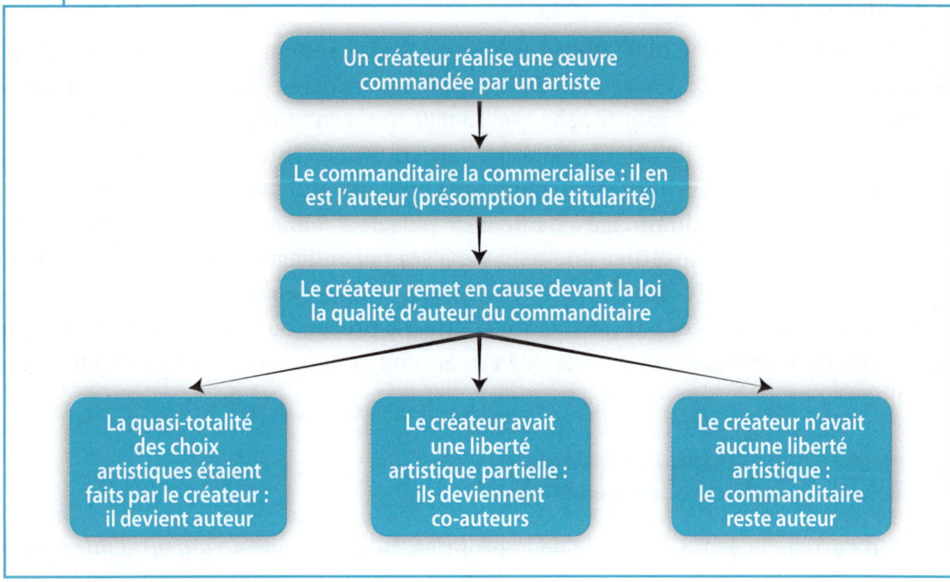

▸ Issue et retombées de l'affaire

Lors du procès, « *les directives de mise en scène des effigies de cire dans une configuration spécifique* », données par M. Cattelan lors de l'exposition des pièces, sans lesquelles elles n'auraient pas eu une telle renommée, sont soulignées. Pierre-Olivier Sur, avocat de la galerie Perrotin, revient aussi sur la précision « *mathématique* » des instructions données par M. Cattelan, avec l'exemple d'une œuvre nommée *Now*, représentant John Fitzgerald Kennedy dans un cercueil, pour laquelle M. Cattelan était allé jusqu'à indiquer de combien de millimètres les paupières devaient être abaissées. Pourtant, la décision rendue le 8 juillet 2022 ne s'appuie pas sur ces éléments : la procédure est invalidée pour vice de forme et D. Druet est débouté et doit payer 20 000 euros à la galerie Perrotin et à la Monnaie de Paris. Il avait en effet, avec son avocat, commis l'erreur de poursuivre ces personnes morales au lieu d'assigner en personne M. Cattelan, des œuvres duquel il revendique pourtant la paternité. L'avocat de D. Druet a évoqué l'intention de repartir de zéro en assignant cette fois directement M. Cattelan.

Ce procès a un impact médiatique retentissant ; les sommes en jeu dans l'art contemporain, de plus en plus vertigineuses au fil des années, contribuent à amplifier le retentissement de l'affaire. Le point culminant en est le 14 mai, lorsqu'une tribune dans le journal *Le Monde*, signée par 65 personnalités, défend la position de M. Cattelan pour préserver l'esprit d'initiative de l'art contemporain. De fait, une fois la décision de justice rendue, les avocats du galeriste affirment dans un communiqué que celle-ci « *constitue une véritable jurisprudence en ce que, pour la première fois, les magistrats consacrent l'art conceptuel par une décision de principe* ». Pour l'autre partie, la décision rendue constate uniquement le vice de forme et, par conséquent, ne suffit pas pour dire que la prétention de Daniel Druet est irrecevable sur le fond ou qu'il n'aurait pas pu *a minima* obtenir la qualité de coauteur dans d'autres circonstances.

Le marché de plus en plus lucratif de l'art contemporain

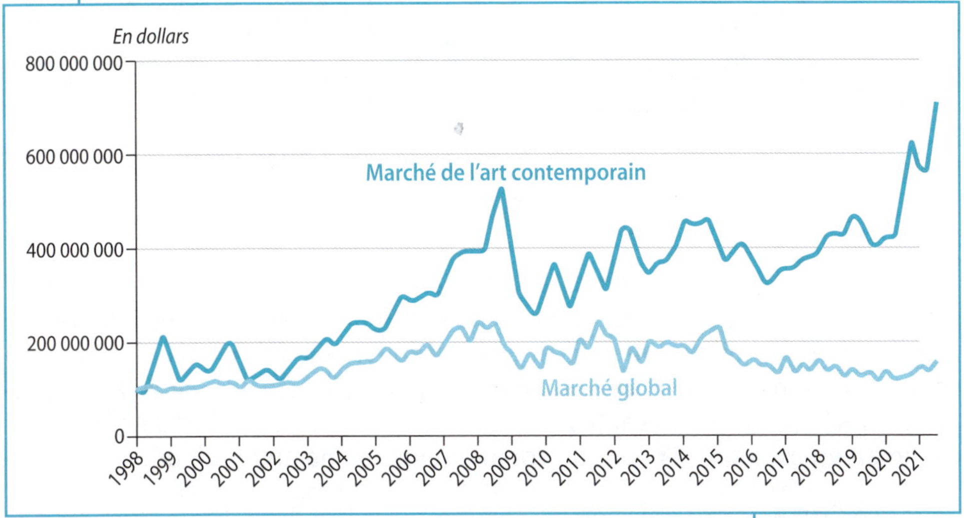

Source : artprice.com.

Mise en perspective

Il est arrivé à plusieurs reprises que la qualité de coauteur soit attribuée à la suite de litiges. L'artiste Alberto Sorbelli, qui avait effectué une performance artistique devant *La Joconde*, et la photographe Kimiko Yoshida l'ayant immortalisée, se sont vu reconnaître la qualité de coauteurs par la cour d'appel de Paris en 2004. Ils avaient tous les deux fait valoir leurs choix artistiques, le premier ayant été un « *sujet actif* » et la seconde ayant donné des indications techniques pour améliorer les prises de vue. Bien plus tôt, en 1973, la Cour de cassation avait déjà reconnu la qualité de coauteur à Richard Guino, élève d'Auguste Renoir qui avait sculpté des œuvres au nom de son maître tout en conservant une part de libre arbitre, comme prouvé lors du jugement.

ZOOM SUR… *Guerre*. Roman de 1934, best-seller inattendu de 2022

par Glen Grainger

En juin 1944, Louis-Ferdinand Céline, romancier de génie mais aussi pamphlétaire antisémite pro-allemand notoire, fuit Paris dans le contexte de l'épuration. Il laisse derrière lui des manuscrits, qui réapparaissent miraculeusement en août 2021. Parmi eux, *Guerre*, roman publié par Gallimard en mai 2022, se propulse aussitôt en tête des ventes. De cet événement émergent deux questions : ce roman en est-il un ? Et surtout, comment lire Céline aujourd'hui ?

15 octobre 1932 Publication du chef-d'œuvre de Céline, *Voyage au bout de la nuit*.

1934 Probable rédaction d'un premier jet du roman *Guerre*.

17 juin 1944 Céline fuit Paris avec son épouse Lucette.

4 août 2021 Le journaliste Jean-Pierre Thibaudat annonce l'existence de manuscrits inédits.

5 mai 2022 Publication de *Guerre*.

10 août 2022 Jean-Pierre Thibaudat éclaire le mystère des manuscrits.

Une trouvaille inattendue

Céline a abandonné une grande partie de ses manuscrits dans son appartement de Montmartre lorsqu'il a fui Paris avec son épouse Lucette, le 17 juin 1944. Il se plaint ensuite amèrement, jusqu'à sa mort en 1961, de leur perte, qu'il qualifiera de « *vol* » et de « *destruction* ».

Or, en juin 2020, un ancien journaliste de *Libération*, Jean-Pierre Thibaudat, prend contact avec les deux ayants droit de Céline et leur annonce qu'il possède les 5 324 feuillets disparus. C'est Yvon Morandat, héros de la Résistance, qui a pris soin de les conserver. Il était entré en leur possession quand il avait occupé l'ancien appartement de Céline à Montmartre.

Cette liasse constitue un trésor d'une valeur documentaire et littéraire considérable. S'y trouvent entre autres le manuscrit d'un roman inédit, *Londres*, celui, complet, du roman

Casse-pipe (paru inachevé en 1949), et le texte qui sera intitulé *Guerre* et publié comme roman le 5 mai 2022. Sûrement rédigé en 1934, il n'a pas été retouché par l'éditeur.

▸ Un succès de librairie

Certains spécialistes, comme Pierluigi Pellini, estiment que *Guerre* ne constituait guère que l'ébauche d'un épisode de *Voyage au bout de la nuit*. Céline n'aurait sûrement pas souhaité le voir publié comme roman autonome, encore moins en l'état.

Toujours est-il que *Guerre* devient vite le roman de l'année. Début août, on estimait à 150 000 le nombre d'exemplaires vendus.

Guerre débute *in medias res* dans les tranchées de la Grande Guerre, dans une ambiance apocalyptique. Le personnage principal et narrateur, Ferdinand, agonise dans la boue flandrienne, blessé au bras, et les oreilles bourdonnant d'un bruit accablant. Les Britanniques l'évacuent vers Peurdu-sur-la-Lys. Ferdinand craint d'être fusillé comme déserteur, inquiétude qui point en filigrane des 150 pages.

Le reste ne suit pas de véritable intrigue. Le narrateur brosse le portrait de toute une série de personnages sinistres, avec lesquels il tisse des liens. Un médecin sadique s'entête à vouloir le « *charcuter* ». Une infirmière, Mlle L'Espinasse, masturbe les agonisants sous leurs draps. Le proxénète Cascade rudoie sa « *raclure de putain* », Angèle. Objets d'injures ordinaires dans le contexte et l'époque, les femmes dans *Guerre* sont toutes réduites à un statut dégradant. Un racisme sous-jacent infuse de même, orienté contre les Maghrébins (allègrement qualifiés de « *bicots* »).

Cette galerie d'individus bourrus est mise en action dans des saynètes où règnent la mort et le sexe. Plus cru que toute l'œuvre connue de Céline, le style d'écriture, entre idiome populaire et argot militaire, épouse la brutalité de l'environnement dépeint.

▸ Séparer l'individu de l'œuvre ?

Phénomène de librairie, curiosité de spécialiste, *Guerre* s'est vendu, et *Guerre* plaît. Du moins, la patte de Céline a été reconnue dans *Guerre*. Aux fervents passionnés s'opposent cependant de virulents détracteurs, critiques de son style, indifférents à ses maximes, outrés par le déversement de haine, qu'ils jugent gratuit. Le dilemme subsiste, entre le ban d'un individu à l'idéologie nauséabonde et l'appréciation, dans les deux sens du terme, de son génie littéraire. D'une part, *Guerre* est le témoignage partiel, mais vif et captivant, d'une période historique tout entière. Et le style de Céline s'avère remarquable dans une telle photographie d'époque. D'autre part, *Guerre* manifeste l'éthique venimeuse d'un homme en particulier, qui ne cessera de se développer et de croître, pour déborder puis contredire l'intention antimilitariste initiale et se muer en un antisémitisme explosif. À l'image de Lucien Rebatet, de Robert Brasillach ou de Pierre Drieu la Rochelle, auteurs collaborationnistes de Vichy et du nazisme, le débat fait rage entre ceux qui souhaitent bannir ses écrits et ceux qui dissocient l'individu de l'œuvre.

Si *Guerre* n'est pas antisémite, Céline l'est. Son talent littéraire reconnu n'escamote pas l'aversion profonde envers tout un pan d'humanité qui bouillonnait au fond de l'écrivain.

La guerre d'Algérie 60 ans après : la fin de la guerre des mémoires ?

par Valérie Morin

Le 20 janvier 2021, l'historien Benjamin Stora remettait un rapport portant sur les questions mémorielles de la colonisation et de la guerre d'Algérie au président de la République Emmanuel Macron. Le chef de l'État entend en effet réconcilier les mémoires et dépassionner le débat soixante ans après les accords d'Évian. La multiplication des gestes envers les héritiers de cette histoire suffira-t-elle à apaiser ces mémoires douloureuses ?

19 mars 1962 Cessez-le-feu en Algérie au lendemain de la signature des accords d'Évian.

5 octobre 1999 L'expression « guerre d'Algérie » est officiellement reconnue par le Parlement français.

13 septembre 2020 E. Macron reconnaît l'assassinat de Maurice Audin par l'armée française.

20 janvier 2021 Remise à E. Macron par B. Stora du rapport sur les questions mémorielles portant sur la colonisation et la guerre d'Algérie.

Du 25 au 27 août 2022 Visite officielle du président E. Macron en Algérie.

▸ Une réelle volonté présidentielle d'apaiser les mémoires

Emmanuel Macron entend mettre fin aux tensions mémorielles qui agitent encore la société française. Durant sa campagne électorale de 2017, il déclare que la colonisation est un « *crime contre l'humanité* » et ajoute : « *Et ça fait partie de ce passé que nous devons regarder en face, en présentant nos excuses à l'égard de celles et ceux envers lesquels nous avons commis ces gestes.* » Devenu président de la République, il reste persuadé que la « *réconciliation des mémoires* » est indispensable pour construire l'avenir des relations franco-algériennes.

C'est pourquoi il multiplie les gestes forts à destination des héritiers de cette histoire douloureuse. Le 13 septembre 2018, il reconnaît la responsabilité de l'État dans l'enlèvement, la torture et l'assassinat de Maurice Audin par des militaires français à Alger en 1957. En 2020, il annonce l'ouverture des archives sur le sujet des disparus civils et militaires, français et algériens. Le 24 juillet 2020, il confie à l'historien Benjamin Stora une mission sur les questions mémorielles autour de la colonisation et de la guerre d'Algérie. Le rapport est remis en janvier 2021. Le chef de l'État procède alors à un certain nombre de déclarations : reconnaissance de l'assassinat de l'avocat algérien Ali Boumendjel par l'armée française (mars 2021) ; demande de pardon aux harkis et annonce d'une loi de réparation (20 septembre 2021), votée le 23 février 2022 ; hommage aux victimes algériennes de la répression du 17 octobre 1961 (16 octobre 2021). La main est aussi tendue aux pieds-noirs, avec la reconnaissance du massacre du 26 mars 1962 de la rue d'Isly comme « *acte impardonnable pour la République* » ainsi que celle du caractère tragique de l'exode de 1962 pour de nombreux Français et Françaises (26 janvier 2022). Il exhorte à « *regarder en face* » le « *massacre du 5 juillet 1962* » à Oran, qui toucha « *des centaines d'Européens, essentiellement des Français* ».

▸ Soixante ans d'histoire douloureuse

La volonté présidentielle vise à la « *réconciliation des peuples français et algérien* », écrit-il à B. Stora dans sa lettre de mission. « *Le sujet de la colonisation et de la guerre d'Algérie a trop longtemps entravé la construction entre nos deux pays d'un destin commun en Méditerranée. Celles et ceux qui détiennent entre leurs mains l'avenir de l'Algérie et de la France n'ont aucune responsabilité dans les affrontements d'hier et ne peuvent en porter le poids. Le devoir de notre génération est de faire en sorte qu'ils n'en portent pas les stigmates pour écrire à leur tour leur histoire.* »

Les tensions qu'il évoque proviennent des multiples porteurs de mémoire qui vivent aujourd'hui en France. B. Stora estime qu'environ 7 millions de Français sont directement touchés par cette histoire : les militaires – engagés, conscrits ou supplétifs de l'armée française (harkis, moghaznis…) –, les anciens habitants de l'Algérie française déracinés de cette terre – pieds-noirs, juifs d'Algérie –, les immigrés algériens et leurs descendants. S'y ajoutent tous ceux qui se sont impliqués directement pour l'indépendance : les Français ayant aidé les indépendantistes algériens, appelés « porteurs de valises », ou ceux qui s'y sont violemment opposés, les membres de l'OAS (organisation de l'Armée secrète) et tous ceux qui défendaient l'Algérie française.

Chaque groupe s'est constitué à des moments différents en associations qui deviennent des groupes de pression pour revendiquer compensations matérielles (indemnisation, droit d'anciens combattants…) ou immatérielles (reconnaissance culturelle, retour des exilés…). À cette fin, ces groupes s'appuient sur la construction d'une mémoire qu'ils opposent parfois à l'histoire officielle pour se présenter en victimes. Ces mémoires s'opposant dans certains cas, elles suscitent des tensions. Et elles pèsent aussi lourdement sur les relations avec l'Algérie, le gouvernement algérien taclant les ambiguïtés mémorielles de l'État français.

Les lieux de mémoire en France et en Algérie

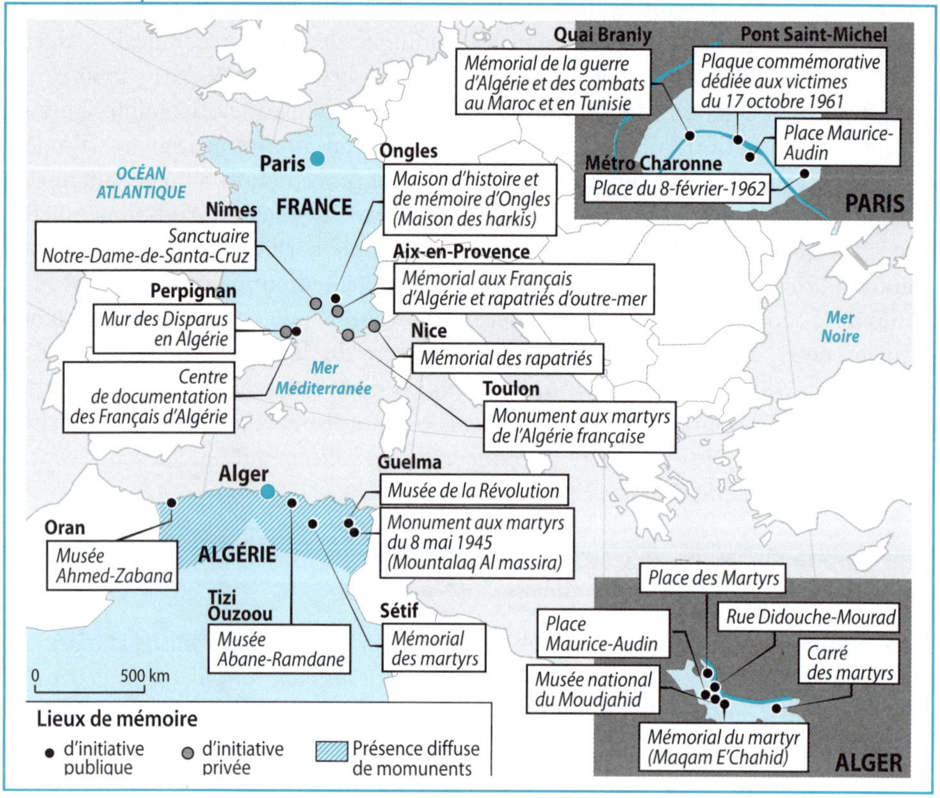

▸ Des mémoires encore vives

Après plusieurs années où cette histoire a été volontairement tue, les mémoires se sont brutalement réveillées à partir des années 1990. On a alors assisté à une accélération des gestes des présidents pour essayer d'apaiser les tensions qui subsistaient. Néanmoins, tout n'est pas encore résolu. Ainsi, la question de la date d'une commémoration officielle n'a toujours pas été tranchée : 19 mars ou 5 décembre, les deux dates se côtoient aujourd'hui. De même, il n'a toujours pas été possible de créer un musée dédié à cette histoire. Plusieurs tentatives ont été menées à Marseille et à Montpellier, qui ont à chaque fois achoppé sur les divisions mémorielles des différents groupes impliqués par cette histoire. Aujourd'hui, E. Macron promet l'ouverture en 2025 d'un musée de l'Histoire de la France et de l'Algérie à Montpellier, selon les préconisations de B. Stora.

Malgré des gestes forts d'E. Macron envers l'Algérie, les relations franco-algériennes restent très fragiles. En octobre 2021, le président mentionne au détour d'une interview que « *la nation algérienne post-1962 s'est construite sur une rente mémorielle, [...] un discours qui, il faut bien le dire, repose sur une haine de la France* ». Cela conduit immédiatement à une brouille diplomatique entre les deux États. C'est en partie pour apaiser les tensions que le président français s'est rendu en Algérie du 25 au 27 août 2022. Cette visite a, semble-t-il, permis de régler différents contentieux et de reprendre le dialogue entre les deux pays. Mais le traité d'amitié souhaité par Jacques Chirac en 2012 n'est toujours pas à l'ordre du jour.

Les moments importants des mémoires franco-algériennes

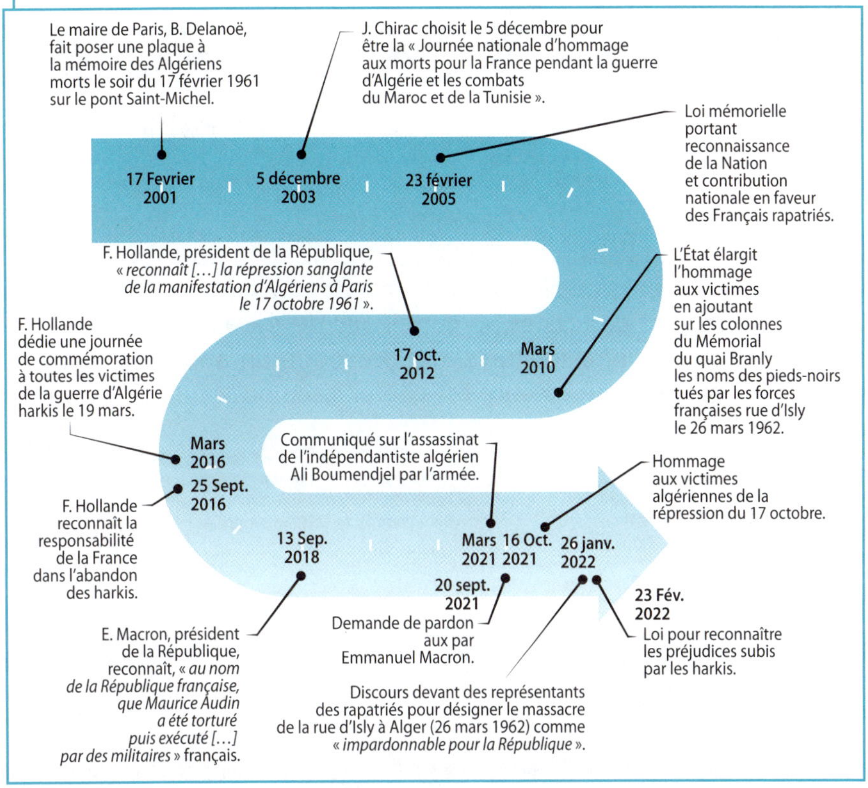

Mise en perspective

Les mémoires de la guerre d'Algérie se sont structurées dans les relations clientélistes que l'État a entretenues avec les associations concernées. Chacune a la volonté d'être la plus écoutée pour pouvoir peser sur le récit national. La guerre d'Algérie est donc devenue un objet politique inflammable et un terrain pour les groupes mémoriels. Ceux-ci utilisent la mémoire du conflit pour débattre de l'identité nationale en France. En fonction du positionnement de chacun par rapport à cette histoire (« Algérie française » ou anticolonialiste), diverses conceptions de l'identité se font jour : identité rigide et passéiste versus identité métissée et multiculturelle. La dernière campagne électorale a d'ailleurs été marquée par ces deux conceptions identitaires.

Faut-il boycotter la Coupe du monde de football au Qatar ?

par Pablo Ahumada

Les conséquences sur l'environnement de l'organisation de la Coupe du monde de football au Qatar, pays au climat pourtant inadapté, ainsi que la situation des droits de l'Homme, en particulier les conditions de travail des ouvriers chargés de la construction des infrastructures, ont provoqué un appel au boycott de la compétition. Mais une telle mesure est-elle efficace pour traiter ces problématiques ?

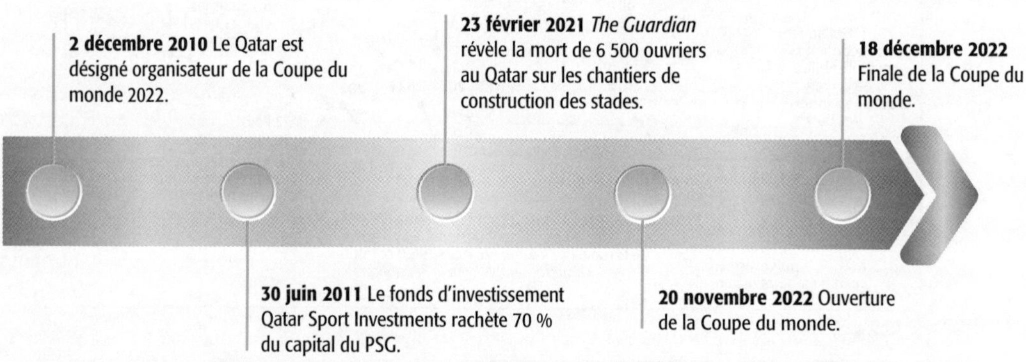

▸ Le Qatar, organisateur de la 22e Coupe du monde de football

La 22e édition de la Coupe du monde de football se tient au Qatar du 20 novembre au 18 décembre 2022. L'équipe de France est la tenante du titre après sa victoire en 2018. Le Qatar participera pour la première fois à une phase finale de Coupe du monde de football, puisque l'hôte de la compétition est qualifié d'office.

La Coupe du monde de football est organisée pour la première fois dans le monde arabe. C'est notamment le potentiel économique du Qatar qui a convaincu la Fédération internationale de football (Fifa) de lui confier l'organisation de la compétition. Doté des troisièmes réserves de gaz au monde, premier exportateur de gaz naturel liquéfié (GNL), cet État se trouve en outre situé sur un fuseau horaire idéal pour atteindre les 3,2 milliards de téléspectateurs attendus durant la compétition.

Destination des exportations de GNL qatarien (2021)

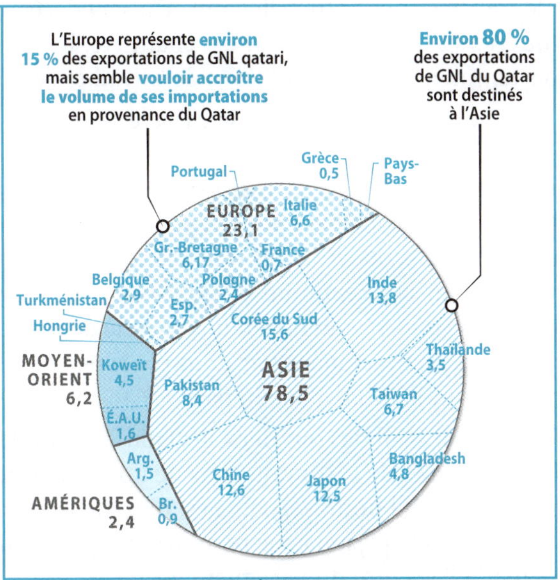

Source : S&G Global Commodity Insights, Qatargas.

Pour le Qatar, l'organisation de la Coupe du monde marque l'aboutissement de sa stratégie dite de *soft power*, visant à véhiculer une image positive du pays et à lui donner un rôle influent dans la région, et plus largement dans les relations internationales. Depuis plusieurs années, Doha menait une diplomatie sportive marquée par le rachat d'une partie du capital du club français de football, le Paris-Saint-Germain, en 2011, ou l'organisation des championnats du monde de handball (2015) et d'athlétisme (2019). Les retombées économiques de l'organisation de la Coupe du monde sont estimées à 6 milliards de dollars pour le Qatar. Le pays a dû en investir 200 en infrastructures pour la compétition. La rentabilité de l'organisation de compétitions sportives internationales reste incertaine : la construction d'infrastructures et celle de systèmes de transports constituent des bénéfices économiques à long terme, et les retombées en termes d'image sont difficilement quantifiables.

PARTIE 5

▸ Un appel au boycott pour protester contre la situation des droits de l'Homme au Qatar

Les conditions de travail des ouvriers chargés de construire les stades ont provoqué l'appel au boycott de la Coupe du monde au Qatar. D'après une enquête publiée en février 2021 par le journal britannique *The Guardian*, 6 500 ouvriers seraient morts entre 2011 et 2020 au Qatar, du fait des conditions de vie et de travail sur les chantiers de construction des stades et des infrastructures, mais ce chiffre est sujet à polémique. L'Organisation internationale du travail relève quant à elle 50 décès survenus en 2020 en lien avec la construction des stades. Le Qatar est aussi critiqué pour son manque de transparence : officiellement, seuls 39 décès auraient été comptabilisés parmi les ouvriers ayant travaillé sur ces chantiers. Un ouvrier a par ailleurs été arrêté pour avoir témoigné de ses conditions de travail et de vie.

Pays de 2,7 millions d'habitants, l'Émirat se caractérise par une part minoritaire de ressortissants nationaux (330 000 environ, soit 11,8 % de la population), ce qui l'oblige à recourir massivement à de la main-d'œuvre étrangère. L'Organisation internationale du travail (OIT) considère pour sa part que le Qatar a fait des « *progrès remarquables* » en matière de protection des travailleurs migrants. En 2020, le Qatar a décidé la mise en place d'un salaire minimum de 1 000 riyals (environ 300 euros) et la fin au système dit « de la *kafala* », qui offrait un système de parrainage des ouvriers étrangers par leur employeur, nécessitant par exemple la permission de ces derniers pour tout changement d'emploi ou départ du pays.

Outre les conditions de travail des ouvriers, le Qatar est loin des standards internationaux de respect des droits de l'Homme dans de nombreux domaines. La peine de mort s'y applique toujours et l'homosexualité est répréhensible. En mai 2022, trois citoyens ont été condamnés à la prison à vie pour avoir critiqué un article de loi leur interdisant de participer à l'élection du parlement local.

Ainsi, des ONG de défense des droits de l'Homme et de protection de l'environnement ont appelé au boycott, ainsi que des personnalités publiques, comme l'acteur Vincent Lindon, certains partis politiques (EELV et PS) ou l'ancien footballeur Éric Cantona. Pour sa part, Bixente Lizarazu, également ancien footballeur, estime qu'il est trop tard pour demander aux sportifs de boycotter l'événement et renvoie plutôt la responsabilité aux décideurs politiques et à ceux qui ont soutenu l'attribution de l'organisation de la compétition au Qatar.

▸ La Coupe du monde au Qatar, une aberration environnementale ?

Compte tenu des conditions climatiques du Qatar, l'organisation de la Coupe du monde implique de nombreux ajustements, jugés aberrants par bien des observateurs. Pour la première fois, une Coupe du monde aura lieu en novembre-décembre et non en juin-juillet, comme cela est traditionnellement le cas, et les matchs se dérouleront dans des stades équipés d'un système de climatisation à ciel ouvert. Ces dispositifs suscitent de fortes critiques étant donné leur impact environnemental, d'autant que le Qatar est le pays avec le taux d'émissions de CO_2 par habitant le plus élevé au monde (32,5 tonnes par habitant, contre 14,7 pour les États-Unis ou 4,5 pour la France en 2019 d'après la Banque mondiale). Les autorités qatariennes ont pour leur part promis d'organiser une compétition au bilan carbone neutre, notamment au travers d'un programme de développement de projets de compensation des émissions de gaz à effet de serre.

Outre les conditions climatiques, la question du devenir des 8 stades construits pour la compétition se pose, dans un pays de 2,8 millions d'habitants, ne nécessitant pas autant de stades, 7 d'entre eux étant situés dans un rayon de 20 km et pouvant accueillir chacun au moins 40 000 personnes. Les organisateurs expliquent qu'après la fin du tournoi une partie des gradins seront démontés et offerts à des pays en voie de développement. Le Stade 974, d'une capacité de 40 000 places, construit à partir de 974 conteneurs de transport, sera quant à lui entièrement démontable, transportable et réutilisable.

Les huit stades qui accueilleront les matchs de la Coupe du monde au Qatar

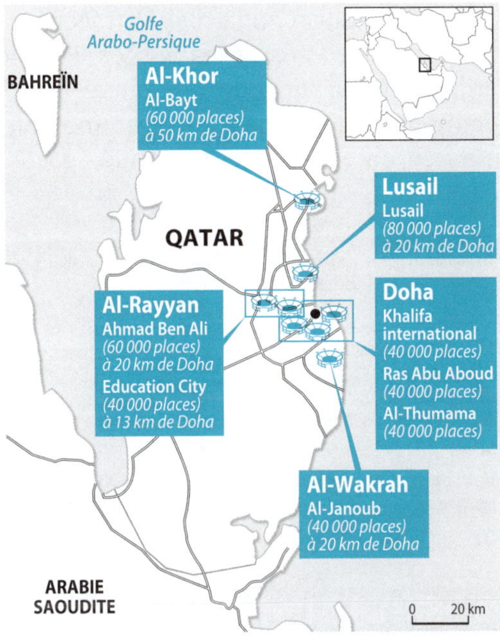

Source : *Le Monde*.

Mise en perspective

En pratique, les derniers boycotts de compétitions sportives internationales remontent à la guerre froide (jeux Olympiques de Moscou en 1980 et de Los Angeles en 1984). En février 2022, plusieurs États avaient décidé de n'envoyer aucune autorité pour assister aux cérémonies officielles des jeux Olympiques d'hiver de Pékin, tout en participant aux compétitions. L'argument généralement utilisé par les États réside dans le caractère contre-productif d'un boycott. Ils préfèrent aborder les questions de droits de l'Homme dans le cadre d'un dialogue bilatéral sans exposition publique. Les sportifs sont également peu enclins à sacrifier leur participation à des compétitions majeures pour des motifs politiques.

Le Tour de France femmes : un pendant égalitaire à l'édition masculine ?

par Adrien Beaulieu

Le 31 juillet 2022, la Néerlandaise Annemiek Van Vleuten remporte le Tour de France, après huit étapes entre Paris et les Vosges. Première édition féminine sous ce nom, la tardive féminisation de la Grande Boucle questionne. Dans quelle mesure l'avènement d'un Tour de France Femmes, en 2022, reflète-t-il une évolution du cyclisme français vers une plus grande égalité femmes-hommes ?

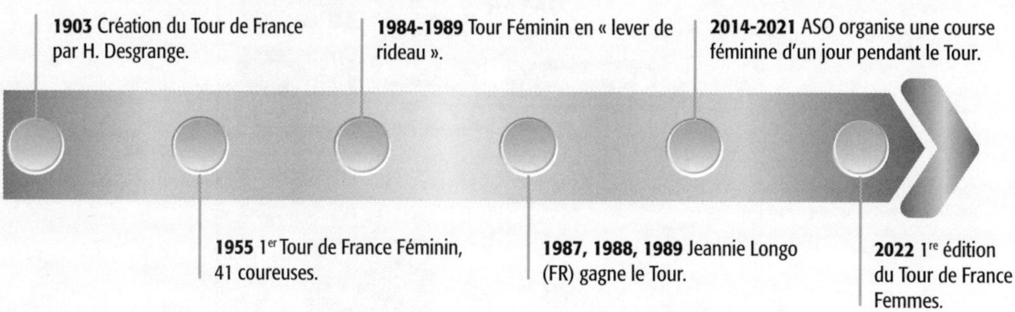

▸ Le cyclisme, un milieu historiquement masculin

À la fin du XIXe siècle, le vélo représente un moyen d'émancipation pour les femmes, offrant de nouvelles possibilités de se déplacer sans la supervision d'un homme. Néanmoins, sa pratique est critiquée, en particulier par le milieu médical, car prétendument risquée pour la fertilité.

Toutefois, c'est de sa dimension compétitive que les femmes sont écartées de façon plus radicale. En 1903, Henri Desgrange crée le Tour de France. Comme de nombreuses compétitions sportives de l'époque, il représente un challenge sportif herculéen. L'opinion conservatrice de l'époque ne peut envisager que des femmes se donnent en spectacle de la sorte.

Dans les années 1950, le cyclisme commence à se féminiser, avec l'apparition des premiers championnats de France sur route. En 1955, Jean Leulliot organise une première édition du Tour de France Féminin, auquel 41 coureuses participent. Néanmoins, l'expérience n'est pas reconduite, ce dont se félicite le journal *L'Équipe*, qui organise le pendant masculin.

Il faut attendre vingt-neuf ans pour qu'une deuxième édition du Tour féminin émerge. Et c'est à l'ombre des hommes que les coureuses y participent, quelques heures avant leurs pairs, en « lever de rideau ». Cela n'empêche pas certaines sportives de devenir des légendes du cyclisme, comme Jeannie Longo, triple vainqueure de 1987 à 1989. Cette courte renaissance de la compétition féminine n'est pas exempte de commentaires machistes. Certains s'opposent frontalement à son existence, sous prétexte qu'« *une femme à vélo, c'est moche* », comme l'affirmait l'ancien coureur Marc Madiot. Mais ce sont des considérations économiques qui conduisent le directeur de la Société du Tour à interrompre son organisation en 1989.

▸ Une féminisation lente, à rebours des autres compétitions sportives

Si les femmes (ré)intègrent progressivement les différentes compétitions sportives au cours du xxe siècle, le Tour de France semble imperméable à cette ouverture, à l'inverse de son équivalent italien, ouvert aux femmes depuis 1988.

Contrairement aux autres fédérations sportives, l'organisation de la plus grande compétition cycliste nationale appartient à une entreprise privée, le groupe Amaury Sport Organisation (ASO), qui, semble prioriser la rentabilité de ses événements plutôt que des considérations égalitaires.

Dès 1992, le journaliste Pierre Boué tente de relancer un Tour féminin, mais plusieurs obstacles apparaissent. ASO, détentrice de la marque « Tour », lui interdit son utilisation. La compétition, alors nommée « Grande Boucle féminine internationale », peine à émerger médiatiquement et rencontre des difficultés financières qui forcent à arrêter sa tenue en 2009.

ASO organise, à partir de 2014, une course contre la montre féminine d'une journée, « La course *by* Le Tour de France », mais l'organisation n'envisage pas une extension.

Si la position du groupe ASO surprend à l'heure où l'égalité femmes-hommes est au cœur des débats, plusieurs obstacles peuvent expliquer l'absence de Tour féminin. La tenue de ce type de compétition nécessite d'importants investissements, provenant de sponsors, qui souhaitent s'assurer que ceux-ci génèrent des bénéfices. Or, pendant longtemps, l'ASO n'imaginait pas que ce type d'événement attire le public. Par ailleurs, en raison du manque de moyens investis pour former les coureuses et leur permettre de se dédier à temps plein au cyclisme, le niveau des coureuses était effectivement en deçà de celui des hommes, contribuant à la peur des organisateurs que le spectacle sportif ne soit pas au rendez-vous.

Cette position ne saurait donc briser le cercle vicieux qui relègue les coureuses professionnelles à un niveau et une visibilité inférieurs. Cause ou conséquence, les femmes restent minoritaires dans ce sport, ne représentant que 10,6 % des 116 068 licenciés français en 2018.

Un Tour de France réduit pour les femmes ?

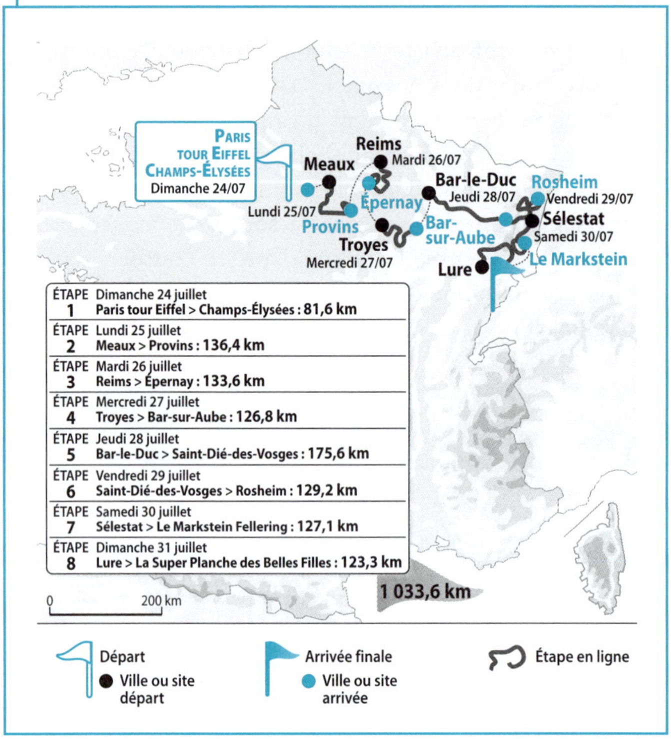

▸ Une édition 2022 encourageante

À la suite du plaidoyer de collectifs comme le projet « Donnons des elles au vélo » et de la croissante professionnalisation des coureuses, l'ASO décide finalement d'organiser une nouvelle édition du Tour femmes en 2022, diffusée sur France Télévisions. Le 24 juillet 2022, 144 coureuses prennent le départ de Paris le dernier jour du Tour masculin.

La réception de la compétition est très bonne, tant sur le terrain qu'à la télévision, le nombre de téléspectateurs montant à 5,1 millions lors de l'arrivée à la Super Planche des Belles filles, dans les Vosges. Les performances des coureuses professionnelles sont saluées, en particulier celles des Néerlandaises comme la victorieuse A. Van Vleuten, la meilleure grimpeuse Demi Vollering, le maillot vert Marianne Vos et la première Française, Juliette Labous, 4ᵉ au classement général. La victoire par équipe revient quant à elle à Canyon-SRAM Racing.

Toutefois, certaines inégalités persistent entre les compétitions masculine et féminine. Le Tour de France Femmes ne comporte que huit étapes, contre vingt et une pour les hommes, et celles-ci sont plus courtes en moyenne. La différence la plus marquante concerne la rémunération des cyclistes, dix fois supérieure pour les hommes. Cet écart diminue au niveau du salaire minimum des coureurs de 1ʳᵉ division, les hommes gagnant au moins 41 532 € par an, contre 27 500 € pour les femmes, soit un écart réduit de 45 %

en deux ans. Cette évolution encourageante laisse entrevoir la fin de la précarité pour les coureuses professionnelles, longtemps forcées de travailler en parallèle du cyclisme pour subvenir à leurs besoins.

Par ailleurs, la récente professionnalisation du cyclisme féminin crée de fortes disparités entre les participantes au Tour, le niveau des 14 équipes professionnelles licenciées étant nettement supérieur à celui des autres équipes.

La structuration, la médiatisation et la bonne réception du cyclisme féminin donnent l'espoir que le Tour femmes ne soit pas, comme le disait sa directrice Marion Rousse à la fin de l'édition 2022, un simple « *coup d'essai* », et soit reconduit au cours des prochaines années.

Des rémunérations dix fois inférieures à celles des hommes

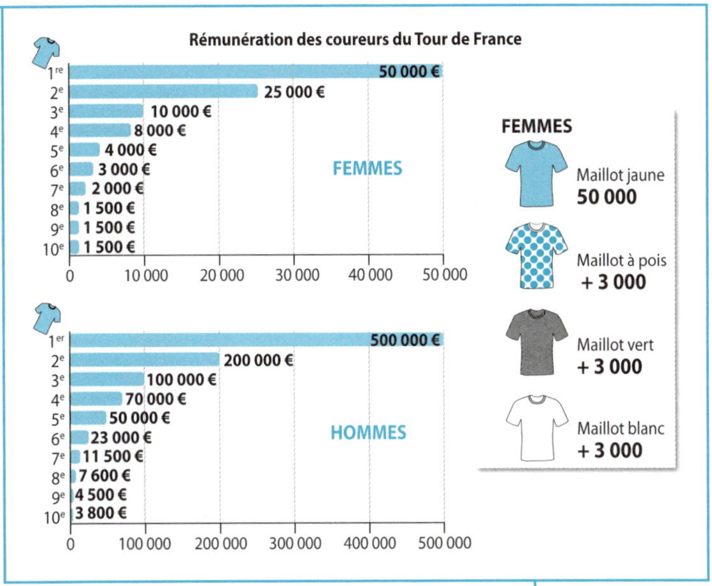

Source : lafinancepourtous.com

Mise en perspective

Durant l'été 2021, l'équipe norvégienne de beach handball écopait d'une amende de 1 500 € de la Fédération européenne de handball pour avoir refusé de porter un bikini lors des championnats d'Europe. Le 3 octobre de la même année, celle-ci décidait d'autoriser le port d'un mini-short comme alternative. Vu comme un progrès, le règlement précise toutefois que les shorts doivent être « *courts et serrés* », contrairement à l'exigence pour leurs pairs masculins.

Après avoir été écartées du sport, les femmes sont encore aujourd'hui contraintes de respecter des conditions différentes de celles des hommes. L'exemple susmentionné, tout comme les commentaires machistes lorsque les coureuses s'arrêtent pour uriner, questionnent : les femmes peuvent-elles faire du sport sans subir un impératif de féminité ?

AUTRES FAITS

Jeudi 6 janvier L'écrivain philippin Francisco Sionil José, auteur de la *Saga Rosales*, décède à l'âge de 97 ans.

Dimanche 16 janvier En Australie, le n° 1 mondial du tennis Novak Djokovic est expulsé du pays avant d'avoir pu participer à l'Open d'Australie. Le Serbe, non vacciné contre la Covid, a vu sa demande d'entrée sur le territoire australien rejetée.

Mercredi 19 janvier L'acteur français Gaspard Ulliel décède à l'âge de 37 ans des suites d'un accident de ski.

Samedi 22 janvier En France, le déporté et résistant Raphaël Esrail, président de l'Union des déportés d'Auschwitz, décède à l'âge de 96 ans.

Vendredi 4 février Les 24es jeux Olympiques (JO) d'hiver s'ouvrent à Pékin, 14 ans après les JO d'été. Comme en 2008, la cérémonie d'ouverture est organisée par le cinéaste Zhang Yimou. Ces JO s'inscrivent dans un contexte tendu, le nombre des contaminations à la Covid-19 repartant à la hausse en Chine. Le contexte diplomatique est lui marqué par le boycott de la cérémonie d'ouverture par certains pays, dont les États-Unis, pour protester notamment contre le sort réservé aux musulmans ouïgours.

Dimanche 6 février En Inde, la star de Bollywood Lata Mangeshkar, surnommée le « Rossignol de l'Inde », décède à l'âge de 92 ans.

Dimanche 6 février En football, le Sénégal remporte, pour la 1re fois de son histoire, la Coupe d'Afrique des nations.

Samedi 26 février L'artiste argentin Antonio Segui, peintre et sculpteur, décède à l'âge de 88 ans.

Samedi 26 février En France, la 47e édition des César met à l'honneur l'acteur Gaspard Ulliel, décédé le 19 janvier. Le film de Xavier Giannoli, *Illusions perdues*, remporte le César du meilleur film. *Annette*, de Leos Carax, remporte le César de la meilleure réalisation. Valérie Lemercier est récompensée pour son rôle dans *Aline* tandis que Benoît Magimel reçoit le César du meilleur acteur pour son rôle dans *De son vivant*.

Dimanche 13 mars L'acteur américain William Hurt décède à l'âge de 71 ans.

Jeudi 21 avril En France, le comédien Jacques Perrin décède à l'âge de 80 ans.

Samedi 23 avril Le chanteur belge Arno décède à l'âge de 72 ans.

Mercredi 27 avril En France, aux Invalides, le président de la République rend un hommage national au comédien Michel Bouquet, décédé le 13 avril à l'âge de 96 ans.

Dimanche 1er mai En France, la chanteuse et comédienne Régine décède à l'âge 92 ans.

Lundi 9 mai En France, la romancière Linda Lê décède à l'âge de 58 ans.

Samedi 14 mai À Turin, à l'occasion de la 66e édition de l'Eurovision, le groupe ukrainien Kalush Orchestra remporte la victoire. La finale, suivie par 200 millions de téléspectateurs, est rythmée par plusieurs appels de soutien à l'Ukraine.

MARQUANTS 2022

Samedi 14 mai En France, le joueur sénégalais du PSG Idrissa Gueye suscite la polémique en refusant de jouer lors de la Journée mondiale contre l'homophobie.

Mardi 17 mai En France, la 75ᵉ édition du Festival de Cannes démarre. La comédienne Virginie Efira préside la soirée d'ouverture, marquée par une intervention en visioconférence du président ukrainien V. Zelensky.

Samedi 21 mai Le footballeur français Kylian Mbappé annonce la prolongation de son contrat au PSG jusqu'en 2025, renonçant donc à quitter le club parisien pour le Real Madrid.

Mardi 24 mai En France, le tennisman Jo-Wilfried Tsonga joue son dernier match à Roland-Garros. Le meilleur joueur français, âgé de 37 ans, prend sa retraite.

Dimanche 5 juin Le tennisman Rafael Nadal remporte son 14ᵉ titre à Roland-Garros et son 22ᵉ trophée du Grand Chelem.

Jeudi 14 juillet En Espagne, le Parlement approuve, par un vote serré, un projet de loi mémorielle condamnant, plus durement encore que ne le faisait la loi de mémoire historique de 2007, le franquisme. Le texte prévoit notamment d'accélérer l'ouverture des fosses communes afin de permettre l'identification des disparus.

Dimanche 17 juillet En France, Emmanuel Macron célèbre le 80ᵉ anniversaire de la « rafle du Vél' d'Hiv ». À cette occasion un nouveau lieu de mémoire est inauguré dans l'ancienne gare de Pithiviers, dans le Loiret.

Dimanche 24 juillet Le Danois Jonas Vingegaard remporte le Tour de France masculin 2022.

Mercredi 27 juillet En Angleterre, les joueuses de l'équipe de France de football sont vaincues en demi-finale de l'Euro 2022 par l'Allemagne (2-1).

Samedi 6 août En France, le chanteur Daniel Lévi, interprète de « L'envie d'aimer » et de « Ce rêve bleu », décède à l'âge de 60 ans.

Lundi 8 août La comédienne et chanteuse anglo-australienne Olivia Newton-John, star de *Grease*, décède à l'âge de 73 ans.

Jeudi 11 août Au Japon, la styliste Hanae Mori décède à l'âge de 96 ans.

Jeudi 11 août En France, le dessinateur Jean-Jacques Sempé décède à l'âge de 89 ans.

Samedi 3 septembre Après son élimination au 3ᵉ tour de l'US Open, la sportive américaine Serena Williams, âgée de 41 ans, annonce mettre fin à sa carrière.

Vendredi 23 septembre À Londres, le tennisman Roger Federer joue son dernier match face à son éternel rival, Rafael Nadal, avant de prendre sa retraite.

Jeudi 6 octobre Le prix Nobel de littérature est décerné à la romancière française Annie Ernaux, 17ᵉ femme à recevoir ce prix.

QCM

Pour chaque question, une seule réponse est correcte.

1 En quelle année Élisabeth II est-elle montée sur le trône du Royaume-Uni ?

- a. 1926.
- b. 1936.
- c. 1952.

2 Pourquoi Élisabeth II n'était-elle pas destinée à régner ?

- a. Parce qu'elle était une femme.
- b. Parce que son père n'était pas l'aîné de sa fratrie.
- c. Parce qu'elle était la cadette de sa fratrie.

3 Quel pourcentage de Britanniques est favorable à l'abolition de la monarchie en 2022 ?

- a. 17 %.   b. 27 %.   c. 37 %.

4 Quelle position politique la reine Élisabeth II a-t-elle officiellement adoptée ?

- a. Le conservatisme.
- b. Le progressisme.
- c. La neutralité.

5 Quel personnage est représenté dans l'œuvre *Him* de Maurice Cattelan ?

- a. Maurice Cattelan.
- b. Jean-Paul II.
- c. Adolf Hitler.

6 Quand Daniel Druet intente-t-il un procès à la galerie Perrotin pour réclamer la paternité de ses œuvres ?

- a. En 2009.
- b. En 2018.
- c. En 2022.

7 De qui 65 personnalités du monde de l'art prennent-elles la défense dans la tribune du *Monde* du 14 mai 2022 ?

- a. De Maurizio Cattelan.
- b. De Daniel Druet.
- c. De François Pinault.

8 Quelle est l'issue du procès Druet-Cattelan, survenue le 8 juillet 2022 ?

- a. Daniel Druet est débouté et Maurizio Cattelan reste auteur des 9 œuvres.
- b. Daniel Druet et Maurizio Cattelan deviennent co-auteurs des 9 œuvres.
- c. Daniel Druet obtient la qualité d'auteur pour 4 œuvres et Maurizio Cattelan pour 5 autres.

9 Comment s'appelle le journaliste qui a révélé l'existence publique de la liasse de manuscrits perdus de Céline ?

- a. Yvon Morandat.
- b. Oscar Rosembly.
- c. Jean-Pierre Thibaudat.

10 Quel est le thème principal de *Guerre* ?

- a. Les rudes combats dans les tranchées.
- b. L'antisémitisme.
- c. La convalescence d'un soldat blessé à l'arrière-front.

11 Quel est le titre du pamphlet antisémite le plus connu de Céline ?

- a. *Bagatelles pour un massacre.*
- b. *Voyage au bout de la nuit.*
- c. *Casse-pipe.*

12 Quelle est la préoccupation principale de Ferdinand dans *Guerre* ?

- a. Nouer une liaison avec Mlle L'Espinasse.
- b. Rentrer chez lui pour profiter d'un peu de calme.
- c. Ne pas être considéré comme un déserteur.

13 Quel est le nom de l'historien chargé du rapport sur la mémoire de la guerre d'Algérie par Emmanuel Macron ?

- a. Daniel Lefeuvre.
- b. Jacques Frémeaux.
- c. Benjamin Stora.

14 Quel est le président de la République qui a le plus avancé sur les mémoires algériennes ?

- a. Emmanuel Macron.
- b. Jacques Chirac.
- c. François Hollande.

15 Quelle est la date officielle de la commémoration de la guerre d'Algérie ?

- a. Le 19 mars.
- b. Le 5 décembre.
- c. Les deux dates.

16 **Où devrait se trouver le prochain musée de l'histoire de la France et de l'Algérie voulu par Emmanuel Macron ?**

❍ **a.** À Marseille.
❍ **b.** À Montpellier.
❍ **c.** À Paris.

17 **Avant 2022, combien de fois le Qatar a-t-il participé à la phase finale de la Coupe du monde de football ?**

❍ **a.** 0. ❍ **a.** 3. ❍ **c.** 22.

18 **Quelle est la part de nationaux qatariens dans le total de la population ?**

❍ **a.** 2 %. ❍ **b.** 11,8 %. ❍ **c.** 50 %.

19 **Combien de tonnes de CO_2 par habitant le Qatar émettait-il en 2019 ?**

❍ **a.** 4,5. ❍ **b.** 14,7. ❍ **c.** 32,5.

20 **Combien d'ouvriers seraient décédés lors des travaux de la Coupe du monde 2022 ?**

❍ **a.** 39.
❍ **b.** 6 500.
❍ **c.** 100 000.

21 **Qui a gagné le Tour de France femmes en 2022 ?**

❍ **a.** Marianne Vos.
❍ **b.** Demi Vollering.
❍ **c.** Annemiek Van Vleuten.

22 **Quelle proportion les femmes représentent-elles parmi les cyclistes licenciés en France ?**

❍ **a.** 10 %. ❍ **b.** 20 %. ❍ **c.** 30 %.

23 **Qui a organisé le Tour de France femmes ?**

❍ **a.** La Fédération française de cyclisme.
❍ **b.** Amaury Sport Organisation.
❍ **c.** Pierre Boué.

24 **Dans quelle proportion la rémunération du vainqueur du Tour de France est-elle supérieure à celle de son homologue féminine ?**

❍ **a.** 2 fois. ❍ **b.** 5 fois. ❍ **c.** 10 fois.

Corrigé

1c, 2b, 3b, 4c, 5c, 6b, 7a, 8a, 9c, 10c, 11a, 12c, 13b, 14b, 15a, 16c, 17c, 18a, 19c, 20b, 21a, 22b, 23b, 24b.

PARTIE 6

SCIENCES ET ENVIRONNEMENT

ZOOM SUR… le rapport du GIEC en 2022. Vers un désastre irrémédiable ?

par Paul Muthelet

Le groupe d'experts intergouvernemental sur l'évolution du climat (GIEC) a publié en février 2022 le 2e volet, puis en avril 2022 le 3e et dernier volet de son 6e rapport d'évaluation. Ces travaux s'intéressent aux effets et aux vulnérabilités de la crise imminente révélée dans le 1er volet d'août 2021 et proposent des solutions possibles qui ne sont pas au goût de tous.

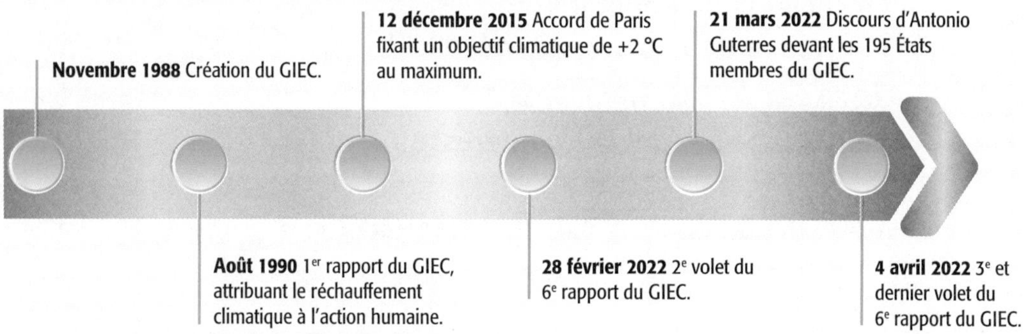

▸ Un signal d'alarme international

Le GIEC est un groupe intergouvernemental lié à l'ONU, créé en 1988 et regroupant 195 États. De 1990 à 2014, il a publié cinq rapports d'analyse de la conjoncture climatique prenant en compte les gaz à effet de serre (GES), l'origine de leurs émissions, ainsi que les facteurs socio-économiques et démographiques. Bien que n'ayant aucun aspect contraignant sur les politiques nationales et internationales, les rapports du GIEC sont le principal support scientifique des négociations internationales sur le climat. Ils comportent chacun trois volets : état actuel et tendances ; impacts, adaptation et vulnérabilité ; atténuation du changement climatique.

Le 6e rapport du GIEC est le résultat du travail de 278 auteurs et de l'analyse de 18 000 études scientifiques. Il s'inscrit dans un contexte géopolitique tendu, marqué par la guerre russo-ukrainienne qui confirme la dépendance aux énergies fossiles, à l'origine de 34 % des émissions mondiales de GES (+6 % en 2021). Le secrétaire général de l'ONU, Antonio Guterres, tient un discours sans équivoque à ce sujet lors de l'ouverture des discussions des 195 États membres du GIEC en mars 2022 : « *Nous marchons les yeux fermés vers la catastrophe climatique.* » En référence à l'accord de Paris, il précise que « *si nous continuons comme ça, nous pouvons dire adieu à l'objectif de 1,5 °C* ».

▸ Un cataclysme déjà enclenché

En réalité, d'après le rapport du GIEC, le pic des émissions devrait être atteint au plus tard en 2025 pour limiter le réchauffement climatique à 1,5 °C. Il s'agit pourtant d'un objectif inatteignable avec les engagements actuels : le premier volet du rapport, publié en août 2021, indique que la planète s'est déjà réchauffée de +1,1 °C par rapport à l'ère préindustrielle et que le seuil de +1,5 °C sera sans nul doute atteint autour de 2030.

Cette évolution irrémédiable, mais pouvant être atténuée, donne lieu à des phénomènes de plus en plus critiques (sécheresses, tempêtes, etc.), qui sont listés dans le 2e volet du rapport en février 2022. Entre 3,3 et 3,6 milliards de personnes y sont considérées comme vulnérables. Le réchauffement a déjà sévèrement touché les aires de répartition des espèces animales et végétales et celles-ci risquent d'être réduites de moitié. Les inondations, de plus en plus fréquentes et associées à de nouvelles sécheresses, vont affecter l'activité agricole et économique. Les glaciers vont continuer à fondre et le niveau des mers à augmenter, dans une fourchette de 40 à 80 centimètres supplémentaires d'ici à 2100 selon l'efficacité des actions menées.

▸ La nécessité de limiter les dégâts

Le verdict est sans appel : il reste moins de dix ans pour agir et limiter autant que possible les dégâts du changement climatique ; c'est le message du 3e volet du rapport, publié en avril 2022. Il serait possible de diminuer les émissions de GES de 27 à 43 % en 2030 et de 63 à 84 % en 2050. Dans cet objectif, ce rapport consacre une attention inédite aux solutions comportementales individuelles. Il faudrait dès maintenant rendre plus sobres les modes de vie et les habitudes de consommation et de production.

Les secteurs les plus énergivores (énergie, transport, industrie…) doivent aussi revoir leurs modes de fonctionnement. Des recommandations sont faites concernant la mise en place d'une économie circulaire, de systèmes faibles en émissions carbone, l'amélioration de la gestion des déchets et de l'eau, et le recyclage des matériaux. Le GIEC demande la généralisation des énergies renouvelables et le soutien de la finance verte pour sortir urgemment du fossile. Après une COP26 en demi-teinte, la COP27 a relativement déçu. Certains pays ont été réticents à inscrire dans le texte final l'objectif de limiter le réchauffement climatique à 1,5°C. La question des pertes et dommages n'a pas non plus été résolue. Pourtant, de la même façon que certains individus ne sont pas enclins à changer leurs modes de consommation, des États trouvent aussi le rapport trop alarmiste et ne souhaitent pas revoir leurs modes de production, restant réfractaires aux engagements communs.

La transition énergétique dans le monde : un bilan mitigé

par Jérôme Calauzènes

Le 16 août 2022, Joe Biden a promulgué son vaste plan sur le climat et la santé, qui débloque 370 milliards de dollars pour réduire les émissions de gaz à effet de serre (GES) de 40 % d'ici à 2030. Malgré certains engagements, à différentes échelles, la transition énergétique semble pourtant diversement enclenchée. Comment expliquer, malgré l'urgence de la situation, que cette transition peine à se généraliser dans le monde ?

- **12 décembre 2015** Accord de Paris (COP21).
- **14 juillet 2021** Présentation du paquet législatif « ajustement à l'objectif 55 » au sein de l'UE.
- **Novembre 2021** COP26 à Glasgow : accord en demi-teinte.
- **31 décembre 2021** La Commission européenne inclut le gaz et le nucléaire aux énergies participant à la transition énergétique.
- **16 août 2022** Plan Biden pour le climat et la santé.
- **Novembre 2022** COP27 à Charm-el-Cheikh.

▸ Une transition essentiellement enclenchée en Europe

L'Europe semble aujourd'hui le seul continent à avoir réellement entamé sa transition énergétique. On y constate un découplage entre la croissance économique en hausse et les émissions de GES, qui ont diminué. Le mix énergétique le confirme. Alors que 13,5 % de l'énergie primaire est produite dans le monde de façon renouvelable, ce chiffre monte à 36,5 % dans l'Union européenne (UE). Les énergies renouvelables et les biocarburants sont particulièrement développés en Suède (40 % de l'énergie disponible), en Lettonie (37 %) ou en Finlande (35 %). À l'inverse, 5 États membres ne dépassent pas les 10 % d'énergies renouvelables et biocarburants dans leur énergie disponible (Malte, Pays-Bas, Belgique, Luxembourg, Chypre). Les efforts de l'UE portent véritablement leurs fruits. Alors qu'en 2008 elle s'était donné pour objectif de réduire les émissions de GES de 20 % par rapport aux niveaux de 1990 d'ici à 2020, celles-ci ont baissé de 31 % en 2020 (en partie grâce à la crise de la Covid-19).

Dans le cadre du pacte vert pour l'Europe et de la loi européenne sur le climat, adoptés en 2021, les 27 États membres se sont fixé l'objectif de parvenir à la neutralité carbone d'ici à 2050. Ils se sont ainsi engagés à réduire leurs émissions de GES d'au moins 55 % d'ici à 2030. Le paquet « ajustement à l'objectif 55 » vise à aligner la législation sur l'objectif défini. Il s'agit par exemple de revoir le système de quotas d'émissions de carbone pour les entreprises (elles paient pour émettre du CO_2) pour y intégrer d'autres activités (ce système ne couvrant que 40 % des émissions de CO_2 de l'UE), comme l'aviation ou la navigation. L'accent est aussi mis sur l'augmentation de la part d'énergie renouvelable consommée (passer à 40 % au moins d'ici à 2030) et sur la possibilité pour les citoyens de produire leur propre énergie verte.

Pourtant, le 31 décembre 2021, la Commission européenne a décidé d'inclure le gaz et le nucléaire au sein des énergies participant à la transition écologique, ce qui est contesté par beaucoup d'associations et ONG.

La transition énergétique dans le monde

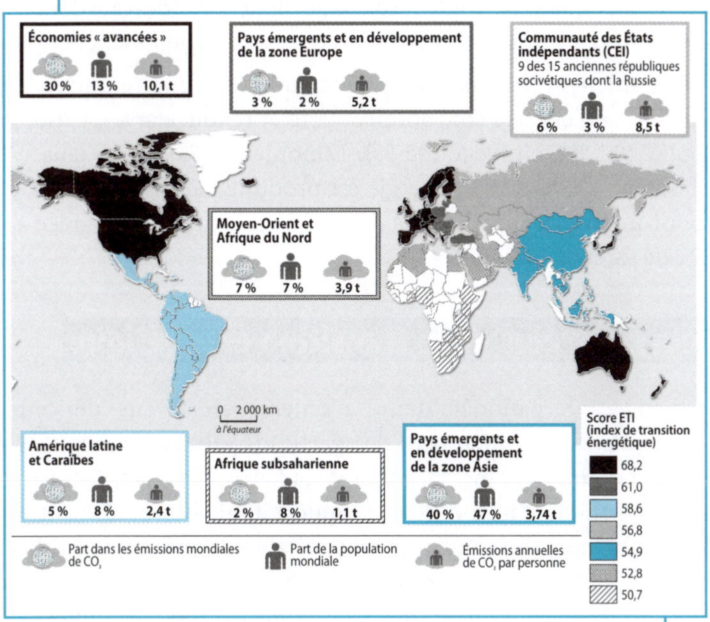

Source : FMI.

▸ Une transition à la traîne dans le reste du monde en dehors de quelques pays

Partout ailleurs, il n'y a pas réellement de découplage entre croissance économique et baisse des émissions de GES. Aux États-Unis, selon l'Energy Information Administration, le mix énergétique ne devrait pas vraiment évoluer d'ici à 2050, laissant toujours la part belle aux hydrocarbures (environ 70 %). La production de gaz et de pétrole de schiste en est la principale cause. Le plan Biden, promulgué en août 2022, pourrait amorcer un changement : 30 % du coût d'installation de panneaux solaires sur le toit d'une habitation pourront être pris en charge par l'État. Plus de 1,5 milliard de dollars seront dédiés à la résilience des forêts face aux incendies et 60 milliards de dollars seront consacrés à la construction d'éoliennes, de panneaux solaires et de véhicules électriques. La loi établit enfin la première taxe sur le méthane, qui pénalise les entreprises pétrogazières exploitant ce combustible fossile.

Dans les pays émergents, cette transition est à peine entamée. La Chine a amorcé ce processus depuis 2011 et le XIIIe plan quinquennal (2016-2020) a annoncé une « *révolution énergétique* » avec l'amélioration de l'efficacité énergétique et la diversification des sources d'énergie. Elle a beaucoup investi dans les énergies renouvelables : elle est ainsi devenue le 1er producteur mondial d'hydroélectricité (30 % du total mondial) en 2019, d'éolien (29 %), de solaire photovoltaïque (32 %) et d'électricité à partir de biomasse (17,5 %) en 2018. Pourtant, le charbon représente encore 57,6 % de son mix énergétique (contre 74 % en 2007) et les énergies renouvelables seulement 12,6 %. En juin 2022, le planificateur chinois a établi une nouvelle feuille de route selon laquelle le pays devrait doubler sa capacité éolienne et solaire d'ici à 2025, au lieu de 2030 comme précédemment annoncé.

Certains pays affichent un mix énergétique où les énergies renouvelables sont capitales : Islande (100 % d'énergie consommée verte et renouvelable), Costa Rica (près de 100 %), Uruguay (97 %), Norvège (95 %), Éthiopie (90 %), Nicaragua (75 %), Suède (73 %). Le Bhoutan (100 % de son énergie est produite par ses barrages), quant à lui, a un bilan carbone négatif (il absorbe plus de CO_2 qu'il n'en produit, grâce à un territoire couvert à 72 % de forêts).

▸ Catalyseurs et freins de la transition énergétique

La gouvernance internationale tente d'œuvrer en faveur de cette transition. L'organisation annuelle de conférences des parties (COP) en témoigne. La COP21 de Paris en 2015 avait défini des objectifs afin que la hausse des températures terrestres ne dépasse pas 2, voire 1,5 °C d'ici à 2100 par rapport au niveau préindustriel. Mais beaucoup d'engagements, non contraignants, ont été abandonnés au nom de la croissance économique. La COP26 de novembre 2021, à Glasgow, n'a accouché que d'un accord en demi-teinte. Au dernier moment, des pays comme l'Inde, la Chine et l'Afrique du Sud ont changé les termes de l'accord, mettant en avant leur droit au développement : il s'agit désormais de « *diminuer* » l'utilisation du charbon et non plus de « *sortir* » de l'ère charbon. La COP27, qui va se tenir à Charm-el-Cheikh en novembre 2022, suscite ainsi bien des attentes.

Des engagements insuffisants

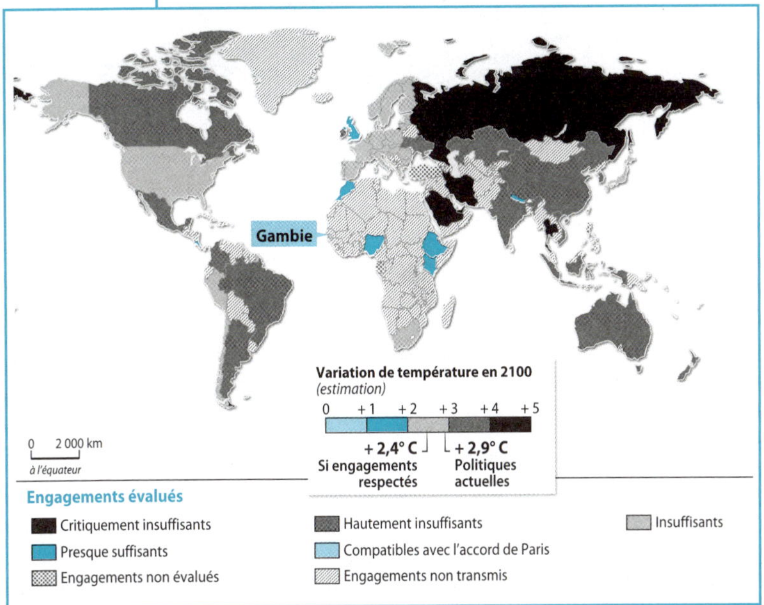

Source : Climate Action Tracker.

D'autres organes plaident en faveur d'une transition accélérée, comme le Programme des Nations unies pour l'environnement. Nombre d'ONG sont aussi très engagées dans le processus, à l'image de Greenpeace ou du Réseau Action Climat.

Les freins se situent surtout au niveau des grandes entreprises. Celles-ci affichent des ambitions écologiques, mais il s'agit le plus souvent de *greenwashing* (ou « écoblanchiment »), technique de marketing utilisée par une organisation dans le but de se donner une image écologique trompeuse. Total, devenue TotalEnergies en 2021, annonce ainsi miser sur les énergies renouvelables, avec l'ambition d'une neutralité carbone en 2050. Pourtant, les énergies fossiles représentent toujours 90 % de son activité et 80 % de ses investissements prévisionnels.

Mise en perspective

Les voitures électriques ont longtemps été mises en avant comme un moyen d'assurer la transition énergétique. Le plan Biden prévoit ainsi jusqu'à 7 500 dollars en crédits d'impôts qui pourront être accordés pour l'achat d'une voiture électrique américaine pour les particuliers. Le 8 juin 2022, l'UE a interdit la vente de voitures thermiques neuves à partir de 2035. Pourtant, force est de constater que la voiture électrique ne contribue pas nécessairement à la transition énergétique. Tout dépend de la façon dont l'électricité est produite : ce peut être avec des énergies fossiles, comme le charbon, très polluant. De plus, la construction de ces véhicules a une empreinte écologique non négligeable. Enfin, les batteries contiennent des minerais stratégiques qui se raréfient, comme le lithium ou le cobalt, et qui sont produits loin et dans des conditions souvent inhumaines.

La remise en cause des énergies renouvelables

par Valérie Morin

Entre l'envolée du cours du gaz due à la guerre en Ukraine et le réchauffement climatique, les pays sont de plus en plus contraints de développer des énergies alternatives moins émettrices en gaz à effet de serre (GES). Paradoxalement, de nombreux projets d'installation d'énergies renouvelables sont contestés par une partie de la population. Quelles sont donc les critiques faites à ces énergies qui pourraient remettre en cause leur développement ?

Décembre 2015 La COP de Paris décide de limiter le réchauffement mondial à moins de 2 °C en 2100.

Août 2020 Déversement accidentel de déchets organiques d'un méthanisateur dans une rivière à Châteaulin (Finistère).

24 novembre 2020 Arte programme le documentaire *La Face cachée des énergies vertes*.

1er août 2021 La Chine met fin aux subventions pour les nouvelles centrales solaires ou les projets éoliens terrestres.

27 août 2021 Le comité des pêches des Côtes-d'Armor dépose plainte contre le projet de construction du parc éolien en baie de Saint-Brieuc.

Février 2022 Mobilisation des habitants de Tréguennec (Finistère) contre l'exploitation du lithium dans la baie d'Audierne.

▸ Les énergies renouvelables, un impératif politique

Il convient tout d'abord de définir ce que l'on appelle « énergies renouvelables », parfois appelées aussi « énergies vertes ». « *Les énergies renouvelables (EnR) sont alimentées par le soleil, le vent, la chaleur de la terre, les chutes d'eau, les marées… Elles permettent de produire de l'électricité, de la chaleur, du froid, du gaz, du carburant, du combustible. Ces sources d'énergie, considérées comme inépuisables à l'échelle du temps humain, n'engendrent pas ou [que] peu de déchets ou d'émissions polluantes* », affirme sur son site le ministère de la Transition énergétique français. Il existe 5 grandes familles d'énergies renouvelables : l'énergie éolienne (sur terre et en mer), l'énergie solaire (photovoltaïque, thermique et thermodynamique), la biomasse (bois-énergie, déchets), l'énergie hydraulique et la géothermie (chaleur du sous-sol).

Le développement de ces énergies a été accéléré avec l'obligation pour les pays signataires de la COP21, à Paris, en 2015, de limiter leurs émanations de GES. Or, ceux-ci sont principalement produits par l'utilisation de combustibles fossiles (charbon, pétrole et gaz). Les énergies renouvelables émettent généralement des quantités nettement inférieures de GES. Elles sont donc privilégiées dans la lutte contre le réchauffement climatique. L'autre intérêt réside dans le fait que ces sources d'énergie ne sont pas limitées et qu'elles peuvent se renouveler en permanence.

Toutefois, en 2022, les énergies renouvelables représentent seulement 13,5 % du total de la production énergétique mondiale. L'enjeu de la transition est de parvenir à 40 % d'ici à 2030. En France, avec une hausse de 62 % de leur production entre 2005 et 2017, les énergies renouvelables atteignent, en 2017, 16,3 % de la consommation finale d'énergie. L'objectif est d'atteindre la neutralité carbone en 2050.

Répartition de la consommation d'énergie primaire issue de sources renouvelables en France en 2020

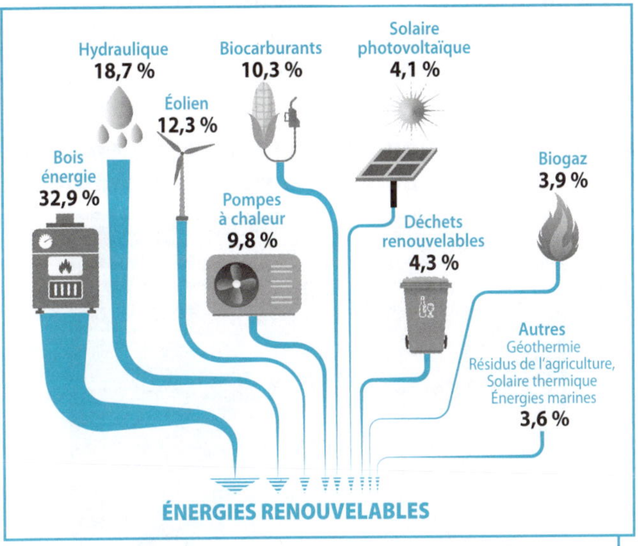

Source : SDES.

▸ Une montée des contestations

Pourtant, les énergies renouvelables sont de plus en plus la cible de contestations. Grosses consommatrices de minerais (qui, eux, ne sont pas renouvelables), notamment de terres rares, elles sont accusées d'être responsables des ravages de l'exploitation minière : pollution des sols, empoisonnement des nappes phréatiques, contamination des populations. Le documentaire *La Face cachée des énergies vertes* de Jean-Louis Perez et Guillaume Pitron, diffusé en 2020 sur Arte, dénonce ces calamités. La recherche de lithium pour la construction de batteries stockant les énergies renouvelables intermittentes risque de détruire des sites naturels, comme c'est le cas en France où l'État souhaiterait exploiter les 66 000 tonnes de lithium trouvées dans la commune de Tréguennec. Les Bretons se mobilisent pour défendre un site naturel protégé qui se trouve à proximité.

Car, paradoxalement, la défense de l'écologie n'est pas toujours compatible avec le développement des énergies renouvelables. Ainsi les barrages hydroélectriques sont-ils accusés de détruire les écosystèmes en noyant les vallées et d'empêcher les poissons migrateurs de remonter les cours d'eau pour y frayer. Les installations de panneaux solaires occupent de grandes surfaces de terre, parfois au détriment d'autres besoins. Cette énergie est en outre intermittente et ne peut donc satisfaire en permanence les besoins d'électricité. C'est aussi le cas de l'éolien, qui dépend du vent disponible. Aujourd'hui, la majorité des installations sont terrestres et la contestation grandit pour refuser la construction d'éoliennes près de zones d'habitation. Elles sont aussi accusées de dénaturer le paysage et de tuer oiseaux et chauves-souris. Les États se rabattent donc sur l'installation de parcs éoliens off-shore. Mais, là aussi, les oppositions se font jour avec les défenseurs de l'environnement et les pêcheurs qui critiquent les dommages à la biodiversité, comme pour la baie de Saint-Brieuc, au nord de la Bretagne. Enfin, la biomasse est aussi contestée, accusée de détruire des forêts et des écosystèmes. La méthanisation des déchets pour produire du biogaz connaît des oppositions d'associations qui redoutent la pollution des eaux et les risques d'explosion.

Tract de mobilisation contre le développement d'un parc éolien marin dans la baie de Saint-Brieuc

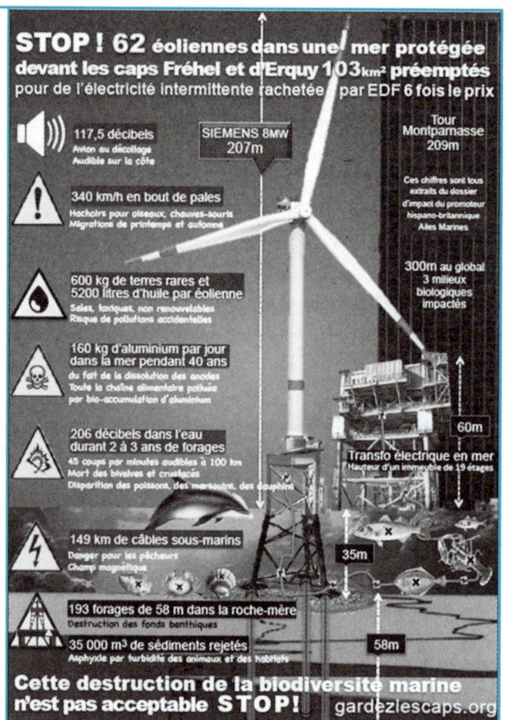

Source : www.gardezlescaps.org.

▸ Comment trouver des énergies réellement vertueuses ?

La montée des contestations entraîne des reculs de la part des gouvernements. Le secteur de l'éolien terrestre stagne en Europe et en Chine, où le gouvernement a annulé toutes les aides en sa faveur. En Afrique, le secteur du solaire se développe, car cette énergie est abondante et facile à installer. Mais sa technologie est maîtrisée par des sociétés occidentales ou chinoises et cela contribue à mettre le continent sous la dépendance des sociétés étrangères, sans compter que cette énergie connaît un vrai problème de stockage et qu'elle est insuffisante pour permettre de faire face à toutes les consommations.

Parallèlement, le développement des agrocarburants, à partir de l'huile de palme ou de céréales – en augmentation de 15 % ces dix dernières années – conduit à utiliser des terres arables pour produire de l'énergie plutôt que pour nourrir la population. Qui plus est, ces terres sont souvent récupérées en détruisant des forêts primaires en Indonésie ou en Amazonie.

Certains pays ont pourtant fait leur révolution verte : le Danemark couvre 47 % de sa production électrique avec l'éolien ; la géothermie de ses volcans permet à l'Islande de couvrir 90 % de sa demande de chauffage. Toutes les voies n'ont pas encore été explorées : ainsi les océans regorgent-ils de possibilités de transformer leur énergie (marées, vagues, courants) en électricité. Mais les techniques pour les exploiter en sont encore aux étapes préliminaires. Aujourd'hui, 90 % de l'énergie marine est produite par les deux usines marémotrices de la Rance en France et de Sihwa en Corée du Sud.

Sans doute la meilleure énergie est-elle celle que l'on ne consomme pas. Économiser l'énergie consommée actuellement (réduire le chauffage, isoler les maisons, prendre les transports en commun…) permettrait de réduire la dépendance aux hydrocarbures de et se rapprocher de la neutralité carbone.

Mise en perspective

Afin de se débarrasser durablement des énergies fossiles, trop émettrices de GES, les pays développés vont devoir travailler sur le développement de batteries pour stocker des énergies renouvelables intermittentes. Ils comptent accélérer le développement de l'hydrogène. C'est aujourd'hui le meilleur et presque le seul moyen de stocker massivement de l'électricité. Cela signifie que, quand il y a beaucoup de vent ou de soleil et que la consommation est faible, on peut fabriquer de l'hydrogène avec des électrolyseurs, le stocker et l'utiliser ensuite pour produire à nouveau de l'électricité grâce à des piles à combustible. L'Allemagne est ainsi un des premiers pays de la planète à lancer une stratégie hydrogène à l'échelle nationale.

État des lieux de la vaccination dans le monde : une technologie enfin acceptée ?

par Paul Muthelet

Trois ans après le début de la pandémie de SARS-CoV-2, la vaccination semble s'être imposée et la courbe de progression de la maladie s'est aplanie. Les vaccins à « ARNm » ont aujourd'hui de nouvelles applications qui dépassent la simple prévention de la Covid. Peut-on dire que cette technologie, et les vaccins d'une manière générale, sont aujourd'hui unanimement acceptés malgré certains effets indésirables ?

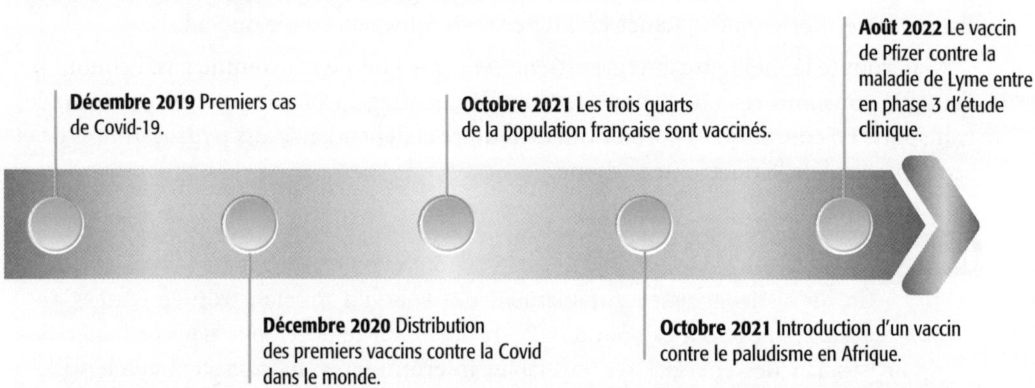

▸ La réussite de la vaccination contre la Covid-19 dans les pays occidentaux

Depuis les premières distributions de doses de vaccins contre la Covid-19 fin 2020, 12,6 milliards de doses ont été administrées à 5,33 milliards d'êtres humains. En France, où environ 55 millions de personnes, soit plus de 80 % de la population, ont reçu au moins une dose de vaccin contre la Covid-19, les centres régionaux de pharmacovigilance (CRPV) sont chargés de surveiller étroitement les potentiels effets indésirables des vaccins. Ils recensent, sur une base déclarative, environ 130 000 cas d'effets indésirables pour un total de plus de 130 millions de doses, soit 1 pour 1 000.

De nombreux pays se sont ainsi dotés d'instances, souvent connectées entre elles et avec les systèmes internationaux. Les instances françaises font ainsi systématiquement remonter leurs données de sécurité au système européen de pharmacovigilance. L'Agence européenne des médicaments (EMA) émet ensuite des rapports mensuels d'évaluation de tous les effets indésirables de chaque vaccin, ainsi que des rapports semestriels relatifs à la sécurité. Si un signal de sécurité est confirmé à l'issue de l'évaluation européenne, l'EMA demande une mise à jour de la notice du produit, voire de plus amples mesures de réduction des risques. Par exemple, les quelques cas de myocardite signalés en avril 2021 ont entraîné des analyses approfondies aux niveaux national et européen, qui ont elles-mêmes abouti à la modification des notices d'utilisation, puis à des recommandations nationales sur la vaccination des jeunes. En réévaluant régulièrement sa position sur la base de ces analyses, l'EMA continue aujourd'hui de considérer que les bénéfices des vaccins anti-Covid sont supérieurs à leurs risques et de renouveler leurs autorisations de mise sur le marché dans l'Union européenne.

Évolution de la vaccination contre la Covid-19 en France

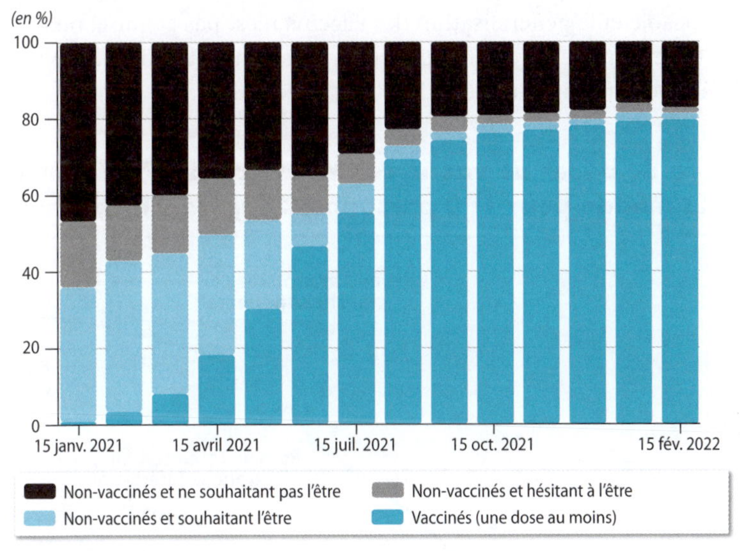

▸ Des vaccins anti-Covid inégalement répartis et acceptés

Si le système européen est bien en place, on constate à une échelle plus globale des inégalités notables dans le déploiement des vaccins. Alors que presque 70 % de la population mondiale a reçu au moins une dose, ce chiffre atteint seulement 20 % pour les habitants de pays en développement.

Dans certains pays comme le Burundi ou la République démocratique du Congo, c'est moins de 5 % de la population qui a reçu au moins une dose. Ce phénomène s'explique de plusieurs façons : les pays occidentaux ont promis des aides matérielles qui ne se sont jamais concrétisées ; les vaccins sont donc peu nombreux à parvenir dans les pays en développement, et leur prix est souvent dissuasif. En outre, la Covid y est souvent moins meurtrière que d'autres maladies qui accaparent l'attention des instances sanitaires sur place. Enfin, ces pays sont parfois vulnérables à la désinformation et refusent massivement le vaccin pour cause d'incertitudes, de suspicions ou de croyances religieuses.

Ainsi, la « victoire » des vaccins n'est pas assurée sur le long terme. La promesse de l'immunité est mise à mal par des variants, mutations de la forme d'origine du virus en général moins nocives et plus résistantes face aux vaccins. Ces derniers sont donc aujourd'hui vus par certains comme superflus, inefficaces pour se protéger d'une maladie qui serait en fait quasi inoffensive. Trois vaccins de nouvelle génération, plus efficaces pour parer le variant Omicron, ont été autorisés par la HAS le 20 septembre 2022 ; ils risquent néanmoins d'être rendus obsolètes à leur tour par l'apparition de nouveaux variants, creusant ainsi l'indifférence générale de l'opinion publique. L'éventualité d'une quatrième dose, voire d'un vaccin récurrent à effectuer tous les ans sur le modèle de celui de la grippe, est très impopulaire. Somme toute, si les premiers vaccins contre la Covid-19 ont été largement acceptés par les populations des pays développés, cette confiance n'est pas irrévocable et la généralisation des vaccins n'est pas acquise, même en France : la méfiance à l'encontre de la vaccination y est aujourd'hui stabilisée à environ 20% de la population, là où elle n'était qu'à 10% dans les années 2000.

Nombre de doses de vaccin contre la Covid-19 administrées dans le monde pour 100 personnes, par tranche de revenus

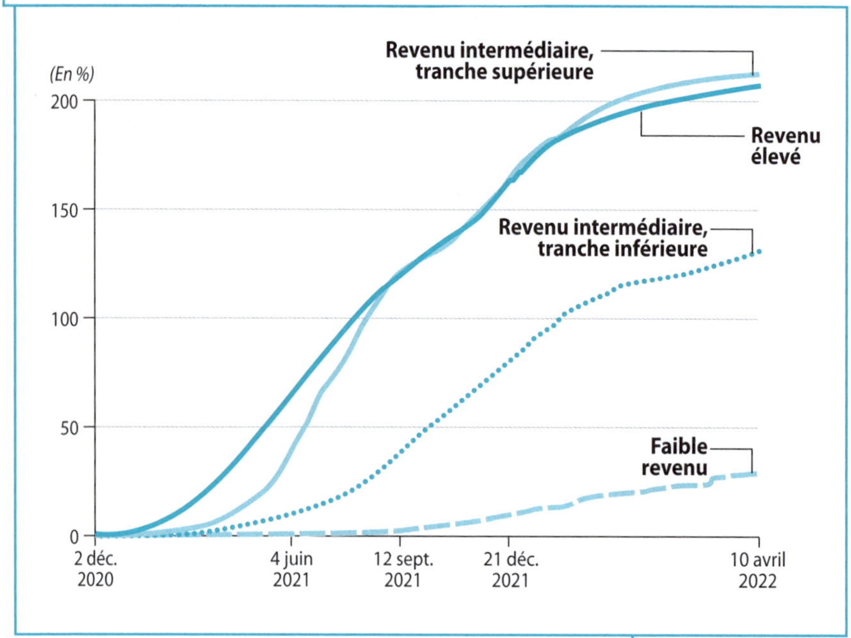

Source : ourworldindata.org.

▸ Une technologie d'avenir ?

La vaccination, apparue à la fin du XIXe siècle, a permis l'éradication de plusieurs maladies mais, après plus d'un siècle, la recherche dans ce domaine avance relativement lentement. La pandémie de SARS-CoV-2 lui a donné un nouveau souffle avec le développement des technologies qui n'inoculent non plus directement un virus atténué ou inactivé, mais une molécule d'acide ribonucléique messager (ARNm) qui récrée une protéine du virus une fois injectée. La mise au point des vaccins pour la Covid-19 a accéléré le développement de cette technologie, au-delà du cadre de cette maladie. BioNTech par exemple a récemment annoncé utiliser l'ARNm pour développer un vaccin antipaludique, alors même qu'un vaccin contre le paludisme testé depuis 2019 a été récemment administré à plus d'un million d'enfants de trois pays d'Afrique par GlaxoSmithKline (GSK).

Plusieurs entreprises ont aussi émis le souhait de rendre l'ensemble des vaccins plus accessibles dans les pays en développement et de soigner des maladies présentes en majorité dans ces pays. Ainsi le sida, le chikungunya ou encore le paludisme sont-ils autant d'autres maladies pour lesquelles des nouveaux vaccins sont en phase de création, d'évaluation, voire déjà de distribution. Cela est rendu possible par la soudaine force de frappe dont jouissent les laboratoires, qui attirent aujourd'hui la confiance des investisseurs. Mais c'est aussi cette logique financière qui engendre de nombreuses craintes en ce qu'elle ouvre la voie à de possibles dérives et falsifications scientifiques, ce que l'on sait possible du fait de plusieurs affaires très médiatisées comme celle du Médiator dans les années 2010. L'enjeu est alors de maintenir des régulations fortes tant au niveau des phases de tests que des prix de commercialisation, afin d'assurer tout aussi bien la sécurité des populations que l'équitable accès aux vaccins par les États et les individus.

Mise en perspective

La variole du singe est un autre virus transmis aux humains par les animaux, qui a des effets rappelant ceux de la variole, bien que moins sévères. Elle est découverte en 1958. À l'époque, sa propagation est ralentie par la diffusion massive des vaccins contre la variole. En 2022, la variole du singe fait son retour dans de nombreux pays non endémiques : plus de 50 000 cas sont détectés dans le monde dont 3 646 en France. Il est vraisemblable que les personnes âgées de moins de 40 ans soient aujourd'hui plus sensibles à cette maladie en raison de l'arrêt des campagnes de vaccination contre la variole après l'éradication de la maladie en 1980. Plusieurs vaccins dérivés de celui contre la variole existent aujourd'hui, ou sont en cours d'élaboration, pour lutter contre la variole du singe.

Observer l'infiniment loin : le mystère de nos origines dévoilé ?

par Benoît Quennedey

Lancé le 25 décembre 2021, le télescope spatial James Webb (JWST) a livré au public ses premières images de l'univers en juillet 2022, poursuivant les travaux du télescope Hubble qui était opérationnel depuis 1990. Les données obtenues permettront d'approfondir nos connaissances sur la formation de l'Univers et des étoiles, levant un coin du voile sur le mystère de nos origines.

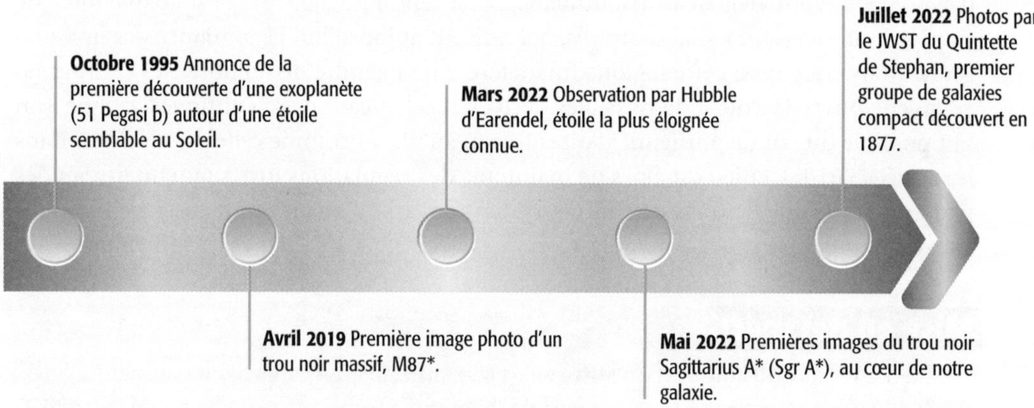

▸ L'importance de la découverte d'Earendel

La plus ancienne étoile connue a été observée par le télescope Hubble en mars 2022, puis par le télescope James Webb. Située dans l'amas de galaxies WHL0137-08 et baptisée Earendel, l'étoile a émis sa lumière il y a 12,9 milliards d'années, mais elle se situe à une distance encore supérieure du fait de l'expansion de l'univers. Son nom signifie « étoile du matin » (à interpréter comme le matin de l'Univers) du fait de son ancienneté proche du Big Bang, il y a 13,8 milliards d'années, et en référence également à l'elfe Eärendil de J.R.R. Tolkien. Auparavant, la plus ancienne étoile observée datait de 9 milliards d'années.

Earendel a été détectée par l'effet de lentille gravitationnelle, c'est-à-dire par un effet de grossissement comparable à celui d'une loupe. Cet effet provient du champ de gravitation d'un amas de galaxies s'interposant entre l'étoile et le télescope, déviant ainsi les rayons lumineux et permettant d'observer l'astre.

Il pourrait s'agir d'une étoile dite « de population III » (en tout cas proche de cette population d'étoiles originelles), correspondant à des étoiles massives et surtout très brillantes qui se sont formées dans les débuts de l'Univers, lors de ce qu'on appelle « l'aube cosmique » : l'effondrement gravitationnel associé au refroidissement du gaz a alors permis de donner naissance aux premières étoiles. Ont donc été obtenues des images exceptionnellement proches des débuts de l'Univers, la distance étant synonyme d'ancienneté puisque les images nous parviennent à la vitesse de la lumière.

▸ Une nouvelle moisson de données grâce au télescope spatial James Webb

Liste d'exoplanètes dont l'atmosphère comprend de la vapeur d'eau

Nom de la planète	Distance de la Terre (en années-lumière)	Date de découverte	Type de planète
WASP-12b	870	2008	Jupiter chaud
WASP-39b (Bocaprins)	700	2011	Jupiter chaud
WASP-107b	200	2017	Super Neptune chaud
Kappa Andromedae b	170	2012	Jupiter chaud
HD 209458 b	154	1999	Jupiter chaud
HR 8799 b	135	2008	Jupiter chaud
K2-18 b	124	2015	Super Terre ou mini-Neptune
51 Eridani b	100	2014	Jupiter chaud
HD 179949 b (Mastika)	90	2001 (publication)	Planète géante
HD 189733 b	63	2005	Jupiter chaud
51 Pegasi b	50,9	1994	Jupiter chaud
Tau Bootis Ab	50	1996	Jupiter chaud
Gliese 436-b	33,1	2004	Neptune chaud

Sources : Observatoire de Paris, *Encyclopédie des exoplanètes*, http://exoplanet.eu/

Le JWST est doté d'un miroir de 6,5 mètres, embarqué à 1,5 million de kilomètres de la Terre, équipé de caméras d'observation dans l'infrarouge. Il vise à approfondir les connaissances sur la formation des galaxies (ainsi que sur les trous noirs au cœur des galaxies), des étoiles et des planètes, ainsi que sur l'atmosphère des exoplanètes dans la recherche de celles qui pourraient accueillir des formes de vie (car comparables à la Terre, en particulier le système planétaire de l'étoile Trappist-1, à 40 années-lumière de la Terre). Les images du JWST devraient aussi permettre d'avancer sur l'hypothèse de la matière noire non lumineuse, qui serait formée de particules différentes de la matière normale (formée, elle, de protons, de neutrons et d'électrons) et se signalant par leur attraction gravitationnelle – et qui serait cinq fois plus abondante que la matière normale.

Les premières images prises par le télescope ont été rendues publiques en juillet 2022, comportant non seulement Earendel, mais aussi :

– l'image la plus profonde de l'univers (le champ profond SMACS 0723), montrant un amas de galaxies il y a 13,1 milliards d'années ;

– une pouponnière d'étoiles (c'est-à-dire une nébuleuse formée de jeunes étoiles et d'autres en train de naître), NGC 3324, appelée « Falaises cosmiques », située dans la nébuleuse de la Carène à environ 7 600 années-lumière de la Terre ;

– la nébuleuse NGC 3132, dite « nébuleuse de l'Anneau austral », à environ 2 000 années-lumière de la Terre, les nébuleuses correspondant à la fin de vie d'une étoile, lorsqu'elle passe de l'état de géante rouge à celui de naine blanche ;

– le Quintette de Stephan, constitué de cinq galaxies situées à environ 290 millions d'années-lumière de la Terre, et dont quatre sont en interaction gravitationnelle, formant ce qui a été qualifié de « danse cosmique » ;

– une exoplanète (WASP 96-b), dont pour la première fois la spectroscopie est connue, permettant d'obtenir des informations sur la composition de son atmosphère, formée notamment de molécules d'eau, jugées indispensables à la vie.

Les télescopes permettent aussi d'observer les trous noirs grâce aux gaz incandescents qui les entourent.

Stephen Hawking et les trous noirs

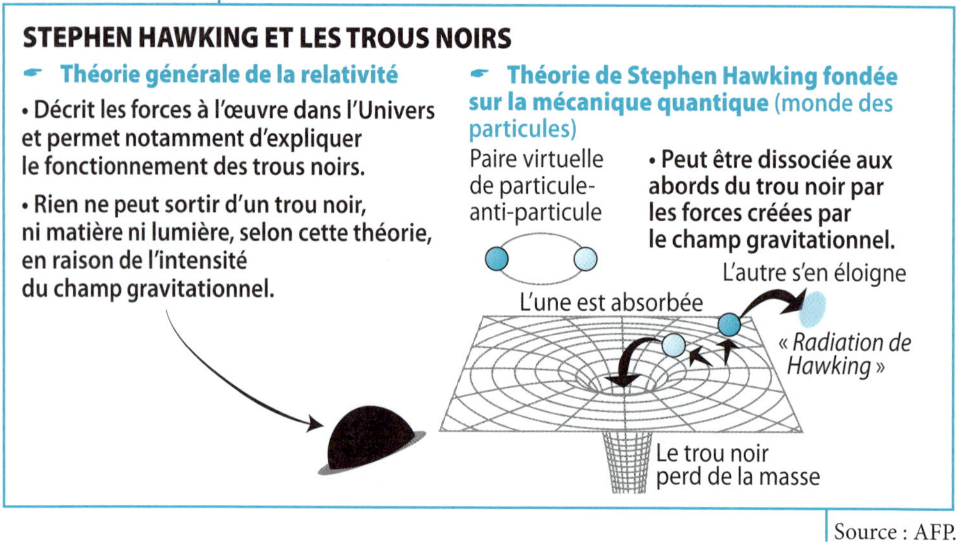

Source : AFP.

En avril 2019 avait ainsi été présentée la première image d'un trou noir massif au cœur d'une galaxie – en l'occurrence la galaxie M87. Puis la première image du trou noir Sagittarius A* (Sgr A*) situé au cœur de la Voie lactée (à 27 000 années-lumière de la Terre) a été rendue publique en mai 2022 grâce aux observations d'un réseau mondial de télescopes.

▸ L'importance de ces découvertes pour comprendre les origines de l'Univers… et de la vie

L'astronomie fonde la vision du monde qu'ont les sociétés humaines – comme en témoigne par exemple la révolution copernicienne en ne plaçant plus la Terre au centre de l'Univers.

Les découvertes de l'astrophysique montrant que le corps humain et les étoiles sont composés des mêmes éléments confortent notre sentiment d'appartenance commune, dans un continuum entre l'homme et l'Univers. La connaissance de la formation de l'Univers, puis des étoiles et enfin de la vie sous des formes de plus en plus évoluées participent d'une même ambition de compréhension de nos origines – qui fonde l'enthousiasme de découvrir des exoplanètes et la recherche d'une vie extraterrestre. À cet égard, l'exploration du ciel par les télescopes apporte des données complémentaires de celles de la conquête spatiale, avec un coût par ailleurs moindre. Enfin, la recherche induit des coopérations internationales de nature à transcender les frontières nationales : le JWST a ainsi été développé par la NASA américaine, avec la participation de l'Agence spatiale européenne (ESA), qui a procédé au lancement du télescope par une fusée Ariane 5 depuis la base de Kourou, et de l'Agence spatiale canadienne (ASC).

Les progrès scientifiques apportés par l'astronomie ont aussi des conséquences dans d'autres domaines – les ordinateurs personnels, les téléphones mobiles ou encore les scanners IRM. Les technologies employées peuvent aussi servir à développer de nouvelles sources d'énergie, notamment issues de la fusion du plasma.

Les premières images de JWST signent une nouvelle ère dans la connaissance des débuts de l'Univers, ainsi que de la formation des exoplanètes et de l'apparition de la vie. Dans cette perspective, les projets – encore lointains – de colonisation par l'homme de l'espace extérieur à la Terre bénéficient d'avancées scientifiques indispensables pour que l'espèce humaine accomplisse le rêve de quitter la Terre.

Mise en perspective

Le projet Mars One, en 2012, se fixait pour objectif une installation sur la planète rouge en 2032, mais l'entreprise a été déclarée en faillite en 2019. En 2016, Elon Musk a dévoilé son plan de colonisation de Mars au moyen de sa société, SpaceX. Il s'agit d'établir une colonie permanente d'ici cinquante ou cent ans. En 2021, le robot Persévérance, posé sur Mars, a d'ailleurs réussi à fabriquer de l'oxygène à partir du dioxyde de carbone présent dans l'atmosphère de la planète, ce qui peut permettre d'espérer de rendre l'air de la planète, à terme, respirable.

ZOOM SUR… le *metaverse*. Vaut-il la peine qu'on s'y intéresse ?

par Marion Le Calvez

En 2021, le P.-D.G. de Facebook, Mark Zuckerberg, annonce le changement de nom de sa compagnie, qui se nommera désormais Meta. Le choix du terme révèle l'ambition du groupe : s'imposer comme le leader dans ce que M. Zuckerberg considère comme le futur d'Internet, le *metaverse* (ou métavers en français). Ce monde virtuel alternatif est-il réellement l'avenir d'Internet ou une coquille vide ?

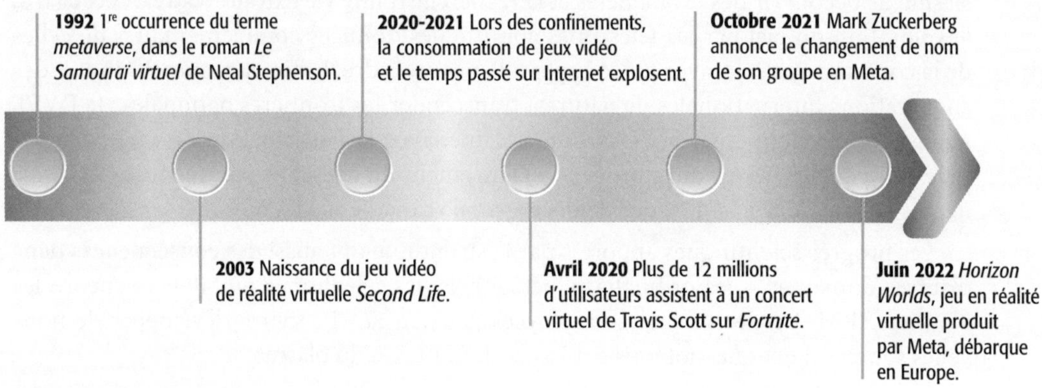

▸ Le *meta*-quoi ?

Le terme *metaverse* est issu de la contraction de *meta-* (préfixe grec signifiant « au-delà ») et d'*universe* (« univers »). La première utilisation du mot remonte à 1992, date à laquelle l'auteur Neal Stephenson l'emploie dans son roman dystopique *Le Samouraï virtuel*. Ce roman de science-fiction décrit un monde réel apocalyptique auquel les individus échappent en se connectant, via des lunettes ou des écrans, à un monde parallèle virtuel.

Dans son ouvrage *The Metaverse And How It Will Revolutionize Everything*, paru en juillet 2022, l'ancien cadre d'Amazon, Matthew Ball, définit le *metaverse* comme « *un gigantesque réseau de mondes virtuels en 3D en temps réel, qui peut être vécu de manière synchrone et persistante par un nombre illimité d'utilisateurs, avec une sensation de présence individuelle et une continuité des données relatives à l'identité, à l'his-*

toire, aux communications, aux paiements, etc. ». Dans ce *metaverse*, chaque individu peut donc adopter et conserver une, voire plusieurs identités virtuelles sous la forme d'avatars dont il peut choisir les contours à sa guise et qu'il fait vivre en se connectant via des dispositifs immersifs (lunettes 3D, gants haptiques, etc.). Ce qui définit le *metaverse*, c'est donc l'interaction et surtout l'immersion. L'utilisateur ne se contente plus de regarder un écran, il entre dedans, au point qu'il peut oublier la réalité matérielle.

▸ Un *metaverse* encore rudimentaire mais plein de promesses

Malgré des investissements massifs, les technologies immersives, devant permettre aux utilisateurs de bénéficier de toutes les promesses de cet univers parallèle, demeurent imparfaites (lourdeur et inconfort des casques, fatigue suscitée par les gants haptiques, nausées occasionnées par l'image en mouvement). De plus, il n'existe pour le moment qu'une forme rudimentaire de *metaverse*, cantonnée à des usages ludiques, essentiellement centrée sur le gaming et la sociabilisation, à l'instar des jeux vidéo comme *Fortnite, Roblox, Second Life* ou le plus récent *Horizon Worlds*.

Pour autant, les géants d'Internet sont à ce point convaincus que le *metaverse* est une suite logique et inéluctable du développement du web qu'ils y investissent massivement. En 2020 par exemple, l'éditeur de jeux vidéo Epic Games, qui produit *Fortnite*, a annoncé vouloir y investir 2 milliards de dollars quand les grandes marques n'hésitent pas, depuis plusieurs années, à faire du placement de produits dans les jeux en réalité virtuelle.

Le *metaverse* devrait permettre d'intensifier nos relations sociales et de faciliter certains actes de notre vie quotidienne : visiter un bien immobilier, consulter un médecin, passer un entretien d'embauche, assister à une réunion en télétravail, voter, etc. Les géants du web estiment même que, en réduisant nos déplacements, le *metaverse* pourrait s'imposer comme une des solutions à la crise écologique. En outre, il pourrait être un *safe space*, un espace sécurisé et inclusif.

▸ Risques et dangers du *metaverse*

Les confinements successifs imposés par le contexte sanitaire ne sont sûrement pas étrangers au succès du *metaverse*. Or, ces périodes d'isolement contraint ont eu des conséquences physiques et psychologiques sur une partie de la population. Comment anticiper les effets potentiellement néfastes d'une technologie qui pourrait favoriser l'isolement et la sédentarité des utilisateurs ? Quel cadre juridique imposer dans un monde virtuel qui ne sera sûrement pas exempt de harcèlement, voire de violences physiques ? Comment considérer un viol virtuel dans le *metaverse* ? Comment s'assurer de la confidentialité des données et éviter que le *metaverse* se transforme en outil de surveillance massive ?

Enfin, ce monde virtuel génère de la pollution numérique. Le coût écologique du *metaverse*, lié au stockage des données et aux appareils technologiques immersifs, sera donc considérable, sans compter la pénurie inédite qui frappe actuellement le secteur des puces électroniques. Le *metaverse*, enfin, creusera encore davantage une fracture numérique déjà prégnante puisqu'une bonne partie des habitants de la planète n'aura pas les moyens matériels d'accéder à cet univers virtuel.

AUTRES FAITS

- **Vendredi 14 janvier** Aux îles Tonga, le volcan Hunga Tonga-Hunga Ha'apai entre en éruption, causant un tsunami et coupant du reste du monde l'île, qui abrite environ 100 000 habitants.
- **Samedi 15 janvier** Au Pérou, une grave marée noire provoque une catastrophe écologique et économique.
- **Samedi 5 février** À Madagascar, un puissant cyclone, nommé Batsirai, cause la mort d'au moins 10 personnes.
- **Vendredi 18 février** Dans le nord de l'Europe, 16 personnes décèdent à la suite du passage de la tempête Eunice.
- **Mercredi 16 mars** Au Japon, un séisme de magnitude 7,3 frappe le pays, imposant l'arrêt de plusieurs centrales nucléaires.
- **Mardi 19 avril** En Afrique du Sud, le président Cyril Ramaphosa décrète l'état de catastrophe nationale alors que des pluies diluviennes frappent la région de Durban (sud-est du pays), tuant au moins 450 personnes.
- **De mars à mai** En Inde, une canicule exceptionnellement précoce et intense s'abat sur le pays.
- **Lundi 23 mai** Au nord-est du Bangladesh, les pires inondations connues par ce territoire depuis 20 ans tuent une soixantaine de personnes.
- **Lundi 30 mai** En France, l'orque présente dans la Seine depuis la mi-mai est finalement décédée. Une opération de secours avait été organisée, en vain, pour tenter d'attirer l'animal vers l'embouchure du fleuve.
- **Mardi 31 mai** Au Brésil, des inondations et des glissements de terrain, causés par d'intenses pluies dans le nord-est du pays, entraînent la mort d'au moins 106 personnes. En février déjà, plus de 200 personnes avaient perdu la vie à la suite des glissements de terrain et des inondations qui avaient frappé la ville de Petropolis.
- **Samedi 4 juin** En France, la réplique de la grotte Cosquer, une cavité décorée de peintures préhistoriques découverte en 1985 dans les calanques, ouvre ses portes au public à Marseille.
- **Dimanche 5 juin** La Chine poursuit sa conquête spatiale en envoyant 3 astronautes dans sa station en orbite.
- **Samedi 18 juin** La France, comme de nombreux pays, est touchée par une vague de chaleur record pour un mois de juin.
- **Mercredi 22 juin** En Afghanistan, un puissant séisme frappe l'est du pays, tuant au moins un millier de personnes.
- **Mardi 5 juillet** La mathématicienne ukrainienne Maryna Viazovska reçoit la médaille Fields et devient ainsi la 2ᵉ femme à obtenir ce prix.

MARQUANTS 2022

Mardi 12 juillet La France affronte une nouvelle vague de chaleur, la 45e recensée depuis 1947, qui dure plusieurs jours.

Lundi 18 juillet Au Brésil, une étude indépendante révèle que la déforestation a augmenté de 20 % en 2021, année durant laquelle 18 arbres ont été abattus par seconde.

Mardi 2 juillet En Russie, le directeur de l'Agence spatiale russe nouvellement nommé, Iouri Borissov, annonce que la Russie quittera le programme de la Station spatiale internationale après 2024.

Mardi 9 août En Corée du Sud, de graves inondations causent la mort d'au moins 9 personnes.

Samedi 13 août Au Soudan, des pluies torrentielles et des inondations provoquent la mort de 52 personnes.

Jeudi 18 août En Corse, de violents orages provoquent la mort de 5 personnes.

Juillet-août Au cours de l'été, de nombreux pays affrontent des incendies de grande ampleur, aggravés par des températures extrêmes. En France, près de 50 personnes ont été arrêtées, suspectées d'être à l'origine de certains des incendies qui ont ravagé les forêts de l'Hexagone, notamment en Gironde et dans les Landes bretonnes (Finistère). En Espagne, dans la région de Valence, les incendies ont détruit plus de 20 000 hectares. Au Portugal, 25 000 hectares de la zone protégée de Serra da Estrela sont partis en fumée au cours du mois d'août. D'autres pays européens, la Hongrie, la Slovénie, la Suisse ou l'Autriche, habituellement peu touchés par les feux de forêt, ont connu des incendies d'ampleur. En Algérie, des incendies ont causé la mort de 38 personnes durant le seul mois d'août. Aux États-Unis, le nord de la Californie a été frappé par le plus grand feu de son histoire, « McKinney », qui a ravagé plus de 23 000 hectares, notamment dans le parc national de Yosemite, et causé la mort de 4 personnes. En juillet, la région avait déjà été touchée par l'incendie « Oak Fire ».

Lundi 5 septembre En Chine, un puissant séisme frappe le sud-ouest du pays, région montagneuse, causant la mort d'au moins 74 personnes. Plus de 21 000 personnes ont dû être évacuées.

Samedi 10 septembre En visite au Pakistan, le secrétaire général des Nations unies Antonio Guterres annonce n'avoir « *jamais vu de carnage climatique de cette ampleur* » alors que le Pakistan fait face, depuis 3 mois, aux plus graves inondations de son histoire. Au moins 1 400 personnes sont décédées depuis juin.

Dimanche 16 octobre En cette Journée mondiale de l'alimentation, le Programme alimentaire mondial alerte sur la situation gravissime de la Corne de l'Afrique. Dans cette région, frappée par la sécheresse depuis janvier 2021 mais également par des conflits politiques, plus de 23 millions de personnes sont menacées par la famine.

QCM

Pour chaque question, une seule réponse est correcte.

1 Quelle est la date de la création du Groupe d'experts intergouvernemental sur l'évolution du climat (GIEC) ?

- a. 1968.
- b. 1978.
- c. 1988.

2 Combien de personnes sont considérées comme vulnérables au changement climatique par le 6e rapport du GIEC ?

- a. Entre 1,1 et 1,3 milliard.
- b. Entre 3,3 et 3,6 milliards.
- c. Entre 6,6 et 6,9 milliards.

3 En quelle année les émissions de gaz à effet de serre doivent-elles atteindre un pic pour limiter le réchauffement climatique à 1,5 °C d'ici à 2050 ?

- a. En 2025.
- b. En 2037.
- c. En 2050.

4 Quel moyen d'action est crucial selon le 6e rapport du GIEC ?

- a. Le changement des modes de production.
- b. Le changement des modes de consommation.
- c. Le changement des modes de consommation et de production.

5 Quel pourcentage de l'énergie primaire est produit dans le monde de façon renouvelable en 2021 ?

- a. 13,5 %.
- b. 23,5 %.
- c. 33,5 %.

6 Pour quelle date les 27 États membres de l'Union européenne se sont-ils fixé l'objectif d'atteindre la neutralité carbone ?

- a. D'ici à 2030.
- b. D'ici à 2040.
- c. D'ici à 2050.

7 Quel pays a un bilan carbone négatif ?
- ❍ a. Le Bhoutan.
- ❍ b. L'Islande.
- ❍ c. La Chine.

8 Où la COP27 s'est-elle tenue en 2022 ?
- ❍ a. À Paris.
- ❍ b. À Charm-el-Cheikh.
- ❍ c. À Glasgow.

9 Quelle énergie n'est pas renouvelable ?
- ❍ a. Le solaire.
- ❍ b. L'éolien.
- ❍ c. Le nucléaire.

10 Quelle proportion du mix énergétique mondial les énergies renouvelables doivent-elles représenter en 2030 ?
- ❍ a. 50%.
- ❍ b. 40 %.
- ❍ c. 60 %.

11 Quel est l'inconvénient majeur des énergies renouvelables ?
- ❍ a. Elles sont intermittentes.
- ❍ b. Elles sont peu abondantes.
- ❍ c. Elles n'existent pas partout.

12 Quelle est l'énergie renouvelable encore peu exploitée pour des raisons techniques ?
- ❍ a. L'énergie de la Lune.
- ❍ b. L'énergie marine.
- ❍ c. L'énergie nucléaire.

13 Quelle est l'agence chargée d'effectuer le suivi de la vaccination en France ?
- ❍ a. L'ANSM.
- ❍ b. La HAS.
- ❍ c. L'EMA.

14 Quel effet indésirable a causé la modification des recommandations européennes de vaccination contre la Covid-19 pour les jeunes ?
- ❍ a. Le syndrome inflammatoire multisystème chez les adultes (MIS-A).
- ❍ b. La myocardite.
- ❍ c. La variole du singe.

15 **Quel est le pourcentage de personnes ayant reçu au moins une dose de vaccin contre la Covid dans les pays en développement ?**

- ❍ **a.** 20 %.
- ❍ **b.** 35 %.
- ❍ **c.** 50 %.

16 **Quelle est la maladie prévenue par le vaccin de GSK distribué en Afrique depuis octobre 2021 ?**

- ❍ **a.** Le sida.
- ❍ **b.** Le paludisme.
- ❍ **c.** Le chikungunya.

17 **Lequel de ces objets astrophysiques se trouve au cœur des galaxies ?**

- ❍ **a.** Un amas de supergéantes.
- ❍ **b.** Une nébuleuse planétaire.
- ❍ **c.** Un trou noir.

18 **Laquelle de ces affirmations est fausse ?**

- ❍ **a.** L'étoile Earendel est contemporaine du Big Bang, il y a 12,9 milliards d'années.
- ❍ **b.** L'image la plus profonde de l'univers obtenue par le JWST montre un amas de galaxies il y a 13,1 milliards d'années.
- ❍ **c.** Le télescope spatial James Webb (JWST) est équipé de caméras d'observation dans l'infrarouge.

19 **Quand a été annoncée la découverte de 51 Pegasi b, 1re exoplanète autour d'une étoile semblable au Soleil ?**

- ❍ **a.** En 1977.
- ❍ **b.** En 1995.
- ❍ **c.** En 1999.

20 **Laquelle de ces agences n'a pas collaboré avec la NASA pour la création du télescope spatial James Webb ?**

- ❍ **a.** L'Agence spatiale canadienne.
- ❍ **b.** L'Agence spatiale européenne.
- ❍ **c.** L'Agence spatiale japonaise.

21 **Le terme *metaverse* est une contraction du préfixe grec *meta*- (au-delà) et de quel terme ?**

- ❍ **a.** *inverse.*
- ❍ **b.** *universe.*
- ❍ **c.** *verseau.*

22 Quel est le titre du roman de science-fiction publié en 1992 dans lequel le terme *metaverse* est utilisé pour la première fois ?

- ❍ **a.** *Le Jedi virtuel.*
- ❍ **b.** *Le Samouraï 3D.*
- ❍ **c.** *Le Samouraï virtuel.*

23 En quelle année Mark Zuckerberg prononce-t-il la conférence au cours de laquelle il annonce le changement de nom de sa société en Meta ?

- ❍ **a.** En 2021.
- ❍ **b.** En 2020.
- ❍ **c.** En 2019.

24 Quel est le nom du jeu vidéo de réalité virtuelle lancé en 2003 ?

- ❍ **a.** *Virtual life.*
- ❍ **b.** *Metalife.*
- ❍ **c.** *Second Life.*

Corrigé

1**c**, 2**b**, 3**a**, 4**c**, 5**a**, 6**c**, 7**a**, 8**b**, 9**c**, 10**b**, 11**a**, 12**b**, 13**a**, 14**b**, 15**a**, 16**b**, 17**c**, 18**a**, 19**b**, 20**c**, 21**b**, 22**c**, 23**a**, 24**c**.

Analyse d'un document iconographique

par Jérôme Calauzènes

Voici une méthode pour analyser les images. Elle vous servira dans le cadre de la préparation de votre concours ou examen ainsi que dans votre vie quotidienne.

▸ Méthode de l'analyse d'image

1re étape : présenter le document

Après avoir bien observé le document et repéré les principaux éléments, vous devrez présenter le document, de la façon suivante :

- la nature du document : dessin, caricature, photographie… Elle est en soi signifiante. Par exemple, la caricature a une fonction satirique ;
- la source du document : il faut donner le nom de l'ouvrage, du journal… d'où a été tiré le document. Il faudra évoquer le parti pris (le cas échéant) de l'ouvrage ou la ligne éditoriale du périodique.

Un dessin paru en une de *Charlie Hebdo* aura avant tout pour fonction d'attirer l'œil, voire de choquer. Il cherchera à dénoncer quelque chose ou à mettre l'accent sur un problème particulier, de façon humoristique. De plus, le journal est orienté à gauche et se veut très satirique.

De même, une image issue des réseaux sociaux devra être beaucoup plus remise en question, notamment sur la véracité des informations apportées (en fonction de la personne ou de l'institution qui l'aura publiée).

- l'auteur : il faudra le mentionner et, éventuellement, préciser ses opinions politiques (si elles sont connues ou si c'est important). L'essentiel est de montrer en quoi le document est partial, subjectif.
- les destinataires du document : il faut dire à qui s'adresse ce document. Il peut d'ailleurs y avoir plusieurs types de destinataires en fonction du type de document et du support dans lequel il est paru.
- la date et le contexte : il faut impérativement rappeler la date du document et surtout son contexte. Il faut bien penser au contexte politique, économique, social, international, culturel…

- la description du document. Vous décrirez rapidement ce que vous voyez et, éventuellement, les symboles que vous repérez. On pourra, sans y être obligé, utiliser « au premier plan », « au second plan »…

2e étape : dégager deux ou trois idées phares

Dégagez deux ou trois idées, voire plus, mises en avant par le document (dénonciation, débat mis en avant, éléments en filigrane…). Il ne faut en aucun cas se contenter d'une seule grille d'analyse, qui sera insuffisante et à la portée de tous.

Après avoir présenté le document, vous énoncez, en les explicitant et en vous fondant sur l'image, les deux ou trois idées phares que vous avez trouvées.

3e étape : conclure

Il semble pertinent de conclure en parlant du sentiment que vous avez ressenti à la vue de l'image et de ce qu'elle dégage.

On peut aussi conclure en évoquant des documents plus ou moins similaires ou qui traitent du même thème mais de façon différente, ou sous un autre angle, avec un autre point de vue.

▸ Application de la méthode

Plantu, une du *Monde*, 31 mars 2021

Il s'agit ici d'une caricature parue dans le journal *Le Monde*, le 31 mars 2021. C'est le dernier dessin que Plantu a réalisé pour ce journal, avant de prendre sa retraite. Il semble donc particulièrement important pour lui, même si le dessinateur continue de publier des dessins *via* notamment les réseaux sociaux et son compte Twitter.

Les opinions politiques de Jean Plantureux, dit Plantu, sont peu connues et celui-ci a rarement pris parti. Il cherche le plus souvent à mettre en scène une situation, de façon plus ou moins humoristique.

Le 31 mars 2021, la France et le monde font toujours face à la crise du coronavirus, thème principal du dessin.

À gauche du dessin, on voit le président Macron, juste avant une conférence de presse, se tenir la tête dans les mains, ne sachant pas quoi dire ni quoi faire. À un personnage, sur la droite, vraisemblablement chargé du protocole, qui lui demande « *Qu'allez-vous annoncer M. le Président ?* », ce dernier répond : « *Si je savais !...* » marquant par là même qu'il reste très indécis. Autour de lui, on remarque plusieurs personnages, dont des colombes et des souris.

La première idée dégagée par ce dessin reste les injonctions paradoxales et les opinions très diverses des différentes parties de la population française.

Le corps médical, représenté par deux personnages, semble vouloir encourager la vaccination. On pourrait même ajouter qu'il existe des débats en son sein (le fait que l'un des médecins ne soit pas masqué tendrait à le prouver), certains refusant également de se faire vacciner.

De l'autre côté, les médias (radio et télévision) attendent des déclarations à grand renfort de matériels (micros, caméras, papiers et stylos). Les différentes chaînes d'information en continu, qui diffusent en permanence des chiffres, souvent alarmistes, contribuent ainsi à créer une certaine psychose.

Derrière eux, on aperçoit un élu, reconnaissable à son écharpe tricolore. Il semble lui aussi exiger des mesures ou se plaindre de leurs contradictions. Cela symbolise l'opposition entre la présidence et le gouvernement d'une part, et des élus de terrain d'autre part, dont on a pu affirmer qu'ils avaient été plus efficaces dans la gestion de la crise sanitaire, étant au plus près des besoins des citoyens. Marianne, masquée, allégorie de la République française, semble observer la scène. La question de la permanence des valeurs républicaines pourrait être ici posée, face à des restrictions en termes de liberté (interdiction des rassemblements) et à l'exacerbation des inégalités.

Mais les injonctions viennent également du peuple, représenté par le personnage à la casquette, à gauche. Cela démontre ici qu'une grande partie de la population se fait un avis sur des questions jugées pourtant complexes. Certains y voient une aberration, pensant qu'il faut laisser faire les experts alors que d'autres analysent cela comme un regain démocratique.

En second lieu, le dessin témoigne de la difficulté du pouvoir face à ces injonctions contradictoires. L'hésitation se faisait, à l'époque, autour de plusieurs questions.

Tout d'abord, l'hypothèse d'un reconfinement. Très impopulaire auprès de certains, et notamment de certaines professions qui ont souffert de cette mesure en 2020, le reconfinement était réclamé par d'autres, notamment les médecins, les lits de réanimation étant déjà saturés et la mortalité en France ayant été importante (environ 100 000 personnes à cette date). Le maintien des écoles ouvertes était aussi un sujet de débat.

Ensuite, il s'agissait de savoir si la vaccination devait être obligatoire, au nom d'un intérêt collectif qui semblait évident, ou si elle devait rester volontaire, au nom du respect de la liberté de chacun.

Au-delà, le rôle des experts en matière politique pouvait être directement remis en question.

Enfin, la caricature semble évoquer l'avenir et d'abord celui du monde.

Les deux colombes, en haut du dessin, l'une portant un rameau d'olivier, symbole de paix, associée à une dose de vaccin dans une seringue, l'autre un point d'interrogation avec une représentation de la Terre, nous interrogent. Plantu semble penser que le retour à la normale dépend de la possibilité de vacciner l'ensemble du monde, y compris les pays les plus pauvres, qui ont très peu accès aux vaccins, malgré les déclarations des pays riches s'engageant à leur en donner. L'avenir est également incertain puisque, avec l'arrivée des différents variants (anglais et indien à l'époque, delta ensuite), la question de la fin de la pandémie reste une énigme.

Mais l'avenir est aussi celui de Plantu qui quitte le journal *Le Monde*. La souris à droite fait ses adieux (au lectorat et au journal), tandis qu'une troisième colombe, avec un rameau d'olivier et un crayon, rappelle l'engagement du dessinateur pour la liberté de la presse face au terrorisme. Plantu manifeste enfin sa reconnaissance au journal qui l'a employé pendant près de cinquante ans (de 1972 à 2021), *via* les trois cœurs qui trônent au-dessus des deux souris et de la colombe. Il montre également que le journal *Le Monde* est présent sur différents supports : papier et numérique (présence d'un ordinateur et d'un téléphone mobile). Il encourage alors peut-être ceux qui l'ont suivi à continuer à lire ce quotidien.

Si cette caricature donne une impression de désordre, c'est pour mieux montrer la difficulté de la décision politique. Elle met le doigt sur différents débats qui animent la société française, tout en permettant au dessinateur de faire ses adieux et d'espérer un avenir plus radieux.

20 CITATIONS INCONTOURNABLES DE L'ANNÉE 2022

par Jérôme Calauzènes

▸ Géopolitique

Joe Biden, dans le *New York Times* (31/05/2022)

« Il relève de nos intérêts nationaux vitaux d'assurer une Europe stable et en paix. »

John Doe (pseudonyme), lanceur d'alerte à l'origine des *Panama Papers*, mettant en garde contre les sociétés écrans et l'usage qu'en font les régimes autoritaires dans un entretien accordé à la *Süddeustche Zeitung* (21/07/2022)

« Ce sont les sociétés écrans qui financent l'armée russe. »

Macky Sall, président du Sénégal et de l'Union africaine, dans une tribune dans *Le Monde* (20/07/2022)

« En omettant la majeure partie de l'Afrique, le G20 compromet son efficacité et son influence. »

Vincent Tourret, de la Fondation pour la recherche stratégique, dans un entretien accordé au *Monde* (24/08/2022)

« Kiev a les hommes mais pas le matériel, la Russie dispose du matériel mais pas des hommes. »

▸ Politique française et européenne

Othman Nasrou, vice-président (LR) de la région Île-de-France, à propos de l'initiative de sénateurs socialistes de légaliser le cannabis en France, dans une tribune publiée dans *L'Opinion* (29/01/2022)

« Changer les lois de la République faute d'être en mesure de les faire respecter, c'est en réalité imposer la loi des délinquants à tous. »

Bernard Spitz, président de BSConseil, tribune dans *Le Monde*, à propos de la démission du Premier ministre italien, finalement rejetée par le Président Mattarella (22/07/2022)

« Ce que nous dit la démission forcée de Draghi, c'est que si l'on ne répond pas mieux à l'angoisse démocratique, la voie sera ouverte aux populismes. »

Emmanuel Macron dans un discours introductif à un Conseil des ministres (24/08/2022)

« Nous vivons [...] la fin de l'abondance, [...] la fin d'une forme d'insouciance. »

Emmanuel Macron, lors du Conseil des ministres de la rentrée politique du gouvernement (24/08/2022)

« Notre régime de liberté a un coût, qui peut exiger des sacrifices. »

▸ Économie

Stéphane Lauer, éditorialiste du *Monde* (2/05/2022)

« Il n'y a que les naïfs pour croire que la défense de la liberté d'expression est la seule motivation d'Elon Musk pour racheter Twitter. »

José Graziano da Silva, directeur de la FAO de 2012 à 2019, à propos du manque de réponse internationale d'envergure face à la hausse de l'insécurité alimentaire, aggravée par la guerre en Ukraine, dans un entretien accordé au *Monde* (6/06/2022)

« Éradiquer la faim, c'est une question de volonté politique. »

Julien Bouissou, dans une chronique publiée dans *Le Monde* (21/06/2022)

« L'OMC doit convaincre que le commerce fait partie des solutions aux crises planétaires. »

Luiz Pereira da Silva, numéro deux de la Banque des règlements internationaux, dans un entretien accordé au *Monde* (26/06/2022)

« L'inflation est l'impôt le plus régressif possible. »

Miguel Aubouy, chercheur en innovation dans une tribune au *Monde*, à propos des « Uber files » (22/07/2022)

« Il est temps d'instaurer un contrôle démocratique des innovations. »

▸ Société

Jerry Nadler, élu démocrate à la Chambre des représentants des États-Unis, à propos de la multiplication des projets de loi, et notamment celui pour protéger le mariage homosexuel (20/07/2022)

« Nous ne pouvons pas rester les bras croisés pendant que les gains durement acquis du mouvement pour l'égalité sont systématiquement anéantis. »

Alaa El Aswany, écrivain égyptien, affirmant que, si le fondamentalisme islamiste a privé le monde arabe de son atmosphère de tolérance, il ne peut rien contre la diffusion des idées, dans une tribune dans *Le Monde* (20/08/2022)

« Salman Rushdie a prouvé que la plume l'emporte sur les couteaux. »

Dominique Simonnot, contrôleuse générale des lieux de privation de liberté, à la suite de l'organisation à la prison de Fresnes d'un jeu où deux détenus ont fait une course en karting et à la polémique suscitée sur les « *prisons Club Med* », dans une tribune dans *Le Monde* (24/08/2022)

« Le vrai scandale, ce n'est pas le karting, mais l'état lamentable de nos prisons. »

▸ Culture et sport

Rima Abdul Malak, ministre de la Culture, interviewée par Léa Salamé, à propos des aides gouvernementales à la culture pendant la crise du coronavirus (21/06/2022)

« Il n'y a pas un cinéma qui a fermé, il n'y a pas un théâtre qui a fermé, il n'y a pas une librairie qui a fermé. Ça, c'est la France, et c'est ce soutien du quoi qu'il en coûte. »

Julia Tasse, chercheuse à l'Institut de relations internationales et stratégiques, à propos de l'impact de la pratique sportive, souvent sous-estimée, sur le dérèglement climatique, dans *Le Monde* (24/08/2022)

« Il faut accepter de modifier les grands calendriers sportifs pour s'adapter à ces nouvelles conditions. »

▸ Environnement et sciences

Antonio Guterres, secrétaire général des Nation unies, dans une tribune dans *Le Monde* (30/06/2022)

« Les énergies renouvelables sont les garantes de la paix au XXIe siècle. »

Christophe Béchu, ministre de la Transition écologique et de la Cohésion des territoires de France, à propos de la volonté du ministre délégué chargé des Transports, Clément Beaune, de réguler les vols en jets privés au nom de la lutte contre le réchauffement climatique, dans une interview sur BFM TV (23/08/2022)

« L'écologie, ce n'est pas le buzz. »

Ils nous ont quittés en 2022

par Jérôme Calauzènes

Shinzo Abe (21 septembre 1954 – 8 juillet 2022)

Issu d'une famille influente du Japon, il est d'abord cadre d'entreprise puis conseilleur politique. Élu à la tête du PLD (parti libéral démocrate), il devient Premier ministre de 2006 à 2007, puis de 2012 à 2020. Il place la relation avec les États-Unis au centre de sa politique étrangère, veut réviser la Constitution afin que le Japon puisse bénéficier d'une véritable armée et prône une attitude ferme face à la Chine. Il veut redresser le Japon via une relance monétaire (dévaluation massive du yen), une relance budgétaire et une stratégie de croissance à long terme (ouverture économique). Très populaire au début, il est assassiné en 2022 par balles à Nara, alors qu'il prononçait un discours en pleine campagne électorale.

Madeleine Albright (15 mai 1937 – 23 mars 2022)

Née en Tchécoslovaquie de parents juifs convertis au catholicisme pour échapper à l'antisémitisme, elle s'exile aux États-Unis avec sa famille en 1948, après la prise de pouvoir par les communistes. Membre du parti démocrate, elle devient ambassadrice des États-Unis auprès des Nations unies de 1993 à 1997, puis la première femme secrétaire d'État, sous la présidence Clinton, de 1997 à 2001. Elle considère que les États-Unis sont la « *nation indispensable* » et est favorable à un élargissement de l'OTAN aux pays de l'est de l'Europe. Hantée par son échec à empêcher le génocide rwandais et les massacres en Bosnie, elle pousse le pays à intervenir militairement au Kosovo. Elle meurt des suites d'un cancer.

Khalifa Ben Zayed (25 janvier 1948 – 13 mai 2022)

Nommé prince héritier en 1969, il succède à son père à la tête de l'émirat d'Abou Dhabi et à la présidence de la fédération des Émirats arabes unis en 2004. Il crée en 2008 le fonds d'investissement The Abu Dhabi United Group (ADUG) avec lequel il rachète plusieurs clubs de football, dont celui de Manchester City. Il fait partie des chefs d'État les plus riches du monde avec une fortune estimée à 18 milliards d'euros en 2021. Mécène, il participe à la restauration du théâtre du château de Fontainebleau. Victime, en 2014, d'un accident vasculaire cérébral qui l'a diminué et qui a réduit ses apparitions publiques, il meurt en 2022 à 74 ans.

Yvan Colonna (7 avril 1960 – 21 mars 2022)

Éleveur, il devient militant indépendantiste corse dans des mouvements proches du Front de libération nationaliste corse. Il a toujours refusé de prendre parti dans les querelles qui ont animé ces différents groupes. Il participe à l'attaque de la gendarmerie de Pietrosella en 1997, puis assassine en 1998 le préfet de Corse Érignac à Ajaccio. En cavale, il est finalement arrêté en 2003. Sa culpabilité étant établie à l'issue de plusieurs procès qui se tiennent entre 2006 et 2011, il est condamné à la réclusion criminelle à perpétuité. Agressé par un codétenu, fondamentaliste musulman qui avait été arrêté en Afghanistan où il était parti faire le jihad, il meurt des suites de ses blessures.

Yves Coppens (9 août 1934 – 22 juin 2022)

Originaire de Vannes, en Bretagne, il devient paléontologue et paléoanthropologue. Au départ spécialisé dans l'étude des grands mammifères préhistoriques, il approfondit ensuite ses recherches sur l'Homme. Il est devenu internationalement célèbre lorsqu'il a codécouvert Lucy, une Australopithèque vieille de 3,2 millions d'années en Éthiopie en 1974 lors d'une mission internationale. Ses recherches permettent d'inscrire l'évolution humaine dans des problématiques d'environnement et de climat. Selon lui, la bipédie de l'Homme se serait développée en lien avec le développement de la savane en Afrique de l'Est. Il pense aussi que le passage d'*Homo* à *Homo sapiens* se serait fait parallèlement dans plusieurs régions du monde et non pas uniquement en Afrique.

Jose Eduardo Dos Santos (28 août 1942 – 8 juillet 2022)

Fils de maçon, il rejoint à 19 ans le Mouvement populaire de libération de l'Angola, d'inspiration communiste, qui lutte contre la colonisation portugaise. Il entre au gouvernement à la suite de l'indépendance de son pays en 1975, puis devient président de la République de 1979 à 2017. Il met fin à la guerre civile qui oppose son mouvement à l'Union nationale pour l'indépendance totale de l'Angola, soutenue par les États-Unis, en 2002. Il se tourne vers la Chine, stabilise l'économie du pays (3e puissance économique d'Afrique). Son régime devient de plus en plus autoritaire et subit des contestations. En 2017, il décide de ne pas se représenter et cède sa place à Lourenço. Il meurt d'une insuffisance cardiaque.

Mikhaïl Gorbatchev (2 mars 1931 – 30 août 2022)

Originaire du Caucase, il naît dans une famille de paysans (kolkhoziens) ralliés au communisme. Membre du Komsomol, les jeunesses communistes, il adhère au parti communiste d'Union soviétique en 1950 puis en gravit les échelons, notamment grâce à Iouri Andropov, chef du KGB. Il entre ainsi au bureau politique du parti en 1980, à 49 ans. À la tête de l'URSS dès 1985, conscient des problèmes de son pays, il lance un programme de réformes politiques, économiques et sociales : la *perestroïka* (restructuration) et la *glasnost* (transparence), qui porte peu ses fruits. Il met en place une seconde détente avec des États-Unis, qui va mener à la fin de la guerre froide. Face aux difficultés, il démissionne en 1991 et dissout l'URSS. Apprécié par le monde occidental, il reçoit le prix Nobel de la Paix en 1980 mais est resté détesté en Russie.

Miss.Tic (20 février 1956 – 22 mai 2022)

Graffeuse née à Paris d'un père immigré tunisien et d'une mère française, elle part deux ans aux États-Unis où elle fréquente les milieux underground. De retour en France, dans les années 1980, elle met en œuvre son style, utilisant le pochoir et la bombe aérosol. Elle représente sur les murs de la capitale des femmes sensuelles aux cheveux noirs, accompagnées d'aphorismes exprimés sous la forme de jeux de mots, prônant le plus souvent la liberté. Condamnée en 2000 pour avoir peint sur des murs, elle négocie avec les autorités pour pouvoir exercer son art. Elle devient de plus en plus reconnue : des marques comme UCAR lui commandent des œuvres et son travail est exposé.

Jean-Louis Trintignant (11 décembre 1930-17 juin 2022)

Né dans le Vaucluse, Jean-Louis Trintignant grandit dans une famille de vignerons et de coureurs automobile. Fasciné par l'acteur Charles Dullin, il monte à Paris pour suivre des cours au théâtre de l'Atelier. L'année 1956 marque son entrée glorieuse au cinéma dans le film culte *Et Dieu… créa la femme* de Roger Vadim. En 1966, il connaît un autre immense succès avec *Un homme et une femme* de Claude Lelouch. La consécration arrive en 1969 avec Z de Costa-Gavras, pour lequel il obtient le prix d'interprétation masculine au festival de Cannes. En 2013, il obtient également le César du meilleur acteur pour *Amour* de Michael Haneke. Ayant toujours gardé une distance critique vis-à-vis de sa notoriété, il s'éteint à l'âge de 91 ans.

Et aussi :

Arno, Jean-Jacques Beneix, Ricardo Bofill, Peter Brook, Dani, Jean-Paul Fitoussi, Jean-Luc Godard, Ibrahim Boubacar Keïta, Bruno Latour, Luc Montagnier, Thierry Mugler, René de Obaldia, Jean-Pierre Pernault, Jacques Perrin, Sydney Poitier, Régine, Jean-Jacques Sempé, Gaspard Ulliel, Vangelis, Paul Veyne…

PARTIE 7

CLASSEMENTS INCONTOURNABLES EN 2022

Rang	État ou territoire	Indice de puissance militaire 2021[1]
1	États-Unis	0,0453
2	Russie	0,0501
3	Chine	0,0511
4	Inde	0,0979
5	Japon	0,1195
6	Corée du Sud	0,1261
7	France	0,1283
8	Royaume-Uni	0,1382
9	Brésil	0,1572
10	Pakistan	0,1695

Source : Global Fire Power, www.globalfirepower.com, 2021.

1. Indice établi à partir de 50 indicateurs, 0 étant l'indice le meileur.

Rang européen	Université	Rang mondial
1	University of Cambridge	2
2	University of Oxford	4
3	Imperial College London	6
4	University College London (UCL)	8
5	Swiss Federal Institutre of Technology (ETH Zurich)	9
6	University of Edinburgh	15
7	École polytechnique fédérale de Lausanne (EPLF)	16
8	Université Paris Sciences et Lettres (PSL)	26
9	Université of Manchester	28
10	King's College London	37

Source : « Classement mondial des universités QS », Quacquarelli Symonds, 2022.

Rang	Pays	Production (milliers de tonnes)
1	Chine	134 250
2	Inde	107 860
3	Russie	85 354
4	États-Unis	49 751
5	Canada	35 183
6	Australie	33 300
7	Ukraine	25 240
8	Pakistan	24 946
9	Turquie	18 250
10	Argentine	17 640

Source : Statista, 2022.

Rang	Pays	Indice d'innovation (2021)
1	Suisse	65,5
2	Suède	63,1
3	États-Unis	61,3
4	Corée du Sud	59,8
5	Royaume-Uni	59,3
6	Pays-Bas	58,6
7	Finlande	58,4
8	Singapour	57,8
9	Danemark	57,3
9	Allemagne	57,3

N.B : L'indice mondial de l'innovation publié conjointement par l'université Cornell, l'INSEAD (Institut européen d'administration des affaires) et l'Organisation mondiale de la propriété intellectuelle, tente d'évaluer et de comparer les niveaux d'innovation des pays du monde.

Source : « Indice mondial de l'innovation ».

Rang	Pays	Nombre d'individus en prison pour 100 000 habitants
1	États-Unis	629
2	Rwanda	580
3	Turkménistan	576
4	Salvador	564
5	Cuba	510
6	Îles Vierges britanniques	477
7	Thaïlande	445
8	Panama	436
9	Saint-Kitts-et-Nevis	423
10	Grenade	413

Source : Statista, 2021.

Rang	Région	Répartition des ménages très riches (%)		
		1 % le plus riche	0,1 % le plus riche	Ensemble des ménages
1	Île-de-France	43,1	54,3	18,7
2	Auvergne-Rhône-Alpes	11,5	8,6	12,0
3	Hauts-de-France	5,4	4,3	9,1
4	Nouvelle-Aquitaine	5,8	4,8	9,1
5	Occitanie	5,9	4,5	8,8
6	Grand Est	6,3	5,1	8,3
7	Pronvence-Alpes-Côte-d'Azur	7,2	6,5	7,8
8	Pays de la Loire	3,2	2,6	5,8
9	Bretagne	2,7	2,1	5,1
10	Normandie	2,8	2,2	5,0

LES 10 PAYS AVEC LE PLUS DE SITES INSCRITS AU PATRIMOINE MONDIAL DE L'HUMANITÉ

Rang	Pays	Nombre de sites inscrits au Patrimoine mondial
1	Italie	58
2	Chine	56
3	Allemagne	51
4	Espagne	49
4	France	49
6	Inde	40
7	Mexique	35
8	Royaume-Uni	33
9	Russie	30
10	Iran	26

Source : UNESCO, 2022.

Rang	Ville	Pays	Sport principal	Capacité (nombre de places assises)
1	Pyongyang	Corée du Nord	Football	150 000
2	Ahmedabad	Inde	Cricket	110 000
3	Ann Arbor	États-Unis	Football américain	109 801
4	State College	États-Unis	Football américain	107 282
4	College Station	États-Unis	Football américain	102 733
6	Knoxville	États-Unis	Football américain	102 459
7	Columbus	États-Unis	Football américain	102 375
8	Baton Rouge	États-Unis	Football américain	102 320
9	Tuscalososa	États-Unis	Football américain	101 821
10	Austin	États-Unis	Football américain	100 119

Rang	Pays	Surface forestière (en millions de kilomètres carrés)
1	Russie	8,153
2	Brésil	4,966
3	Canada	3,469
4	États-Unis	3,097
4	Chine	2,199
6	Australie	1,340
7	République démocratique du Congo	1,261
8	Indonésie	0,921
9	Inde	0,721
10	Angola	0,666

Source : Banque mondiale.

Rang	Pays	Nombre de lauréats
1	États-Unis	403
2	Royaume-Uni	138
3	Allemagne	112
4	France	73
4	Suède	33
6	URSS ou Russie	32
7	Japon	29
8	Canada	28
9	Suisse	27
10	Autriche	23

Dépôt légal : janvier 2023
Achevé d'imprimer : décembre 2022 par SEPEC, 01960 Péronnas - France
N° d'imprimeur : 09467221101 N° d'éditeur : MAGSI20211033

IMPRIM'VERT®

MADE IN FRANCE

PEFC 10-31-1470 / Certifié PEFC / Ce produit est issu de forêts gérées durablement et de sources contrôlées. / pefc-france.org